高职高专公共基础课系列教材

大学生体育教程
（第二版）

主　　编　李卫国　马占菊

副主编　白斌飞　王　鑫　李智鹏
　　　　　史天娇　苏　鹏

参　　编　冯　科　杨永丽　周　静
　　　　　花　静　胡超涵　梁　言

西安电子科技大学出版社

内 容 简 介

本书分为两大篇,第一篇为体育理论知识(体育概述、体育卫生保健、运动损伤防治与应急处理);第二篇为实用体育项目(田径运动、体育舞蹈、健美操、瑜伽、滑雪、篮球、排球、足球、乒乓球、羽毛球、气排球、武术、跆拳道等)。全书既有理论方面的深入阐述,又切合大学生身心健康发展的需求,有利于引导大学生养成锻炼意识、形成体育锻炼习惯,为其全面发展奠定基础。

本书可作为高等职业院校"公共体育"课程的教材,也可供体育爱好者学习参考。

图书在版编目(CIP)数据

大学生体育教程 / 李卫国,马占菊主编. --2 版. --西安:西安电子科技大学出版社,2023.8
(2024.8 重印)
ISBN 978-7-5606-7016-4

Ⅰ.①大… Ⅱ.①李… ②马… Ⅲ.①体育—高等学校—教材 Ⅳ.①G807.4

中国国家版本馆 CIP 数据核字(2023)第 152026 号

策 划	刘小莉
责任编辑	刘小莉
出版发行	西安电子科技大学出版社(西安市太白南路 2 号)
电 话	(029)88202421 88201467 邮 编 710071
网 址	www.xduph.com 电子邮箱 xdupfxb001@163.com
经 销	新华书店
印刷单位	西安创维印务有限公司
版 次	2023 年 8 月第 2 版 2024 年 8 月第 2 次印刷
开 本	787 毫米×1092 毫米 1/16 印 张 19
字 数	450 千字
定 价	49.00 元

ISBN 978-7-5606-7016-4

XDUP 7318002-2

***** 如有印装问题可调换 *****

前　言

　　为了全面推进素质教育，加强学校体育课程建设，提高教学质量和学习效率。本书在第一版的基础上，对足球、篮球、排球、健美操、乒乓球、武术等内容进行了修订，增加视听资源 50 余个，以二维码的形式呈现在书中。本书涵盖丰富的体育知识和技能，从基本的运动技巧到最新的运动科学知识，从个人运动到团队运动。通过对本书的学习，学生们不仅可以提高运动技能，还将会受益于体育所带来的精神享受和健康生活的提升。因此，本书不仅注重传授体育知识和技能，也注重提升学生的体育精神素质。

　　二十大报告中提出："促进群众体育和竞技体育全面发展，加快建设体育强国。"本书将这些精神贯穿于整个教材的内容中：

- 毅力——坚韧不拔，不屈不挠，永不放弃。
- 坚持——持之以恒，持续努力，不轻言放弃。
- 团结——众志成城，齐心协力，共同进步。
- 合作——协作互助，相互促进，共同成长。
- 自信——自信心是成功的保证，相信自己，超越自我。
- 竞争——顽强拼搏，迎接挑战，不断超越自己。
- 自律——自我约束，自我管理，做守纪律的人。
- 比赛精神——公平竞争，守规矩，尊重对手。

　　本书不仅提供文字内容，还提供视听资源，包括精美的图片和视频展示。这些视听资源(可以扫二维码获得)能够更好地帮助学生理解和掌握体育知识，激发他们的学习兴趣。

　　最后，我们希望学生们在学习本书的过程中，不仅能够获得体育技能和知识，更重要的是也能够具有健康向上的体育精神，成为全面发展的人才。

编者

2023.05

第一版前言

学校体育工作的重点是提高学生综合素质，促进学生身心健康和全面发展。大学体育的目标是贯彻执行"学校教育要树立健康第一"的指导思想，让学生掌握体育的基础知识、基本技术和基本技能，发展身体素质，增强体质，开展健康的体育活动，是对青年学生进行培育和塑造的一个重要过程。

为了全面推进素质教育，加强学校体育课程建设，提高体育教学质量，我们根据《全国普通高等学校体育课程教学指导纲要》的基本要求和精神，紧密结合当前高校体育教学发展趋势和大学体育改革的现状，进行了大量的调研，遵循以学生为本、从实际出发、以实用性为主的思路编写了本书。本书突出了理论性、科学性、实用性和针对性，有利于指导大学生掌握体育基本知识、基本理论和基本技能。

本书具有以下特点：

(1) 基础性。大学体育与健康是高等院校一门必修课程，因此，本书在编写的过程中注重基础训练的理论知识和基础的训练方法等，使学生能够根据理论和技能进行简单的自我学习和锻炼。

(2) 趣味性。全书配有丰富的插图，使得本书的内容更加生动形象，可以增强学生学习的积极性和主动性。

(3) 实用性。本书的编写重点侧重于大学生体育锻炼的实用性，从学生身心特点和兴趣爱好出发，在内容选择上具有较强的针对性，所选择的运动项目易教、易学、易操作，具有很强的实用价值。

(4) 创新性。本书力求立足体育教学发展的前沿，紧跟社会发展的潮流，一些新兴项目的引进能够激发学生的学习兴趣；同时本书在体育赛事欣赏方面增加了丰富的理论知识，指导广大学生了解各级各类体育赛事，对"终身体育"意识的培养提供了理论基础。

本书在编写过程中参考和引用了众多的书籍和资料，在此向有关作者致以真诚的感谢。由于编者水平有限，书中难免有疏漏之处，恳请广大读者不吝赐教。

编　者

2020 年 4 月

目 录 CONTENTS

第一章　体育概述

第一节　体育的定义与功能

一、体育定义

给体育下定义是对体育现象理性认识的开始。在体育界，关于"体育"的定义多种多样，较有代表性的是狭义体育、广义体育两种。传统的狭义体育、广义体育定义都有偏颇之处。体育是以身体运动为基本手段促进身心发展的文化活动。应该说，这是一种广义理解的体育，体育不应该局限在学校，而是家庭体育、学校体育与社区体育的统一体。从体育手段的角度来看，在达到体育目的的前提下，各种身体运动(包含竞技运动)、休闲娱乐活动、舞蹈等都可以归于体育的范畴。

二、体育功能

(一) 体育功能的概念及其构成要素

体育功能是指体育这一文化现象对人和社会所能发挥的有利作用和效能。

任何事物发挥其功能取决于两个重要的因素，我们称之为构成功能的两大要素：事物的本质属性和社会需要。

首先，看功能与事物本质属性的关系。一个事物要发挥其功效，必须具备这种功效所需的属性，如果不具备这种属性，它就无法实现人们所期望的功效。离开体育的本质属性来研究体育功能就违反了事物的规律和逻辑关系。

其次，看功能与社会需要的关系。事物的功能，即其发挥的有利作用和效能，必须是人或社会所需要的，离开了人或社会的需要，这种有利作用和效能就无从谈起，也就无所谓功能的存在。体育这一文化现象从人类的蒙昧时代就产生了，随着人类社会的发展不断在满足人类社会的需要中完善，没有这种刺激，体育文化就不会发展，就不可能得到延续。对体育的需求可以从两个层面上理解，一个是作为个体的人对体育的需求，另一个是作为群体的社会对体育的需求。作为个体的需求，按照马斯洛的需求理论可以分成五个层次：生存需要、安全需要、社交需要、尊重需要和自我实现需要。社会对体育的需要主要分成两大方面，即社会政治需要和社会经济需要。

正是因为找到了体育文化的特殊本质属性与个人和社会的需要的结合点，体育文化才在生活现实中表现出对人类具体的有利作用和效能。因此，决定体育功能的构成要素是它自身的本质属性和人类(个体人和社会)对它的需要，这两者缺一不可。

(二) 体育功能的流动性和变化性

一个事物的功能是由其本质属性和人类的需要所决定的，虽然事物的本质属性是不变的，但是人类对这一事物的需求却是随着生产力的发展、社会的变迁而发生变化的。因此，一个事物对人类社会所产生的具体有利作用和效能也就必然发生变化，这就是说一个事物的功能是随着社会的发展而变化的，功能是具有流动性的。

事物的功能都会随着人类社会的发展发生变化，是处于一种流动和变化的状态之中的。体育作为人类的文化瑰宝，它在人类社会历史中所凸显的功能也是处于一种流动和变化的状态。古希腊时期出现的奥林匹克运动具有宗教功能，每 4 年一次的奥林匹克运动会是对古希腊众神的祭祀，是为了祈求神保佑希腊人的平安。而现代社会中的奥林匹克运动会早已不具有古希腊时期的宗教功能。同时，现代体育所具有的一些功能，随着人类的发展也可能会消失，如体育的政治功能、经济功能。当然这一阶段的到来可能在非常遥远的将来，但是体育功能这种流动性和变化性的规律却是永远存在的。

(三) 体育功能的层次性

这里借鉴项贤明先生的分层方式，将体育的功能分为 3 个层次：自然质功能、结构质功能和系统质功能。这 3 个层次各自为一个小的子系统，三者合起来又构成体育文化的大系统。

自然质功能：人类在进化过程中自然形成的走、跑、跳、投、攀登、爬越、悬垂和负重等各种运动方式，可以看作是体育的最原始的形式。这些运动方式对人类所产生的功效，就是体育的自然质功能。由于体育是由人自身运动才存在的，而人既是自然的产物，同时又是人改造自然的产物，因此人本身就不能看成是纯粹的天然物。从这种意义上看，在体育中，纯粹的自然物也就不存在了，我们只能相对地把人类及与其基本活动能力相关的运动看成是自然物。

结构质功能：人们在体育的自然物的基础上，改变其外部结构，使其蕴含新的功能，我们称之为结构质功能。例如我们在跑的运动中设置规则，就成了竞赛项目；竞赛项目中含有对抗性，同时又对运动技术提出要求；由于规则的严肃性，又产生了公平竞争的行为规范的要求。这样，一个简单的跑，就变得复杂起来。竞赛、技术、规则等使跑具有了教育和娱乐功能。

系统质功能：当体育进入到社会系统，就又出现了许多过去所没有的功能。我们都说运动员在奥林匹克运动会上"为国争光"，如果体育不进入世界体育的大舞台，如何表现出为国增光？这也就是我们所说的体育的政治功能必须在社会系统中才能表现出来。我国从 20 世纪末开始关注体育产业的发展，如果体育不进入市场，体育的经济作用如何表现出来？体育市场同样离不开社会系统。

根据系统理论，客观事物的功能是随着其所在的系统的层次，由简单的、低级的系统逐渐向复杂的、高级的系统过渡的，而每一个高一级的系统都必须以低它一级的系统为存在的基础。也就是说，客观事物的功能系统是递进的，而这种递进性是建立在最简单、低级的系统功能基础之上的。这就像盖楼房必须要有牢固的地基，没有第 1 层就不会有第 10 层一样。那么就体育功能来看，这 3 个功能中自然质功能是最基本、最基础的功能。

第二节　高职高专院校体育的目标及任务

一、高职高专院校体育的目标

我国体育的目的是："发展体育事业，增强人民体质，促进人的全面发展，丰富社会文化生活，为社会主义服务。"高等院校的任务是培养高素质、高知识水准的接班人。那么高等学校体育教育的目的就是："大力开展学校体育，努力促进学生身心的全面发展，增强学生体质，树立终身体育思想，培养社会主义建设合格的人才。"

高等学校体育课为必修课，学生必须完成规定的课时和学习内容，通过学生的自身参与和学习，提高学生全面身体素质和运动能力，促进学生身体的生长发育，改善、改造学生内脏器官构造和机能状况。经过两年的学习，将学生逐渐培养成自觉坚持锻炼、能自我监督与评价、身体强健的合格人才。

由于体育对人的心理和个性有极大的影响，高校体育通过给大学生传授体育知识，使学生在体育活动中自觉遵守体育的规律和规则，培养学生以积极的态度参与社会活动，促进学生社交能力的发展，提高学生的思想境界，促进学生健康心理和个性的形成。

二、高职高专院校体育的任务

高等学校体育任务主要包括以下几个方面：

(一) 全面发展学生身体素质

体育运动最基本的功能是健身功能，大学期间是大学生从青少年向成年人转化的一个重要阶段，高校体育是完善人体发育的重要手段。学校体育以它特有的组织形式促进学生身体健康，提高其对外界环境的适应能力，加强其对疾病的抵抗能力；通过体育活动开发学生的智力潜能，使学生在身体和智力上得到全面发展。

(二) 全面开展各项体育活动

体育活动是大学生从事体育锻炼的载体。开展体育活动不仅是国家教育制度所规定的，也是全面培养人才所必需的。一个学校体育活动开展得好坏，反映了这个学校的精神文明状态。体育活动能使大学生参与运动锻炼，并乐在其中。大学生是学校的主体，发动学生进行各种体育活动，才能使学校工作开展得有声有色，使学校显得朝气蓬勃、积极向上。

(三) 树立终身体育的思想

体育知识是人类知识宝库的一部分，大学生正处于求知欲最旺盛的时期，系统地学习体育知识、技术、技能和科学的锻炼方法，能够提高学生的体育文化素养，培养良好的锻炼习惯，使学生通过大学的学习，运用科学的体育知识，来正确指导今后的体育活动，树立终身体育的思想。

(四) 对学生进行思想品德教育

体育作为文化教育的组成部分，对学生有着多方面的教育功能。体育运动的对抗性，运动中情况的不断变化，获胜后的荣誉感，失败后的奋发努力，这些都是对学生进行思想品德教育的良好时机。通过对体育活动的观赏、参与，培养学生成熟思考，在逆境中艰苦努力、永不言败的精神，以及在胜利后戒骄戒躁、谦虚谨慎、尊重对手的优良作风。通过体育活动中的团结协作，培养学生的团队协作能力。通过班级、系级、校级的比赛，培养学生的集体荣誉感。

(五) 提高学校运动水平

在我国体育制度中，高校运动队和省市运动队、俱乐部运动队共同被列为竞技体育的最高层次。高等学校可以利用学校的良好教育氛围、物质条件和科学技术为国家培养优秀的体育运动人才。学校运动技术水平的提高可以激励学生更积极地参与体育活动，推动学校体育活动的开展。学校运动队的表现展现了一个学校的综合实力和精神风貌。学校竞技体育的开展，是向外界展示学校的窗口，是与外界联系的纽带。

三、实现高校体育目的和任务的基本途径

高校体育工作是高等教育培养德、智、体全面发展的"四化"建设人才的重要环节，包括体育教学、课外体育活动、课外运动训练、运动竞赛等。

(一) 体育教学

高校体育课是实现高校体育目的和任务的主要途径，是一个传授体育知识、技术和技能的教学过程。高校体育工作条例中所规定的体育必修课，是高校体育的基本教学形式，是开展课外活动、课余训练的基础和纽带。

体育课教学要体现科学性、知识性、实用性和趣味性，注意发挥教师的主导性和学生的主体性，处理好教与练的关系。注重调查研究，加强对课程设置和教学效果的反馈信息的获取，不断改进体育教学的方法，不断提高教学效果。

(二) 课外体育活动

课外体育活动是高校大学生体育工作的重心，其目的在于增强学生体质，培养学生锻炼身体的习惯，丰富学生体育文化生活，陶冶学生情操，发展学生个性。同时应积极推行《国家体育锻炼标准》《大学生体育合格标准》和《大学生体质健康标准》，在组织学生经常开展体育锻炼的基础上，对身体正常的学生定期进行测验，争取达到锻炼标准，取得优异的成绩。也可通过共青团、学生会、体协等群众组织开展有益于学生身心健康的体育活动，如远足、野营、登山、夏令营等。还可由学生自发组织或体育职能部门组织开展体育活动项目。

(三) 课外运动训练

运动训练是高校体育工作的重要方面，学校应在普及体育的基础上，因地、因校制宜，建立课余校体育运动队，开展多种形式的体育运动训练，提高学生的运动技术水平。有条件的学校，可根据国家教育部有关规定开展培养高水平运动员的专项训练。

(四) 运动竞赛

运动竞赛是高校体育的重要组织形式。运动竞赛有助于检验学校体育工作,推动群众性体育活动的开展,培养学生顽强拼搏、勇于进取的精神和良好的体育道德,提高运动技术水平,培养和发现体育运动的优秀人才。

学校体育竞赛应当贯彻小型多样、单项分散、基层为主的原则。在平时开展体育锻炼的基础上,每年在全校范围内组织以田径项目为主的运动会,提倡组织本地区为主的校际体育竞赛活动。

第三节 校园体育文化

一、校园体育文化的结构

许多学者将校园体育文化划分为体育物质文化、体育制度文化、体育行为文化和体育精神文化。根据文化的结构,由表及里地进行分析。首先是"物质文化层",是指人们通过加工创造对自然的改造;其次是"制度文化层",是指人们在社会实践中形成各种规范;再次是"行为文化层",是指人们约定俗成的习惯;最后是"精神文化层",是指人们在长期的实践以及意识活动中形成各种价值观念等。其中"精神文化层"是文化最核心的部分。

在校园体育文化结构中,校园体育精神文化蕴含着文化主体的认知成分、情感成分、价值成分、理想成分,其中的体育观念、体育精神又是校园体育文化活动中最活跃的因素,决定着校园体育文化的行为表现效果,决定着校园体育文化传统的形成和文化走向,体现着文化主体的主观愿望和文化品位。因此,校园体育文化精神的培养、塑造和传承将是校园体育文化建设的核心和难点。

体育文化的物质、制度、行为和精神文化层虽各有重点,但在特定的系统中则融为一个有机的整体。体育文化的各层次之间有联系但更多的是区别,而各层次间有依存、渗透、制约、推动的作用,由内到外逐步深入构成一个有机的整体。

二、校园体育文化的内容

(一) 校园体育精神文化的内容

校园体育精神文化形态是校园体育文化的灵魂所在。校园体育精神文化形态主要反映在体育的价值观念、态度、道德风尚、知识等方面,涉及学生的理想追求、观念转变、道德修养、人格塑造、行为自律、纪律约束等各个方面。它一经形成,就成为校园的向心力和凝聚力,具有明确的指向性,影响和规范每个学生的思想和行动,决定他们的价值取向和思想品质的形成,并成为激励学生奋发向上的精神力量。它是师生员工在从事体育活动时从其所特有的生活方式中体现出来的思维活动和共同的心理状态,是师生员工在长期教学、学术、训练、健身、工作、生活等方面实践中逐步形成和发展起来的,并为师生自觉认同的群体意识。我们从校际间、院系间、班组间的比赛就可以明白一切。它通过体育思想观念体系和价值体系表现出来,是一种氛围、一种软环境。因此,强化和弘扬良好的体育精神文化是校园体育文化建设的核心和宗旨。

(二) 校园体育制度文化的内容

校园体育制度文化是指在体育教学、娱乐、竞赛等活动中要求学生共同遵守的规程、行动准则等文化体系。它是在体育教学实践中形成和发展起来，并通过条文固定下来的，具有高度的科学性、权威性、概括性和规范性等基本特征。它是衡量教学质量、运动水平的主要标志。它能引导学生在约定的规则下进行体育比赛和竞争较量，有利于培养学生遵章守纪的行为习惯，加强道德培养。

(三) 校园体育行为文化的内容

校园体育行为文化是校园体育文化的活动表现，主要体现为校园人的体育习惯、体育风气、体育传统、体育方式、体育活动质量和体育流向，以及校园体育在学校各项活动中的地位等。学生在行为文化下建立良好的师生关系和同学关系，相互尊重人格，团结友爱，积极向上，不歧视，不训斥，培养一个良好的体育集体，创造一个良好的人际氛围。

(四) 校园体育物质文化的内容

校园体育物质文化包含校园里的体育建筑、雕塑、场地、器材等，是校园体育意识文化的载体，也是学生进行体育锻炼不可缺少的物质基础和校园体育文化建设的前提条件。如果没有相应的体育设施，那么在一定程度上讲，校园体育文化建设将"巧妇难为无米之炊"。因此，必须加强校园体育物质文化的建设。

三、校园体育文化的特征

(一) 校园性特征

校园体育文化是一种亚文化，它区别于其他文化的最主要表现是校园的特殊性。校园体育文化特殊性的核心所在是校园性，它与社会文化和其他校园文化是相对独立的，不同的校园会产生不同的体育文化。另外，它又是多元性的，可以分为校园体育物质文化、精神文化以及校园体育行为构成的制度文化等。校园体育文化又是弥散性的，它可以通过体育运动形成，使它所包括的内容广泛地播撒到校园的每一个角落、每一个人，形成一种特有的校园体育文化现象。

(二) 教育性特征

校园体育文化是在校园这一特定环境中的体育文化现象，始终与该环境中的生活成员发生密切联系，参与校园体育文化活动的人是受教育的主体，相对而言，校园体育文化作为客体存在，它随时都发挥着显性或隐性的作用。这是校园体育文化的本质所在，也是学校体育之所以成为教育组成部分的根本原因。

(三) 实践性特征

校园体育文化是校园和体育文化的结合，它应当表现体育的本质特征，即实践性特征。此外，学生时期是人生中的"好动"阶段，亲身体验的欲望强烈。在校园体育活动中，学生有目的、有组织地为自己创造条件，开展各种喜闻乐见的体育活动，在实践中体验体育的乐趣、价值，培养良好的体育道德和精神。同时，校园体育文化活动又具有一定的社会性，使学生在体育活动中增长社会知识和交往能力，这种社会性为学生的理论与实践之间建立起一座桥梁，使理论和实践有机地结合，达到全面发展的目的。

(四) 创造性特征

创造是校园体育文化的灵魂，没有创造便没有校园体育文化的生长和发展。高校是知识分子相对集中的地方，传播媒介比较完备，文化层次普通较高，他们对社会体育文化的发展和走向表现出明显的关注，并创造出许多形式多样、内容丰富的校园体育文化活动。师生在创造多姿多彩的校园体育文化活动的过程中，不仅丰富了校园体育文化内涵，提高了体育文化意识，而且师生的创造性思维也得到了拓展。除此之外，校园体育文化还具有健身性、娱乐性、群体性和开放性等特性。

(五) 时代性特征

文化是时代的文化，不同时代有不同的文化。校园体育文化也不例外，它与所处时代的政治、经济及文化的发展密切联系。新时代的校园体育文化总是对前一时代文化的继承、批判和超越。也正是因为有这一特征，不同时代才会产生不同的校园体育文化。

(六) 动态性特征

大学校园体育文化的参与主体是大学生。大学生天性好动，他们不习惯长期静坐和默读。一般而言，校园的课堂教学活动是一种静态性的教育形式，长时间"三点一线"式的学习生活，往往使多数好动的学生感到枯燥无味。因此，大学生在学习之余所钟情的休闲娱乐方式往往是体育文化活动，体育文化活动既能调剂学生的学习生活，又能使学生获取各种体育知识和综合才能。这就是大学校园体育文化的动态性特征。

(七) 导向性特征

高等教育的目标是培养德、智、体全面发展，有理想、有道德、有文化、守纪律，适应社会发展的高层次人才，这就决定了大学校园体育文化活动必须服从和服务于这个目标。因此，大学体育必须按高等教育培养合格人才的需要去建设校园体育文化，提倡科学的、健康的、文明的、高品位的体育文化活动；引导学生从自身的特点出发，大胆地开展校园体育文化活动，让他们有自我表现，自我教育，自我管理，自我提高的组织、环境、场所和体验；同时，激发大学生在体育文化活动中不断提高人文素质修养，科学地进行体育健身，树立正确的人生观、道德观、体育观，弘扬爱国主义精神，使大学校园体育文化朝着健康、文明、正确的轨道发展。

(八) 娱乐性特征

娱乐性特征是大学校园体育文化的一个基本的鲜明的特征。一般来说，大学校园体育着重于人的身心需要和情感愿望的满足，不以高超复杂的技艺、深邃的体育哲理和深厚的体育文化素养诸条件要求参与者，而是以普遍的、自娱自乐的、消遣性的、游戏性的活动方式迎合参与对象，使他们可以在这些活动中得到直接的、令人愉悦的主体情感体验。

(九) 复杂性特征

大学校园体育文化的复杂性主要表现在其内容方面。它的四个层次内容包括大学校园体育物质文化、大学校园体育精神文化、大学校园体育制度文化和大学校园体育行为文化。具体内容涉及体育观念、体育精神、体育道德、体育风尚、体育知识、体育制度、体育规范、体育场馆设施、体育雕塑、体育服饰、体育图书音像、体育标志、体育宣传等广泛而又复杂的各方面，以及由这些方面所带来的学生体质增强、精神焕发、气质形象改变、技能提高、心理健康等多种无形的效果反映。

(十) 渗透性特征

大学校园体育文化的渗透性，是指大学校园体育精神能够发生辐射，渗透到大学生学习、生活、娱乐休闲等各项活动之中，渗透到大学生体育价值观念的形成过程中。体育运动中始终贯穿着竞争和拼搏的精神，这种精神和意识是现代社会人的非常重要的职业素养。我们应该积极利用体育精神来影响和引导在校大学生和大学校园体育文化的发展。

(十一) 交叉性特征

当代大学校园文化与体育文化的分野，并没有使得它们放弃历史所遗留下来的两种文化并存与共有的领地——大学校园体育文化。现代大学校园体育文化通过对大学校园文化与体育文化的选择与重构，使得它有可能在不断构建自身的同时，映射出大学校园文化与体育文化的水乳交融的理性光芒。因此，大学校园体育文化是大学校园文化与体育文化有机结合的产物，是一个连接校园文化与体育文化的功能融合环。

(十二) 时尚性特征

大学校园体育文化的主体是当代大学生，而大学生是领导社会潮流的特殊群体。在社会进入 21 世纪的今天，体育成为社会人际交往、生活质量提高的重要方式，因此体育在大学校园中也成为时尚。参与健身、参与体育文化活动成为大学生休闲娱乐活动中的主体。大学生作为具有较高知识水平的群体，不仅能够接受传统的体育精神产品和物质产品，而且能够吸收传统体育文化的精髓，创造并形成自己独特的体育文化生活。

(十三) 融合性特征

体育是促进文化交流、文化融合的有效途径，全世界奥林匹克运动就是最好的例证。大学生容易接受新的观念和思想，通过体育运动大学生不仅可以吸收不同地域、民族、国家文化中的精粹，而且能够将外民族与本民族的优秀文化传统有机融合在一起，提高青年大学生的民族自尊心和文化创新力。

(十四) 内隐性特征

校园体育文化是以间接、内隐的方式呈现的，是通过无意的、非特定心理反应机制来影响学生的。大学生在体育文化环境中学习、生活，在不知不觉中接受体育文化信息，并受到感染、熏陶，潜移默化地实现着文化的心理积淀，并逐渐转化成为自己的行为方式。

(十五) 独立性特征

校园体育文化是校园里的人群共同参与体育活动所形成的一种文化，它有着特殊的主体和环境。这个主体具有较高的知识水平，在接受传统体育文化精神和物质的同时，还能主动吸取世界优秀体育文化精髓，并逐步创造发展具有特色的校园体育文化。

(十六) 多样性特征

校园文化的优势注定了校园体育文化的多样性，无论是体育意识文化、体育行为文化，还是体育物质文化都极为丰富多彩。以人为本、注重学生个性培养的体育教育指导思想，使个性鲜明的体育文化主体得以充分展示个体的创造性，显示其独立性和自主性，因而极大地丰富了校园体育文化生活的内容。

参 考 文 献

[1]　杨文轩，陈琦. 体育概论[M]. 北京：高等教育出版社，2019.

[2]　熊斗寅. 什么是体育[J]. 体育文史，1996(5)：8-10.

[3]　体育理论教程编写组. 体育理论[M]. 北京：高等教育出版社，1986.

[4]　鲍冠文. 体育概论[M]. 北京：高等教育出版社，1995.

[5]　曹湘君. 体育概论[M]. 北京：北京体育学院出版社，1988.

[6]　项贤明. 泛教育论[M]. 太原：山西教育出版社，2000.

[7]　周西宽. 体育学[M]. 成都：四川教育出版社，1988.

第二章　体育卫生保健

第一节　体育锻炼与健康

现代社会以及高科技的发展提高了人们的物质生活水平，给人们的生活带来了便利，但与此同时也给人们带来了诸多"现代文明病"，人们的身体素质普遍不容乐观。出现这种状况的一个很重要的原因就是缺乏体育锻炼。因此，通过体育锻炼增强身体素质就成为大势所趋，对于大学生来说也是如此。本章介绍健康新理念、大学生生理和心理健康的标准以及体育锻炼对生理健康和心理健康的影响等知识，以期使大学生更好地认识与了解体育运动与健康之间的关系，从而促使其主动地参与体育锻炼。

一、健康新理念概述

世界卫生组织将人的健康分为生理健康、心理健康、道德健康、社会适应健康四个方面。

(一) 生理健康

生理健康指人体的结构完整和生理功能正常。人体的生理功能指以结构为基础，以维持人体生命活动为目的，协调一致、复杂而高级的运动能力。生理健康是其他方面健康的基础。

(二) 心理健康

良好的心理健康应具备以下特征：

(1) 有良好的自我控制和调节能力。

(2) 对于外界的刺激有良好的应激能力。

(3) 心理经常处于平衡和满足状态。

良好的心理状态应具备以下十条标准：有充分的安全感；有自知之明；善于平衡人际关系；正视现实；热爱生活，乐于工作；能保持人格的完整与和谐；善于学习，努力进取；能适应一定的环境条件并能发挥个性；能适度地宣泄情绪和控制情绪；在现实社会条件下，能适当地满足个人的基本要求。

(三) 道德健康

道德可简单理解为做人的道德和应有的品德。道德健康以生理健康、心理健康为基础，并高于生理健康和心理健康，是生理健康和心理健康的发展。道德健康主要指能够按照社会道德行为规范准则约束自己，并支配自己的思想和行为，有辨别真与伪、善与恶、美与丑、荣与辱的观念和能力。

(四) 社会适应健康

社会适应主要指人在社会中的角色适应，包括职业角色、家庭角色及在工作、家庭、学习、娱乐、社交中的角色转换与人际关系等方面的适应。社会适应良好，不仅要具有生理健康、心理健康和道德健康，而且要具有较强的社会交往能力、工作能力和广博的文化科学知识；不仅要能胜任个人在社会生活中的各种角色，而且要能创造性地取得成就，贡献于社会，达到自我成就和自我实现。社会适应健康是健康的最高境界。缺乏角色意识、发生角色错位是社会适应健康不良的表现。

二、大学生生理和心理健康的标准

健康是人对环境适应后所达到的一种生命质量状态，个体只有在身体、情绪、智力、精神和社会各方面达到健康才称得上真正的健康，这种健康观又称健康五要素。这可以作为大学生生理和心理健康的标准。

(1) 身体健康。不仅指无病，而且还包括有正常的体能。体能指满足生活需要和完成各种活动的运动能力。

(2) 情绪健康。情绪涉及我们对自己和他人的感受。情绪健康的主要标志是情绪的稳定性。所谓稳定，是指个体应对日常生活中的人际关系和环境压力的能力。当然，生活中偶尔有些情绪波动属于正常现象，关键是能在大部分时间保持情绪稳定。

(3) 智力健康。智力健康指在长期的学习和生活中，大脑始终保持在活跃状态。

(4) 精神健康。精神健康指理解生活基本目的的能力，以及关心和尊重所有生命的能力。对于不同宗教、文化和国家的人来说，精神健康的内容有所不同。

(5) 社会健康。社会健康指个体与他人及社会环境相互作用形成和谐人际关系和社会角色的能力。此能力使人们在人际交往中充满自信和安全感，进而减少烦恼，保持心情愉快。

健康的五个要素相互联系、相互影响，例如身体不健康会导致情绪不健康，心理不健康会导致身体、情绪和智力不健康。因此，只有每一个健康要素平衡地发展，人们才能真正健康，才能幸福地生活。

三、体育锻炼对生理健康的影响

(一) 体育锻炼对神经系统与运动中枢的影响

神经系统由中枢神经系统和周围神经系统两部分组成。人的所有活动都是在神经系统的支配下进行的，运动器官的每一个动作、身体器官系统的生理活动都以刺激的形式作用于神经系统。

神经系统是人体发育最早、最快的系统，大学生脑的体积不再增加，但大脑皮层的结构和功能还在发展。体育锻炼能有效提高脑细胞生理功能，使神经细胞的兴奋强度、反应速度、兴奋与抑制转换的灵活性及均衡性都得到提高。一般人的反应时间是 0.4 秒以上，运动员的反应时间为 0.332 秒，近台快攻的乒乓球运动员的反应时间可达 0.1 秒左右。

另外，经常参加体育锻炼能预防神经衰弱。运动使大脑的兴奋与抑制两种功能保持平衡，以防止功能性神经衰弱疾病的发生。经常从事体育锻炼，可以使大脑皮质兴奋性增强、抑制加深、兴奋和抑制更加集中、神经过程的灵活性提高。由于运动对神经系统有良好的作用，因此医学上广泛地将运动作为治疗疾病的手段，特别针对因神经系统机能障碍而造成的种种疾病。

体育锻炼还有助于增强记忆力、提高大脑工作效率。这是因为：一方面，运动使心脏供血能力大幅度提高，脑细胞的供血量增加，脑细胞的思维能力提高；另一方面，经过长时间的学习思考，专管学习思考的神经细胞会疲劳，由兴奋转为抑制，这时如果进行体育锻炼，指挥运动的肌肉的神经细胞群就开始兴奋，包括专管学习思考的细胞在内的其他神经细胞能够得到良好的休息，使得头脑更清楚，思考更敏锐。

(二) 体育锻炼对呼吸系统机能的影响

人体参与呼吸的器官，包括鼻、喉、气管、支气管和肺脏，总称为呼吸系统。其中肺是气体交换的场所，而其他都是气体交换的通路(总称为呼吸道)。人在安静状态下，每分钟大约需要 $0.25\sim0.30$ 升氧气，这只需 1/20 的肺泡工作便足以完成。若长期这样，呼吸系统就可能萎缩，导致功能降低，而且人容易得病。

进行体育锻炼时人体对氧的需求量增加，呼吸频率加快。为了适应这一需求，呼吸系统的各个器官逐渐改善自身机能，使更多的肺部组织参与气体交换，提高摄氧能力。经常参加锻炼的人，呼吸中枢的兴奋性高，对血液化学成分的改变敏感。随意停止呼吸时间的长短是评价组织呼吸强度和呼吸中枢对缺氧和二氧化碳增多的耐受能力的重要指标。优秀运动员随意停止呼吸的持续时间较长，而且对膈肌的控制稳定。他们在恢复呼吸时，血液的氧合作用也恢复得特别迅速。

体育锻炼还能够提高人体的缺氧耐力，使人在缺氧条件下，仍能坚持复杂的肌肉活动。例如，登山运动员在高山缺氧条件下，不仅能够维持生命活动，还能继续完成艰巨的登山任务。

(三) 体育锻炼对血液循环系统的影响

血液循环系统是由心脏和血管组成的，所以又叫作心血管系统。血管是供血液流通的通道，遍布人体。血液是运输养料和氧气、排除代谢产物和二氧化碳的载体。心脏是生命的"发动机"，推动血液在血管里不断地流动，以便把氧气和营养物质运送到身体各处，同时把组织、细胞在新陈代谢过程中产生的二氧化碳和废物运送到肺、肾和皮肤等处，排出体外。体育锻炼能使心血管系统的机能得到明显增强，使血管弹性增加、心肌变得肥厚、心动徐缓和血压降低。一些专家认为，坚持体育锻炼起码可以使心脏衰老推迟 $10\sim15$ 年。

随着人们生活水平的提高，如果不经常参加锻炼，"文明病"必然随之增多，目前世界上有不少的人死于心血管疾病。体育锻炼可以减少胆固醇在动脉壁上的沉积，预防或减轻动脉粥样硬化，从而对高血压和冠心病起到良好的防治作用。德国近 20 年来心肌梗塞死者增加了 20 倍；美国 20 世纪 70 年代因心血管病死亡人数占总死亡人数的 52%～53%。据世界卫生组织于 1984 年公布的材料，心脏病是当前死亡率最高的疾病之一。据国家体委科研人员调查统计，我国部分大专院校、科研机构中高级知识分子平均死亡年龄是 58.2 岁，比全国人均寿命短近 10 年。导致中高级知识分子过早死亡的两大疾病是恶性肿瘤和心血管疾病。针对上述情况，最积极有效的方法就是自觉地、经常不断地进行身体锻炼，提高心血管系统的功能，以防止这类疾病的发生。

(四) 体育锻炼对消化系统的影响

1. 体育锻炼促进食物的消化和营养物质的吸收

胃肠是人体消化食物的主要器官，胃肠消化能力的好坏对身体健康的影响很大。经常参加体育锻炼，消化腺分泌的消化液就多，消化道的蠕动就强，胃肠的血液循环就得到改善。由于发生了这些改变，就使食物的消化和营养物质的吸收更加充分和顺利。另一方面，由于运动时呼吸加深，膈肌大幅度地上下移动和腹肌大量活动，对胃肠能起到一种按摩作用，对增强胃肠的消化功能有良好的影响。

体育锻炼对胃肠有着明显的良好作用，不少人采用体育锻炼作为治疗消化不良、胃肠神经功能症和溃疡病等的一种手段，并取得了一定的疗效。

2. 体育锻炼增进肝脏的健康

肝脏是人体最大的腺体，它也是一个重要的消化腺，经常锻炼身体能使肝脏的机能提高，更有利于食物的消化。体育锻炼时，能源物质——糖的消耗增加，这使得肝脏的"后勤供应"工作加重，从而使其机能受到锻炼而得到发展。经常训练的运动员的肝脏里储备的糖原比一般人多，在运动时向外输送也更快。肝糖原对肝脏的健康也极为重要，它能保护肝脏。例如，医生经常要求患肝病的人适当多吃些糖果。

运动员的肝脏机能水平高，对疾病的抵抗力也强。不但如此，经常运动的人，在动用肝糖原方面，也比一般人来得经济。由此可见，运动能增进肝脏的健康，而健康的肝脏又能提高人的劳动和运动的能力。

(五) 体育锻炼对人体运动系统的影响

人体的运动是由运动系统实现的。运动系统由 206 块骨骼、600 多块肌肉以及关节等构成。体育锻炼可以使运动系统产生良好的适应性变化。

1. 肌肉结构及机能的变化

组成人体肌肉的基本单位是肌纤维，许多肌纤维排列成肌束，许多肌束聚集在一起构成一块肌肉。体育锻炼时，骨肉工作加强，血液供应增加，蛋白质等营养物质的吸收与储存能力增强，肌纤维增粗，因而肌肉逐渐变得更加粗壮、结实，肌肉力量增强。由于肌肉中肌红蛋白的增加使其结合氧气的能力增强，储存的营养物质——肌糖原增加，肌肉内毛细血管的数量也就增多了，更能适应运动或劳动的需要。一般人肌肉重量占体重的 35%～40%，而经常参加体育锻炼及运动训练的人，特别是静力式力量锻炼者，其肌肉重量可达到体重的 50% 以上。青少年中不少人肩窄、胸平、胸部肋骨显露，只要经常进行体育锻炼，就会使自己肌肉发达，比例匀称、健美有力。

随着肌肉形态结构的改变，肌肉的机能也得到提高，神经系统对肌肉的控制能力增强，肌肉的反应速度、准确性和协调性都有明显提高，肌肉工作时能量消耗下降，效率提高。

这些使运动员在肌肉的力量、速度、耐久性和灵巧性等方面都远远超过一般人，还可以避免人体在日常活动和体育锻炼过程中由于肌肉的剧烈收缩而造成各种运动损伤。但是，肌肉在锻炼后的各种变化随运动项目的不同而有所不同。例如，经常进行速度性锻炼，可提高肌肉的兴奋性和灵活性，表现为动作的速度快，肌肉的收缩和舒张交替也快；举重锻炼者，腿部、手臂的肌肉更加粗壮、结实，肌肉力量增强；喜爱长跑者，肌纤维体积变化不大，但是肌纤维周围毛细血管开放的量增多，这样可以保证运动时肌细胞与血液之间的气体交换和物质交换顺利进行，使肌细胞获得充分的氧气和营养物质，并能及时排出代谢产物，提高人的耐久力。

2. 骨骼和关节的变化

锻炼身体可以改变骨的结构。经常进行体育锻炼可以增强骨质。体育锻炼引起肌肉对骨骼的牵拉和重压，不仅使骨骼的形态产生了变化，而且使骨骼的机械性能也得到提升。骨骼在形态方面最明显的变化是：肌肉附着处的骨突增大，外层的骨密质增厚，里层的骨松质在排列上能适应肌肉拉力和压力的作用。这就使骨质更加坚固，可以承担更大的负荷，提高了骨骼抵抗折断、弯曲、压缩、拉长和扭转的能力。

身体锻炼的各种动作对骨骼的生长也有一种良好的刺激作用，可以促进激素分泌，体育锻炼还可影响内分泌系统，促进磷与钙的吸收，增加制造骨骼的原料的供应，有利于骨骼的发育成长。例如，网球、投掷和击剑运动员的上肢骨粗大，而跳远、跳高运动员的腿骨比较强壮，足球运动员的足骨比较坚实，等等。这都说明了体育锻炼对骨骼生长有着良好的促进作用。有数据显示，经常参加体育锻炼比不经常参加体育锻炼的人，身高要高4～8厘米。

人体骨与骨连接能够活动的地方叫作关节。关节周围有关节囊、韧带和肌肉，韧带能加固关节，而肌肉不仅能加固关节，还能牵引关节运动。关节是连接骨与骨的枢纽。科学、系统的体育锻炼，既可以提高关节的稳固性，也可以增加关节的灵活性和运动幅度。体育锻炼可以增加关节面软骨和骨密质的厚度，并可使关节周围的肌肉发达、力量增强，关节囊和韧带增厚，因而可使关节的稳固性加强，使关节抗负荷能力加强。在增强关节稳固性的同时，由于关节囊、韧带和关节周围肌肉的弹性和伸展性提高，关节的运动幅度和灵活性也大大增加，从而能有效减少伤害事故的发生。

四、体育锻炼对心理健康的影响

心理健康是学生学习和工作的基础，是个人全面健康的极为重要的部分，它同人的生理健康一样重要。体育锻炼对心理健康有积极的影响，主要表现在以下几个方面：

(一) 改善情绪状态

情绪状态是衡量体育锻炼对心理健康影响的主要指标。人生活在错综复杂的社会中，面对各种压力经常会产生忧愁、紧张、压抑等情绪反应。体育锻炼可以转移个体不愉快的意识、情绪和行为，使人从烦恼和痛苦中摆脱出来。大学生常常因名目繁多的考试、相互间的竞争以及对未来工作的担忧而产生焦虑，经常参与体育锻炼可使焦虑相应降低。

(二) 提高智力功能

智力功能受非智力成分的影响很大，如一个人的身体状况不好，情绪不稳定，经常处于高度紧张状态，那么他的智力功能就会受到很大影响。经常参加体育锻炼的人，不仅能使自己的注意力、记忆力，反应、思维和想象等能力得到提高，还可以使自己情绪稳定、性格开朗、疲劳感下降。思维能力强，反应速度快，在智力上就会有所反映。

(三) 确立良好的自我概念

自我概念是个体主观上对自己的身体、思想和情感等的评价。它由许多的自我认识所组成，包括"我是什么人""我主张什么""我喜欢什么""我不喜欢什么"等。由于坚持体育锻炼可使体格强健、精力充沛，因而，体育锻炼对于改善人的身体表象和身体自尊很重要。

身体表象是指头脑中形成的身体图像。身体表象障碍在正常人群中普遍存在。据有关资料显示，54%的大学生对他们的体重不甚满意。与男性比，女性倾向于高估她们的体重。而且，身体肥胖的个体更可能有身体表象和身体自尊方面的障碍。身体自尊主要包括一个人对自己运动能力的评价，对自己身体外貌(吸引力)的评价，以及对自己身体的抵抗力和健康状况的评价。身体表象和身体自尊与整体自我概念有关，无论男性还是女性，对身体表象的不满意会使个体自尊变低(自尊指自我概念的积极程度)，并产生不安全感和抑郁症状。有研究表明，肌肉力量与身体自尊、情绪稳定性、外向性和自信心相关，并且加强力量训练会使个体的自我概念显著增强。

(四) 培养坚强的意志品质

意志品质指一个人的果断性、坚韧性、自制力以及勇敢顽强和主动独立的精神。意志品质既是在克服困难的过程中表现出来的，又是在克服困难的过程中培养起来的。在体育锻炼中要不断克服各种客观困难(如气候条件的变化、动作的难度或意外的障碍等)和各种主观困难(如胆怯和畏惧心理、疲劳和运动损伤等)。锻炼者越能努力克服主、客观方面的困难，也就越能培养良好的意志品质。从锻炼中培养起来的坚强意志品质能够迁移到日常的学习和工作中去，能促进学习和工作很好地开展。

(五) 消除疲劳

疲劳是一种综合性症状，与人的生理和心理因素有关。当一个人的情绪消极或任务超出人的能力时，生理上和心理上都会很快地产生疲劳。疲劳对人体危害很大。很多报告都证明，中国许多科学家寿命短与此不无关系。大学生持续紧张的学习压力极易造成身心疲劳和神经衰弱，保持良好的情绪状态和参加中等强度的体育锻炼可以使人的身心得到很好的放松，从而做到有张有弛。

(六) 治疗心理疾病

体育锻炼被公认为是一种心理治疗方法。美国的一项调查显示，1750名心理医生中，80%的人认为体育锻炼是治疗抑郁症的有效手段之一，60%的人认为应将体育锻炼作为一种治疗方法来消除焦虑症。在大学生中，有不少人由于学习和其他方面的挫折而引起焦虑症和抑郁症，通过体育锻炼可以减缓或消除这些心理疾病。

第二节　体育锻炼的卫生要求

　　本节阐释了体育锻炼的心理卫生，概述了体育锻炼的生理卫生(一般的运动环境、场地器材、衣着、饮水、洗澡等的卫生要求)，"冬练三九"的卫生注意事项(其一是勤换湿衣，其二是正确呼吸)，"夏练三伏"的卫生注意事项(切忌"快速冷却"，不可即食冷饮，谨防运动中暑)。

一、心理卫生

　　为使个人保持积极的运动兴趣，预防思想疲劳，促进其身心健康发展而采取的措施、手段、方法等都可以纳入体育锻炼心理卫生的范畴。体育锻炼时，由于各人性格不同，在运动能力上存在差异，以及其他因素的影响，一些人可能出现心理矛盾和障碍。要讲求运动的心理卫生，就要做到"二有三无"：有运动欲望，有愉快氛围，无厌恶情绪，无胆怯心理，无自卑心态。

(一) 要有强烈的运动欲望

　　运动前，存在跃跃欲试的运动情绪；运动中，保持积极乐观的运动热情；运动后，拥有酣畅淋漓的运动满足感。一则，可以与朋友、亲人等一起参加体育锻炼，在运动中互相鼓励，良性竞争；二则，可以选择自己较为感兴趣的运动项目，尽量使运动与娱乐、健身、悦心相结合。

(二) 要有愉快的运动氛围

　　人的心理活动直接影响生理机能。体育锻炼要重视心理调节，包括情绪、心境、意志等的调整，以保持心情舒畅，取得良好的锻炼效果。例如，运动前后，照镜子时，看到面带微笑、身体强健的自己，精神也会为之振奋，这便是一种积极的心理自我调节。

(三) 避免厌恶情绪

　　所谓厌恶情绪，是指个人因性格内向或身体基础弱或运动能力差等原因，不爱活动，缺乏运动意愿和热情，对自己参加的体育锻炼抱着厌恶的态度，表现为"身随而心违"的被动状态。要改变对运动的厌烦，应从培养体育兴趣，确立锻炼目标入手。例如，柔弱安静的女生可以从陶冶气质、完美自我的形体运动入手，如进行体育舞蹈的学习；羸弱自闭的男生可以从塑形强魄的健美运动开始。运动贵在坚持，在长期的体育锻炼中，厌恶情绪自然会逐渐减少。

(四) 克服胆怯心理

　　所谓胆怯心理，是指个人因为运动项目过难、运动负荷过大、运动器械不良、意志品质薄弱等原因，对运动产生恐惧心理，表现为犹豫不决、欲动又止、半途而废等行为。运动中，胆怯心理可以通过与同伴的交流，在指导者的示范下逐步克服。老师传授经验，同学支持鼓励，都有利于树立运动者勇敢的信念。

(五) 消除自卑心态

自卑是一种轻视自己，认为自己不如他人的消极的心理现象。导致自卑的原因很多，如自我评价过低，身心存在缺陷，体育成绩较差，别人过多指责等。对于自卑者，应多鼓励和安慰，对其取得的微小成绩也给予肯定和赞扬，并就以前和现在的状况进行比较，使其不断增强自信。

二、生理卫生

(一) 体育锻炼的一般卫生要求

1. 运动环境的卫生要求

体育锻炼应选择空气清新、地面平坦、设施安全的场所。植物具有净化空气的作用，公园里、山脚下、绿化区内树木和草坪较多的地方，是开展运动的最佳场所。忽视周围的环境卫生，不但不能达到健身的目的，而且可能会危害健康，导致呼吸系统疾病。

(1) 马路锻炼不可取。汽车排出的废气中，含有一氧化碳、氮氢化合物、碳氢化合物和铅化合物等有毒有害物质。同时，车辆行驶会卷起灰尘，而有害气体或液体都会吸附在灰尘的微粒上。当人体将这些微粒吸入肺脏深处后，就会对身体造成不利影响。

(2) 小区锻炼需谨慎。人口密集的居民区空气流通慢，炊烟中的二氧化硫具有腐蚀性，强烈刺激人的眼结膜和鼻咽结膜等，可引发急性支气管炎、肺炎和哮喘等。浓度极高时，还会诱发声带水肿、肺水肿或呼吸道麻痹等症状，甚至危及生命。

(3) 工厂锻炼是大忌。在火力电厂、钢铁厂、化工厂、水泥厂附近，有毒有害气体较多，不宜锻炼。即使条件有限，也应尽量选择宽敞、通风和烟囱的上风或侧风方向的地带进行锻炼。

2. 场地器材的卫生要求

场地器材的卫生主要指球场是否有杂物、沙坑是否挖松、单双杠是否牢固等，发现隐患应及时消除。

3. 运动衣着的卫生要求

运动时的服装不仅要根据时节进行选择，更应满足体育锻炼的需要——轻便、舒适。而且，在运动过程中，也应保持着装卫生。例如，锻炼一会儿身体发热出汗后，将衣服脱下捆在腰间，不但不易散热，还会给运动带来不便。除夏季外，运动后应尽快将衣服穿上，防止感冒。

4. 锻炼饮水的卫生要求

体育运动中出汗较多，需要及时补充水分，否则会造成机体缺水，影响正常的生理机能。

(1) 应坚持少量多次的饮水原则，为身体充分补水的同时，还有利于水分的快速吸收，并减轻心脏、肾脏等器官的负担。如果饮水过量，一方面，过多的水分聚集在胃肠，使其沉重闷胀，容易引发慢性胃炎；另一方面，血液中水的含量剧增，会引发多排汗的症状，并带走体内大量盐分，从而破坏体内水平衡、降低血液内盐分的浓度，导致抽筋现象。

(2) 应喝温开水和淡盐水，不宜喝自来水、冰水、饮料等，否则会剧烈刺激食道、胃肠，不利于健康。

(3) 运动前后也不宜大量饮水。运动前饮水过多，会使腹部沉重，影响呼吸，不利于运动；运动后，身体消耗的能量较大，人体需要补充大量的营养物质，饮水太多会把胃内的消化液冲淡，直接影响到对食物的消化和吸收。

5. 运动后洗澡的卫生要求

运动后不宜立即洗澡，这是因为停止运动后，血液大量流向肌肉的情况仍会持续一段时间，这时如果立即洗热水澡，就会导致其他重要器官血液供应不足(如心脏和大脑供血不足)，出现头昏、恶心、全身无力等状况，严重的还会诱发其他疾病。运动后立即洗冷水澡更是弊多利少，这会导致体内产生的大量热量不能很好地散发，内热外凉，破坏人体的平衡，使人极易生病。因此，运动后应休息10～30分钟(具体以脉搏恢复到接近正常数为准)后再洗澡，最适宜的水温为40 ℃左右。

(二) "冬练三九"的卫生注意事项

冬季进行体育锻炼有利于增强人体对寒冷刺激的适应能力，增加抗寒力和体温的调节力，预防或减少某些冬季疾病的发生。然而冬季恶劣的自然环境也为健身运动的卫生带来了一些困难。冬季锻炼的注意事项有以下两个方面：

1. 勤换湿衣

锻炼的过程可能出汗较多，湿透内衣，要及时到室内用干毛巾擦身，并换上干爽保暖的其他衣服，切忌穿着汗湿的衣服吹风。

2. 正确呼吸

冬季风沙大、气温低，人们锻炼时常会感觉呼吸困难，而张大嘴巴大口吸气会使得灰尘、细菌等直接刺激咽喉，可能引起咳嗽，甚至诱发呼吸道疾病。

鼻腔黏膜上有丰富的毛细血管，干燥、寒冷的空气在这里进行加温、湿润，减少了对咽喉的刺激。鼻腔中的鼻毛及黏膜分泌的黏液又能阻挡和吸附灰尘等有害物质。因此，体育锻炼中，应尽量使用鼻子呼吸。当必须使用口鼻协同呼吸时，口宜微张，让冷空气经齿缝适量进入口腔，以减少对呼吸道的刺激。

(三) "夏练三伏"的卫生注意事项

1. 切忌"快速冷却"

夏日锻炼后，往往是汗流浃背，不宜马上吹电风扇、洗冷水浴、游泳或进入空调房间。

人体在运动时，新陈代谢旺盛，体温增加，皮下血管明显扩张，血流量大，散热加快。这时遭遇"快速冷却"弊端多多：肌肉血管收缩、血液循环不畅，致使疲劳的心脑不但无法休息甚至加重了负担；肌肉中的代谢产物不能及时排出，氧气和能量物质也不能及时供应，不但会加重肌肉的酸痛肿胀程度，而且会推迟肌肉疲劳的恢复；毛孔突然关闭，排汗减少，体内积聚的热量不能及时排出，皮肤表面温度下降但体内温度上升，可能导致发烧或中暑；机体调温机能紊乱，身体抵抗病菌的能力降低，极易诱发伤风感冒等疾病。

因此，夏日运动后，应先擦干汗液，稍作休息，待体温下降、排汗减少后再进行上述活动。

2. 不可即食冷饮

运动时，胃肠的血液供应暂时减少，运动后，立即吃冷饮，极易使胃肠等局部肌肉痉挛，从而出现腹痛、腹泻等症状；同时，正处在充血状态的咽喉部和脑部血管受到突然的冷刺激，其口径会迅速缩小，以致流向此处的血液减少，使这一部分的机能失调，易出现咽喉嘶哑、头昏、头痛，甚至出现重力性休克。

3. 谨防运动中暑

在炎热的夏季进行运动，一方面运动产热，体内热量蓄积，另一方面气温较高使机体散热受到障碍，使体温升高，出现头晕、胸闷、心慌、恶心、呕吐、四肢无力以致虚脱等症状，即是"中暑"。

夏季锻炼防中暑应注意两方面：第一，合理安排运动时间，剧烈的活动最好在上午 9 点钟以前或下午 5 点钟以后进行，避开一天中较热的时间；第二，不袒背赤膊，最好穿浅色、薄质、宽松、透气的衣服，以减少身体受热射线的影响，并防止皮肤被晒伤。

第三节　女性生理期体育锻炼

10 岁以前，男女儿童的身体功能情况和运动能力基本相同，在进入青春发育期后，由于内分泌和生殖系统的迅速发育，使他们身体各方面出现急剧变化，男女在身体形态、生理功能和心理特征方面都出现较大的性别差异。

(一) 女子各器官、系统的解剖生理特点

1. 运动系统的特点

女子的骨骼细小，骨密质的厚度较薄，骨骼内水分及脂肪的含量相对较多，无机盐含量较少，女子全身骨骼的重量较男子约轻 20%，女子骨骼的抗压抗弯能力也仅为男子的三分之二。

女子的肌肉重量占体重的比例较男子小(女子约 35%，男子约 40%)，而且肌肉所含水分及脂肪较多，含糖较少，这使得女子的肌肉力量比男子弱(肌肉力量比同龄男子弱20%～25%)，且容易疲劳。女子肩带部位和前臂肌肉力量较差，加上肩部较窄，所以做悬垂、支撑、负重等动作较为困难。

女子的脊柱椎间软骨较厚，各关节的关节囊及韧带的弹性及伸展性也较好，因此，女子身体的柔韧性及各关节的灵活性都较男子好，但女子身体的柔韧性也会随年龄的增长而降低，在体育教学和训练中，应注意保持和发展其柔韧性。

2. 心血管系统的特点

女子心脏体积较小，心脏重量较男子轻 10%～15%，心脏容积也比男子小，女子心

脏容积为 455～500 mL，男子为 600～700 mL，因此，女子每搏输出量也较男子少 10% 左右。

由于女子心肌收缩力较弱，调节心脏的神经中枢兴奋性较高，因此心搏频率较男子快 2～3 次/min。运动时，女子主要靠加快心搏频率来增加心脏每分输出量，因此，她们的心脏储备能力(心输出量的扩大范围)也低于男子。

女子血压较男子低 10% 左右，运动时升高幅度较小，运动后血压恢复的时间较长。此外，女子全身血量、血液内的红细胞及血红蛋白含量都低于男子。因此，女子血液运输氧和二氧化碳的能力都不及男子。

3. 呼吸系统的特点

女子胸廓和肺部的容积都较小，例如，男子肺总容量为 3.61～9.41 L，而女子仅为 2.81～6.81 L。加上女子呼吸肌力量较弱，胸廓活动度较小，因此，女子的肺通气功能和换气功能都较弱。表现为女子的呼吸频率较快，肺通气量、肺活量小于男子。此外，由于女子的心脏血管系统功能也不及男子，故女子安静时和最大体力负荷时的吸氧量也小于男子。这些都限制了女子在运动中氧的供应能力，从而使她们的运动能力及耐力都不及男子。

4. 生殖系统的特点

女子生殖系统分为外生殖器与内生殖器两部分。由于女子腹腔、盆腔内向下压力的方向与骨盆出口平面几乎垂直，而骨盆底的出口较大，骨盆底肌肉(会阴部肌肉)、筋膜及皮肤等封闭，所以骨盆底肌肉将承受较大的腹压。通过体育锻炼，可使女子的骨盆底肌与腹肌变得强而有力、弹性好、紧张性正常，就可以维持和承受足够的腹压，这对于维持子宫及其他生殖器官的正常位置是很重要的。

(二) 女子的一般体育锻炼要求

青春发育期后，由于男女少年在身体形态与生理功能方面逐渐出现明显的差别，而且女少年开始有月经来潮，因此，在进行体育教学和运动训练时，必须要考虑到女少年身体的解剖生理特点，予以区别对待。为此提出以下几个方面的体育锻炼要求：

(1) 体育课应男女分班(组)进行教学。教学内容与要求，男女应有所区别，对女生的锻炼标准、运动成绩(跑的速度、跳的高度、负重的重量等)的要求应低于男生。女生使用的运动器械应按规定较男生的轻些。

(2) 女生心血管、呼吸系统功能较差，运动量比男生要相对地安排得少一些。

(3) 女子肩部较窄，臂力较弱，做悬垂、支撑及大幅度摆动动作较为吃力，在学习这些动作时，要注意循序渐进，并给予必要的保护。

(4) 女子身体重心较低、平衡能力较强、柔韧性较好，适合进行平衡木及艺术体操等活动，在教学和训练中，应注意保持和发展其柔韧性，有意识、有步骤地使她们加强肩带肌、腹肌、腰背肌和骨盆底肌的锻炼。

(5) 不宜做过多的从高处跳下的练习，地面不可过硬，并注意落地姿势，以免使身体受到过分震动，影响盆腔脏器的正常位置及骨盆的正常发育。

(6) 根据青春发育期女生的心理特点，要注意引导和启发她们参加体育锻炼的自觉性和积极性，通过体育锻炼发展她们的力量、速度和耐力等素质，提高她们的健康水平和运动能力。

(三) 女子月经期的体育锻炼

1. 月经和月经周期

在下丘脑—垂体—卵巢轴内分泌周期性变化的影响下，子宫内膜出现周期性的增殖、血管增生、腺体高度分泌，此时，卵细胞若未受精，则由于卵巢黄体逐渐萎缩、退化，增生的子宫内膜逐渐坏死、脱落并引起出血，血液及破碎的子宫内膜碎片经阴道排出体外，即为月经。

正常情况下，经期时间为 3～7 天，多数为 3～5 天。经量平均约 50 mL，少至 10 mL，至多 100 mL。一般月经第 2～3 天出血量最多。经血一般为暗红色，呈碱性，除血液外，还夹有子宫内膜碎片。经期，部分人会有下腹部及乳房胀感、腰酸等现象，少数人有头痛、失眠、疲倦或嗜睡、情绪波动以及便秘或腹泻等全身反应。这些反应大都与大脑皮质的兴奋性变化有关，仍属于生理范围。

2. 月经期体育卫生要求

月经是女子正常生理现象，在月经期间，人体一般不出现明显的生理功能变化。因此，月经正常的女子在月经期间，可以参加适当的体育活动。

月经期进行体育活动锻炼时应注意以下问题：

(1) 由于一般人在月经期间，身体的反应能力、适应能力和肌肉力量会有所降低，神经调节的灵敏性也有所下降，因此，月经期间运动负荷的安排要适当减少，活动时间不宜过长，一般不宜参加比赛。对于月经初潮的女少年，由于她们的性腺内分泌周期尚不稳定，运动量的掌握更要慎重，不宜过大，要循序渐进，使她们逐步养成经期锻炼的习惯。

(2) 月经期间除应注意经期一般卫生外，还不宜游泳。此外，月经期间也应避免寒冷刺激，特别是下腹部不应受凉，冷水浴锻炼也应暂停。

(3) 月经期间，应避免做剧烈的、大强度的或震动大的跑跳动作(如疾跑、跨跳、腾跃、跳高、跳远等)，以及使腹内压明显增高的屏气和静力性动作(如推铅球、后倒成桥、收腹、倒立、俯卧撑等)。

(4) 对有月经紊乱(经量过多、过少或经期不准)以及痛经(经期下腹部疼痛)和患有内生殖器炎症的女生，月经期间应暂停体育活动。

(5) 对于身体健康、月经正常，平日又有一定训练水平的女少年运动员，月经期间可以安排一定量的运动训练。但在开始阶段应减小运动负荷，使身体逐步适应，运动负荷的增加要循序渐进，并应加强医务监督。

女运动员中，有时出现月经紊乱现象。其中有的人是由于运动量安排过大而引起的，在调整运动负荷之后，月经就可以恢复正常；有的人是由于训练或比赛环境的改变，中枢神经系统和内分泌系统功能暂时不稳定而造成的，经过一段时间，身体逐步适应以后，往往会自行恢复。如果排除以上因素，月经仍不能恢复正常者，则应及时进行检查治疗。为了及时了解和掌握女学生、女运动员的月经情况，可建立月经卡片制度，以便合理安排体育课，掌握运动负荷。

参 考 文 献

[1]　张力为，等．体育运动心理学研究进展[M]．北京：高等教育出版社，2000．

[2]　殷志栋，耿世刚，陈庆和．大学体育与健康[M]．大连：大连理工大学出版社，2006．

[3]　刘协和．心理卫生大全[M]．重庆：重庆出版社，1993．

[4]　祝蓓里．体育心理学新编[M]．上海：华东师大出版社，1995．

[5]　张春兴．张氏心理学辞典[M]．上海：上海辞书出版社，1991．

[6]　张占忠，陈刚，曹俊．高职体育与健康规划教程[M]．天津：南开大学出版社，2012．

[7]　毛志雄，王则珊．北京城区中老年人身体锻炼与心理健康的关系：情绪维度的研究[J]．北京体育大学学报，1996．

[8]　郑日昌．大学生心理卫生[M]．济南：山东教育出版社，1996．

第三章 运动损伤防治与应急处理

运动过程中经常会因为运动不当、意外情况导致身体受伤，我们将体育运动过程中所发生的各种损伤称为运动损伤。运动损伤与运动的安排、运动项目与技术动作、运动者的运动水平、运动环境与条件等因素有关。运动损伤所造成的影响是严重的，对一般爱好体育运动的人来说，运动损伤将影响其健康、工作和学习，严重者还可引起残疾，甚至死亡。急性运动损伤不能通过调整而消除，应及时采取相关的急救措施，以在进行医务治疗前减轻损伤后果。运动中发生损伤应采取一些急救措施，但这些措施只是进行医务治疗前的处理，进行相关处理后，应及时将受伤者送往医院进行治疗。

第一节 运动损伤的原因及预防

一、运动损伤的原因

大学生正处于生长发育较为重要的时期，普遍存在体质弱、运动技能差的现象，在运动过程中大部分人天性活跃，参与课余活动的积极性高，而且大学的学习压力相对较小，课余时间较多，参加体育活动的时间较长。但他们对运动损伤的相关知识了解得不够全面，对于具体的运动损伤防治方法并不是很清楚，不懂得怎样在运动中保护自己，出现意外运动损伤的时候不能及时正确地处理。学生参与体育运动时发生运动损伤的事件逐年增加，导致一些学生对于体育运动产生了恐惧心理，参与积极性降低。在体育运动的过程中，预防运动损伤、引导学生培养终身安全运动意识十分重要，体育教师应指导学生充分掌握运动损伤的防治方式，形成安全运动观念认知，避免在运动期间发生损伤事故。在发现有运动损伤问题之后，需进行合理处理，以免因没有及时正确处理而留下终身的遗憾与伤害。在体育教学过程中，学生运动损伤的防治较为重要，应予以足够重视。

发生运动损伤的主要原因有：

(1) 准备活动不够充分。运动者未做准备活动、准备活动不够充分、准备活动量过大或者准备活动与所进行运动的内容结合不好等，都会导致运动损伤的发生。体育运动之前参与到热身活动中，有助于维护学生的、人身安全以及身心健康，是合理预防运动损伤的关键形式。因此，在体育运动之前，应指导学生全面地了解热身准则，更好地参与到热身活动中。体育运动之前的热身活动，需要使得身体微微出汗，具体的热身方式需要结合体育运动项目确定，例如，采用慢跑热身、徒手操热身以及游戏热身等。

(2) 运动量过大或局部负担量过大。运动量安排不当，超过了机体的承受能力，尤其是局部负担量过大，是发生运动损伤的主要原因。应引导学生认真学习体育运动之前的热身方式与技巧，在教师的指导之下，学生可以总结运动之前的热身规律以及经验，根据体育运动特点与需求等参与到相关的热身活动中，以此提升整体教育指导效果，例如，教师在运动之前热身指导方面，可以要求学生热身 3～4 min，然后采用徒手操的方式促进身体各个关节部位的活动。应当重视各个重点部位的准备，例如进行腰部与各个部位韧带的拉伸，时间为 3 min，通过韧带的拉伸预防运动损伤问题。

(3) 没有遵守科学的锻炼原则。锻炼时必须遵守循序渐进的原则，充分考虑、因人而异，不能千篇一律地对待。在开始体育锻炼前，应对自己的体能水平和健康状况有比较充分的了解，以便能根据自己身心的实际情况，有针对性地进行锻炼，以改善自己体能和健康方面的不足。如果患有某些疾病，需向医生或保健人员咨询，以免出现损害健康的不良后果。人体是一个完整统一的有机体，各部位、器官和系统的功能，各种身体素质和基本活动能力之间存在着相互影响、相互制约、相互促进的内在联系。在选择运动项目、锻炼手段时，既要满足自己的兴趣爱好，更要注意多种运动项目和健身方法的结合，全面锻炼，以便更好地促进生长发育和身体全面、协调发展。在健身的同时，还要注意健心，加强意志品质的培养，并提高对自然环境的适应能力，全面增进健康。

(4) 场地、器材、护具、服装不符合卫生要求。

(5) 缺乏必要的自我保护知识、安全教育和保护的意识。

(6) 运动水平不够。运动水平不够与运动损伤的发生有密切的关系。身体素质训练水平低时，肌肉的弹性和力量就较差，反应迟钝，关节的稳定性和灵活性也较差，就容易导致损伤。某些专项运动中专项技术动作要领掌握得不好，存在缺点和错误，这些错误技术动作容易违反身体结构、技能特点和运动生物力学原理，也就容易发生损伤。

(7) 生理或心理状态不良。运动者生理状态不良，如休息或睡眠状态不好、疲劳、身体机能下降或疾病未愈时，肌肉力量、动作的准确性和身体的协调性显著下降，警觉性和注意力减退，反应较迟钝。在这种情况下参加锻炼或比赛，容易发生运动损伤。运动者的心理状态与运动损伤的发生也有密切的关系，如运动者思想不集中、心情不好等，在这种情况下就容易发生损伤。

(8) 气候条件不良。在高温潮湿的环境下运动，容易中暑或因出汗过多而引起抽筋；在温度过低时运动，容易发生冻伤或肌肉韧带拉伤；在光线不足，能见度低的情况下运动，易使运动者反应迟钝，也是受伤原因之一。

二、运动损伤的预防

(一) 加强运动安全教育

积极开展预防运动损伤的宣传教育工作，克服麻痹思想，提高对防伤意义的认识，掌握预防损伤的基本知识和技能。

(二) 合理安排教学、体育活动

在学校的体育课中，应根据学生的年龄、性别、健康状况和运动能力进行分组教学，每个组的内容、难度和负荷不尽相同。同时，锻炼者应遵守循序渐进和全面发展的原则，科学、合理地进行体育活动，避免运动损伤的发生。

(三) 认真做好准备活动

参加运动前，应做好准备活动。准备活动的内容和量应根据体育活动参加者的个人情况、锻炼内容以及气象条件而定。对运动中负荷较大和容易受伤的部位要特别做好针对性的准备活动。一般认为准备活动后身体感到发热、微微出汗为好。

(四) 加强保护和自我保护的意识

锻炼者和组织者要认真检查场地、器材，加强安全保护措施，不穿不适合的服装及鞋进行运动。必须加强和提高自我保护的意识。在活动的过程中，要学会自我保护的方法，增强信心，将运动损伤发生的可能性降到最低。

(五) 加强医务监督以及自我监督

经常参加体育锻炼的人要经常进行体检，以便自我掌握身体状况，不断调整运动量。对体检不合格者，应不允许参加比赛。伤病初愈的人参加锻炼或训练时，应取得医生的同意，并做好自我监督。

第二节　运动损伤的处理

处理运动损伤时要因地制宜，简便易行，要有实际效果。以下介绍几种常见运动损伤的处理方法。

一、软组织损伤

除骨、内脏和感觉器官之外的其他组织损伤，统称为软组织损伤。软组织包括筋膜、韧带、滑囊、腱鞘、关节囊、关节软骨、椎间盘、神经、血管、皮肤等。受伤时若无伤口与外界相通，则统称为闭合性软组织损伤。若伤后皮肤或黏膜的完整性遭到破坏，伤口与外界相通，则称为开放性损伤。前者有挫伤、肌肉拉伤、关节扭伤等，后者有拉伤、刺伤、撕裂伤等。

(一) 擦伤

原因：皮肤受到外力摩擦所致，如跑步时摔倒等。

症状：伤处表皮擦破或剥落，有血和组织液渗出。

处理：小面积擦伤，用络合碘消毒伤口即可。大面积擦伤，先用生理盐水冲洗伤口(无条件时可用冷开水代替)，再涂擦络合碘消毒，然后用消毒纱布覆盖包扎。

(二) 裂伤

原因：受到强烈撞击，引起皮肤和皮下组织撕裂，如眉弓撕裂伤。

症状：皮肤和皮下组织撕裂，伤口边缘不整齐，有出血，局部肿胀。

处理：伤口小且污染较轻者，可先用生理盐水冲洗伤口，再涂络合碘，然后贴创可贴或用黏膏黏合。伤口较大、较深，污染较重的，应及时送医院做清创术，缝合伤口，口服或注射抗生素以预防感染。伤口小而深且污染较严重者，应注射破伤风抗毒素，以预防破伤风。

(三) 肌肉拉伤

原因：准备活动不充分、疲劳、过度负荷以及动作不正确，都是肌肉拉伤的原因。缺少锻炼，肌肉力量差者更容易拉伤。

症状：伤口疼痛、肿胀、压痛、肌肉紧张、发硬、肌肉痉挛、功能障碍等。若受伤时感到或听到撕裂声、肿胀明显、皮下淤血严重、触摸局部有凹陷或一端异常隆起，则可能为肌肉断裂。

处理：轻者即刻冷敷、局部加压包扎并抬高伤肢(把受伤的肌肉置于放松的位置，以减轻疼痛)，外敷新伤药。24～48 小时后开始按摩或理疗，外敷活血生新剂。进入恢复期可进行功能锻炼。肌肉部分或完全断裂者，局部加压包扎后，立即送往医院进行手术缝合治疗。

(四) 挫伤

原因：运动中受到器械的撞击、锻炼者之间相互冲撞、摔倒时落地姿势不正确等，都可发生局部挫伤。

症状：单纯损伤仅有伤处疼痛、肿胀、皮肤青紫、功能障碍等；严重损伤伴有内脏器官受伤时，可能出现相关症状，如头部挫伤合并脑震荡或胸腹部损伤合并内脏损伤时会有休克症状。

处理：单纯的挫伤处理与肌肉拉伤的处理相同。如怀疑内脏器官损伤，应在进行对症处理后，尽早送医院检查和治疗。

(五) 关节、韧带扭伤

原因：任何原因使关节活动超出正常生理范围，均可造成关节韧带扭伤。如接球方法不当，可引起指关节扭伤；投球动作不正确，可导致肩、肘关节扭伤；起跳落地失去平衡、场地不平或踩在他人的脚上，可使踝关节过度内翻或外翻致伤。

症状：受伤关节疼痛、肿胀，关节活动障碍，局部有明显压痛和皮下淤血，严重者可出现关节松动症状。

处理：立刻冷敷，加压包扎，抬高伤肢，固定休息 4～7 天，并外敷伤药。伤后 48 小时可在伤处周围按摩，配合理疗，外敷活血生新剂，内服跌打丸、七厘散等。韧带断裂者，则送至医院治疗。

二、关节脱位

由于外力的作用使关节之间失去正常的联系称关节脱位，俗称脱臼。根据脱位的程度，可分为完全脱位和半脱位，前者关节面完全脱离原来位置，后者关节面仅部分错位。

原因：大多数是因为间接外力所致，如摔倒时用手掌撑地，引起肘关节或肩关节脱位。

症状：受伤关节剧烈疼痛、压痛、肿胀，失去正常活动功能，受伤肢体出现畸形，与健康侧肢体比较不对称。

处理：首先冷敷或喷氯乙烷，然后用夹板、绷带、三角巾固定伤肢，尽快送医院，争取早期复位。

三、脑震荡

脑神经细胞和脑神经纤维受到震荡后引起的一时性机能障碍称为脑震荡。

原因：体育运动中头部受到钝物打击或与硬物相撞所致。如锻炼时两人头部相撞，从高处跌下时头部着地，都可引起脑震荡。

症状：有头部受伤时，伤后意识立刻丧失，一般为几秒钟至几分钟，最多不超过半小时。昏迷时，神经反射减弱或消失，肌肉松弛，脉象细弱，呼吸慢而表浅，醒后有逆行性遗忘的现象，即忘记了受伤的经过，但对往事记忆清楚。可伴有头昏、头痛、恶心、呕吐等症状。

处理：使其安静平卧，昏迷不醒者可掐人中穴或嗅氨水，促其苏醒，醒后卧床休息，注意观察。如果昏迷时间超过 5 分钟，或耳、口、鼻有出血，或两侧瞳孔不对称，或醒后头痛剧烈，或再度昏迷，有以上症状之一者表明病情严重，应立刻送往医院处理。

四、骨折

骨的完整性遭到破坏称为骨折。根据骨折处是否与外界相通，可分为开放性骨折和闭合性骨折。根据骨折的程度，又可分为完全骨折和不完全骨折。

(一) 骨折的原因、症状及一般处理

原因：运动中身体某部位受到直接或间接暴力撞击时，肌肉强烈收缩时均可导致骨折。如踢足球时，小腿被踢造成胫骨骨折。

症状：伤处剧烈疼痛，活动时加剧，局部肿胀，皮下淤血，功能丧失，肌肉痉挛，骨折部位发生变形，伤肢变短或成角畸形，严重骨折常伴有出血和神经损伤，甚至可导致休克发生。

处理：如果出现休克，应先抗休克。使其安静平卧，注意保暖，必要时进行人工呼吸，可掐点和针刺人中、涌泉、百合、十宣等穴位。如果伴有伤口出血，则应立即止血包扎伤口。骨折后不要移动伤肢，应用夹板就地固定，夹板的长宽要适合，其长度必须超过骨折部约上下两个关节。

没有夹板时可用树枝等代替或将伤肢固定于伤者自己身上。夹板与皮肤间应垫软物，固定的松紧要合适、牢靠。开放性骨折，外露的骨端不要放回伤口内，以免造成深部感染，应固定伤肢后及时送医院治疗。

(二) 骨折固定包扎方法

骨折后要限制伤处活动，避免加重损伤，减少疼痛，用夹板固定骨折是最简单有效的方法。

五、创伤救护

(一) 绷带包扎法

1. 环形包扎法

此法适用于包扎额部、手腕和小腿下部等粗细均匀的部位，也用于其他绷带包扎法的开始和结束。包扎时将绷带带头斜放于包扎处，用一手拇指压住，将卷带环绕包扎一圈后，再将斜放的带头一个小角反折过来，然后继续环绕包扎，后一圈覆盖前一圈，包扎 3～4 圈即可(见图 3-1)。

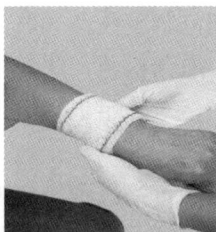

图 3-1　环形包扎法

2. 螺旋形包扎法

此法适用于包扎上臂、大腿等肢体粗细相差不多的部位。包扎时以环形包扎法开始，然后将卷带向上斜行缠绕，后一圈盖前一圈 1/2 到 2/3 即可(见图 3-2)。

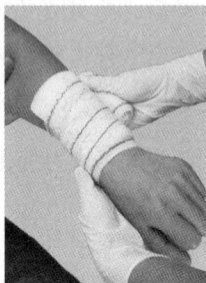

图 3-2　螺旋形包扎法

3. 反折螺旋形包扎法

此法适用于包扎前臂、大腿和小腿等肢体粗细差别较大的部位。包扎时以环形包扎法开始，然后用一拇指压住卷带上缘，将其上缘反折(注意要避开伤处)并压住前一圈的 1/2 到 2/3，每圈的折线应互相平行(见图 3-3)。

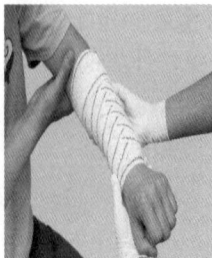

图 3-3　反折螺旋形包扎法

4. "8"字形包扎法

适用于包扎关节部位,有两种方法:

(1) 从关节中心开始"8"字形包扎法。先做环形包扎,然后将卷带斜行缠绕,一圈绕关节的上方,一圈绕关节的下方,两圈在关节凹面交叉,反复进行,逐渐远离关节。包扎时每圈压住前一圈的 1/2 到 2/3,最后在关节的上方或下方以环形包扎结束(见图 3-4)。

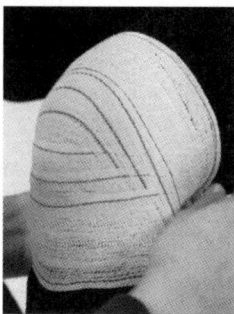

图 3-4 "8"字形包扎法 1

(2) 从关节下方开始"8"字形包扎法。先做环形包扎,然后将卷带自下而上、自上而下来回做"8"字形缠绕并逐渐靠拢关节,最后以环形包扎结束(见图 3-5)。

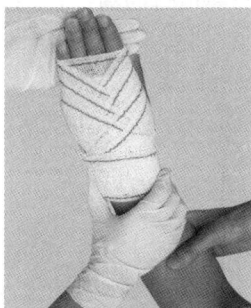

图 3-5 "8"字形包扎法 2

(二) 三角巾包扎法

1. 手部包扎法

三角巾平铺,患者手掌向下,指尖对三角巾的顶角,平放在三角巾的中央,底边横放于腕部,然后将三角巾的顶角向上反折,再将两底向手腕背部交叉围绕一圈,在腕背打结(见图 3-6)。

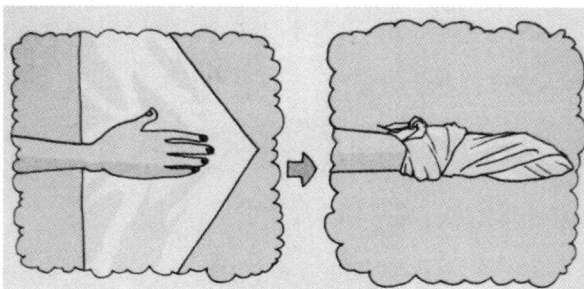

图 3-6 手部包扎法

2．足部包扎法

与手部包扎法基本相同。

3．头部包扎法

将三角巾的底边置于前额，顶角朝向头后正下，然后将底边从前额绕至头后，在头后交叉再绕至前额打结，最后把顶角拉紧并向上翻转固定(见图 3-7)。

图 3-7　头部包扎法

4．大悬臂带

适用于除肱骨与锁骨骨折以外的上肢损伤。将三角巾顶角放在伤肢的肘后，一底角置于健侧的肩上，肘关节屈曲，前臂放在三角巾的中央，将下方的底角上折，包住前臂，在颈后与上方底角打结，最后把肘后的顶角折向前面，用橡皮膏或别针固定(见图 3-8)。

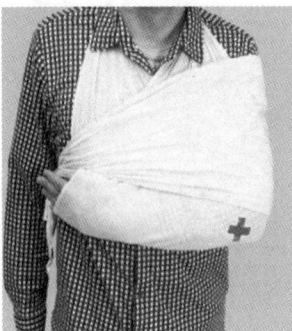

图 3-8　大悬臂带

5．小悬臂带

此法适用于锁骨骨折。将三角巾叠成四横指宽的宽带，其中央置于伤肢前臂的下 1/3 处，两端在颈后打结(见图 3-9)。

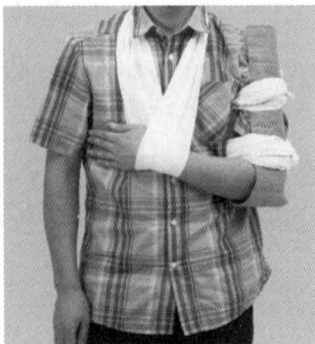

图 3-9　小悬臂带

六、出血

出血有外出血和内出血两种。按损伤的血管不同，还可分为动脉出血、静脉出血和毛细血管出血。

(一) 症状

若为动脉出血，则血色鲜红，呈喷射状流出；若为静脉出血，则血色暗红，缓慢持久地向外流出；若为毛细血管出血，则血色红，血液在创面上点状渗出，可自行凝固。

(二) 外伤止血法

1. 包扎止血法

包扎止血法一般用于无明显动脉性出血的小创口出血。有条件时先用生理盐水冲洗，再用消毒纱布覆盖创口或用绷带、三角巾包扎。无条件时可用冷开水冲洗，再用干净毛巾或其他软质布料覆盖包扎。

如果创口较大且出血较多，则要加压包扎止血。包扎的压力应适度，以达到止血而又不影响血液运输的效果。包扎后若远端动脉还可触到搏动，皮色无明显变化即为适度。严禁将面粉等不洁物质撒在伤口上，造成伤口进一步污染，给下一步清洁带来困难。

2. 指压止血法

指压止血法用于较急剧的动脉出血的急救处理。手头一时无包扎材料和止血带时，可用此法。

手指压在出血动脉的近心端的邻近骨头上，阻断血液来源。此法方便简单，能迅速有效地达到止血的目的，缺点是止血不易持久。事先应了解正确的压迫点，才能见效。

3. 压迫止血法

(1) 头面部。压迫颞浅动脉：一手扶住受伤者额部或枕部，另一手拇指压在耳前下颌关节处，可止同侧上额、颞部及头顶部出血。压迫颌外动脉：一手固定受伤者的头部，另一只手拇指压在下颌骨的下缘与咬肌的前缘的交界处，将颌外动脉压于下颌骨上，可止面部出血。常需将两侧动脉同时压住，才能充分止血。

(2) 肩部和上肢。压迫锁骨下动脉：在锁骨上窝内 1/3 处摸到脉搏后，用力向后将其压在锁骨上，可止肩部和上肢出血。压迫肱动脉：用手指在肱二头肌内侧沟处触到脉搏后，将其压在肱骨上，可止前臂出血。

(3) 下肢出血。压迫股动脉：在大腿根部，腹股沟中点下方摸到脉搏后，双手拇指重叠将股动脉用力压在趾骨上，可止下肢出血。

(4) 胫前、胫后动脉出血。用一只手的拇指、食指或两只手的拇指分别按压在内踝与跟骨间和足背横纹的中点。可用于同侧足部出血的临时止血。

出现较大的肢体动脉出血时，为运送伤者方便，应用上止血带法(用橡皮带、宽布条、三角巾、毛巾等均可)止血。

4. 止血带止血法

(1) 上肢出血：止血带应结扎在上臂的 1/3 处。禁止扎在中段，避免损伤桡神经。

(2) 下肢出血：止血带扎在大腿的中部。

用止血带前，先要将伤肢抬高，尽量使静脉血回流，并用软织物敷料垫好局部，然后再扎止血带，以止血带远端肢体动脉刚刚摸不到为适度。

使用止血带应严格掌握适应证和要领，如扎得太紧、时间过长，可引起软组织压迫坏死，肢体远端血流障碍，肌肉萎缩，甚至产生挤压症。如果扎得不紧、动脉远端仍有血流，而静脉的回流完全受阻，反而造成出血更多。扎好止血带后，一定要做明显的标志，标明上止血带的部位和时间，以免忘记定时放松，造成肢体缺血时间过久而坏死。上止血带后30～60分钟放松一次，放松3～5分钟后再扎上。放松止血带时可暂用指压法止血。

参 考 文 献

[1] 田麦久. 运动训练学[M]. 北京：人民体育出版社，2000.
[2] 姚鸿恩. 体育保健学[M]. 北京：高等教育出版社，2002.
[3] 赵斌. 运动损伤与预防[M]. 桂林：广西师范大学出版社，2005.
[4] 曲绵域，于长隆. 实用运动医学[M]. 北京：北京大学医学出版社，2003.
[5] 董晓虹. 运动健身学[M]. 杭州：浙江大学出版社，2006.
[6] 姚鸿恩. 体育保健学高级教程[M]. 桂林：广西师范大学出版社，2003.
[7] 谢每豪. 运动员基础训练的人体科学原理[M]. 北京：北京体育大学出版社，2005.

第四章　田 径 运 动

第一节　田径运动概述

　　田径是世界上最为普及的体育运动之一，也是历史最悠久的运动项目，被誉为"运动之母"。田径运动的起源大致可以归纳为以下几种：生存并与自然界斗争的手段、古代祭祀中的一项活动、战争的需要、教育的内容等。

　　1896 年在希腊举行的第一届现代奥运会上，走、跑、跳跃、投掷等 12 个田径项目被列为主要比赛项目，这成为现代田径运动开始的标志。1912 年，国际业余田径联合会(IAAF)成立，确立了国际统一的田径竞赛项目、竞赛规则，开始组织国际田径比赛。

　　田径运动是由田赛、径赛、全能比赛组成的运动项目。以高度和远度计算成绩的跳跃、投掷项目统称为田赛。以时间计算成绩的竞走和跑的项目统称为径赛。全能运动由跑、跳、跃、投掷的部分项目组成，以各单项成绩按《田径运动评分表》换算分数计算成绩。

第二节　田 赛 项 目

　　田赛包括跳跃项目和投掷项目。跳跃项目分为高度类和远度类，其中高度类有跳高和撑杆跳高，远度类有跳远和三级跳远。投掷项目包括铅球、铁饼、标枪和链球等。比赛时，人体或人投掷器械位移距离大者名次列前。

一、跳高

　　跳高要求运动员通过有节奏的助跑，经单脚起跳，越过一定高度的横杆。它能有效地增强腿部肌肉力量，提高弹跳力、灵敏度和协调性，培养勇敢、果断的意志品质。

　　跳高的技术动作先后出现过 5 次重大演变，即跨越式(见图 4-1)、剪式(见图 4-2)、滚式(见图 4-3)、俯卧式(见图 4-4)和背越式(见图 4-5)。当代跳高运动趋向于速度核心，即要求助跑速度快、起跳速度快、过杆速度快。

图 4-1　跨越式跳高　　　　图 4-2　剪式跳高　　　　图 4-3　滚式跳高

图 4-4　俯卧式跳高　　　　　　　　　图 4-5　背越式跳高

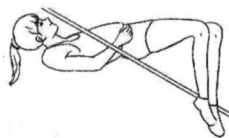

背越式跳高以特定的弧线助跑，起跳后背对横杆腾起，背越过杆(见图 4-6)，是现代最为常用的一种跳高技术，由助跑、起跳、过杆和落地几个不同的技术环节组成。

图 4-6　背越式跳高连续动作

(一) 助跑技术

助跑的任务是获得必要的水平速度和蹬地力量，调整适宜的动作节奏，形成合理的身体内倾姿势，为起跳和顺利过杆创造有利条件。

1. 助跑的起动

助跑起动的方式有两种：原地起动(直接从助跑点上开始助跑的方式)和行进间起动(预先走动或跑动 3～5 步，然后踏上助跑点开始助跑的方式)。原地起动助跑点踏得准，步长相对固定，但动作较紧张，加速较慢。行进间起动动作自然放松，加速较快，但助跑点不易踏准。

2. 助跑的路线

如图 4-7 所示，背越式跳高助跑路线的前段为直线或近似直线，后段 4～5 步为弧线。如图 4-8 所示，直线助跑时，上体略前倾，步幅开阔，后蹬充分，身体重心平稳且保持高位；弧线助跑时，身体逐渐内倾，外侧的肩略高于内侧的肩，外侧臂和腿的摆动幅度较之内侧要大。

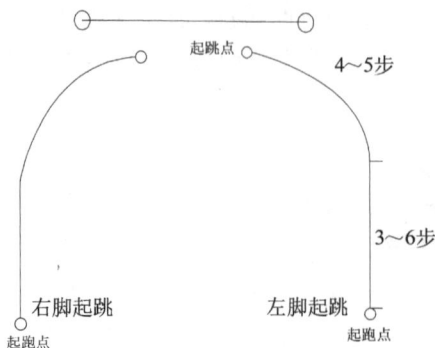

图 4-7　背越式跳高助跑路线　　　　　　　　图 4-8　助跑动作要领

3. 助跑的距离

助跑距离指从起跑点到起跳点的距离。全程一般 8～12 步，距离最长可达 30 米左右。

4. 助跑的节奏

助跑节奏具体表现为步频(单位时间内两腿的交换次数)与步长在助跑中的变化。背越式跳高助跑的节奏要求从慢到快，前几步慢，后蹬充分，腾空较大；最后 3～5 步频率加快，但步长变化要小；最后 1 步，争取最快。

5. 助跑的技术要点

整个助跑过程的动作应该自然、放松、快速、连贯，全程节奏明确、逐渐加速。最后 1 步，摆动腿的动作极为关键。腿着地时，积极下压扒地，形成牢固支撑，身体重心迅速前移，进入起跳状态。

(二) 起跳技术

起跳是背越式跳高的关键技术，其任务是迅速改变人体运动方向，实现最大垂直速度和合理的腾空角度，为顺利过杆创造条件。

起跳阶段，起跳脚踏上起跳点，起跳腿经过支撑、缓冲、蹬伸，蹬离地面跳起，摆动腿和臂协调摆动。起跳腿指用于蹬伸起跳的腿，多选择较有力的腿。摆动腿指起跳时用于协调配合起到摆动作用的腿。

如图 4-9 所示，在助跑最后一步身体内倾达到最大程度时，摆动腿有力后蹬，推动髋部迅速前移，使起跳腿快速踏上起跳点，形成肩轴与髋轴交叉扭紧姿势。接着，起跳脚以脚跟外侧着地并迅速过渡到全脚掌，脚尖朝向助跑弧线的切线方向，起跳腿自然屈膝并被压紧。随着身体由内倾转为垂直，起跳腿的髋、膝、踝 3 个关节依次迅猛发力，快速完成蹬伸起跳的动作。

如图 4-10 所示，蹬伸结束时，起跳腿的髋、膝、踝 3 个关节应该充分伸直，使身体垂直于地面，以保证身体向垂直方向充分腾起。

图 4-9　起跳阶段技术　　　　　　　图 4-10　蹬伸结束动作

(三) 过杆与落地技术

过杆与落地阶段指起跳腾空后，头、肩、背、腰、髋、腿等身体各部分利用合理的技术动作依次越过横杆，并安全地落在海绵包上的技术阶段。

如图 4-11 所示，起跳结束时，充分伸展身体，向上腾起。利用摆动腿的力量尽量提高髋部位置，然后以摆动腿同侧的臂、肩领先过杆，顺势仰头、倒肩、挺髋。头与肩过杆后下沉，髋部高过两膝，身体形成反弓形。当髋部越过横杆时，顺势收腹，带动小腿向上甩，整个身体越过横杆，保持屈髋、伸膝的姿势下落，以肩背先着垫。

过杆   落地

图 4-11　过杆与落地

二、跳远

跳远是通过快速的助跑和有力的起跳，采用合理的腾空姿势和动作，使人体腾跃尽可能远的水平距离的运动项目。它能有效地提高速度，发展弹跳力和协调性，增强神经系统、循环系统和运动器官的机能，培养勇敢、顽强的意志品质。

如图 4-12 所示，跳远技术包括助跑、起跳、腾空和落地 4 个环节。

助跑   起跳   腾空   落地

图 4-12　跳远技术包括的 4 个环节

(一) 助跑技术

(1) 助跑的任务是获得最大的水平速度，为准确踏板和迅速有力地起跳做好准备。

(2) 助跑的起动方式有原地起动和行进间起动两种。前者更适合于初学者。

(3) 助跑常用的加速方式有两种，即平稳加速(亦称为逐渐加速)和积极加速。平稳加速方式：开始步频较低，然后逐渐加大步长或在保持步长的基础上提高步频，加速过程均匀平稳，时间较长。这种方式动作比较轻松，起跳的准确性好，成绩比较稳定。积极加速方式：上体前倾较大，步频始终保持较高的水平。这种方式动作比较紧张，起跳的准确性差，适合于绝对速度较快的运动员。

(4) 助跑距离指从助跑起跑点到踏跳板的距离。一般而言，技术水平越高，速度越快，助跑距离越长。男子助跑距离约 35～45 米，18～24 步；女子助跑距离约 30～35 米，16～18 步。助跑距离并非固定不变，可以根据环境条件的变化和个人身体情况进行相应的调整。

(5) 助跑节奏表现为对步长、步频变化的控制，以利于最高速度的发挥及利用。跳远助跑的最后几步呈加速状态，身体重心适当下降，为快速起跳做好准备。

(二) 起跳技术

起跳的任务是利用助跑所获得的最高速度，瞬间创造尽可能大的腾起初速度(由助跑、起跳所产生的水平速度垂直速度合成的)和适宜的腾起角度，使身体充分向前上方腾起。

起跳是跳远技术中最重要的环节。如图 4-13 所示，起跳的动作过程可分为起跳脚着地(上板)、缓冲和蹬伸三个阶段。着地要迅速且富有弹性，缓冲时及时积极地前移身体，蹬伸是爆发式动作，要快而有力。

起跳时，抬头挺胸，上体正直，提肩、拔腰，髋、膝、踝 3 个关节要充分蹬直，蹬摆配合要协调，用力一致。

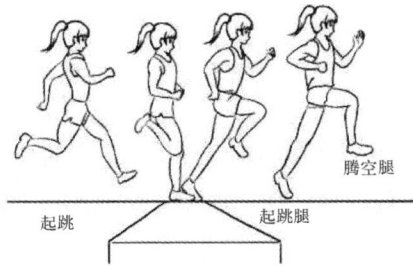

图 4-13　起跳动作

(三) 腾空技术

腾空阶段指起跳后人体在空中维持身体平衡，完成各种动作的阶段。如图 4-14 所示，跳远的腾空动作目前主要有 3 种姿势：蹲踞式、挺身式、走步式。

图 4-14　跳远腾空动作的 3 种姿势

1. 蹲踞式

起跳呈腾空步(起跳结束时，身体姿势在空中的延续)后，上体保持正直，摆动腿继续向上摆动，起跳腿顺势屈膝前摆，逐渐靠近摆动腿，使两腿屈膝在空中呈蹲踞姿势。然后收腹举腿并前伸小腿，两臂由后向前摆动，使身体重心前移，顺势落地。

2. 挺身式

起跳呈腾空步后，摆动腿下落，膝关节伸展，小腿由前向后下呈弧形摆动，两臂下垂经由体侧向后上方绕环摆动，起跳腿自然回摆与摆动腿靠拢，形成空中挺胸展髋的姿势。继而收腹举腿，大腿向胸部靠拢，小腿前伸，两臂上举或后摆，顺势落地。

3. 走步式

起跳呈腾空步后，以髋关节为轴，摆动腿大腿带动小腿，由前向后下方摆动。同时起跳腿屈膝前摆，向上抬起大腿，前伸小腿，在空中自然地完成换步动作。两臂与下肢协调配合做大幅度直臂绕环摆动或自然前后摆动，然后摆动腿顺势前摆，两腿靠拢，收腹举腿，前伸小腿，顺势落地。在空中完成一次换步后落地的称为"两步半"走步式，完成两次换步后落地的称为"三步半"走步式。

(四) 落地技术

落地阶段指腾空后落入沙坑的着地动作阶段，其任务是选择合理的技术，获得较大的跳跃距离，并防止伤害事故的发生。

完成腾空动作后，收腹举腿，小腿前伸，脚尖勾起，两臂向后摆动。脚跟触及沙面后，迅速屈膝缓冲，臀部顺势前移，两臂由后向前摆动，上体前倾，呈团身姿势，平稳地落入沙坑。

此外，落地时，还可以采用侧倒式。脚跟着地后，一条腿保持稍紧张状态支撑沙地，另一条腿放松，上体顺势向放松腿的前侧方卧倒。

三、三级跳远

三级跳远是经过一定距离的直线助跑后，通过 3 次连续跳跃(单足跳、跨步跳、跳跃)达到尽可能远的水平距离的运动项目，如图 4-15 所示。它能有效地发展速度和下肢力量，提升弹跳力、灵敏度和协调性，增强支撑器官(腿、足、膝、踝等)和内脏器官的功能，培养勇敢顽强、勇往直前的意志品质。

| 助跑 | 单足跳 | 跨步跳 | 跳跃+落地 |

图 4-15 三级跳远

运动员助跑后应连续完成 3 次不同形式的跳跃：第一跳为单足跳，用起跳腿落地；第二跳为跨步跳，用摆动腿落地；第三跳为跳跃，必须用双脚落入沙坑。每一跳都包括起跳、腾空和落地阶段。

(一) 助跑技术

水平速度是决定三级跳远成绩的关键因素。助跑的目的就在于获得尽可能快的水平速度，为单足起跳做好准备。

三级跳远的助跑技术与跳远基本相同，但第一跳起跳的腾起角(是指人体离地时，身体重心腾起初速度方向与水平线构成的角度)较小，因此整个助跑过程身体重心较高，加速平稳，强调向前行。最后几步，大腿高抬，上体正直，在保持步长或适当减少步长的情况下，加快步频，准备起跳。

助跑距离取决于个人的加速能力。加速能力强，助跑距离就短，反之助跑距离长。助跑距离一般为 35～40 米，相当于 18～22 步。

(二) 第一跳(单足跳)技术

如图 4-16 所示，三级跳远的起跳是以单足跳的形式完成起跳的。这一跳不仅要达到必要的远度，而且要尽可能地减少水平速度的损失，为后两跳创造良好条件。

起跨　攻框　　　　　　　　　腾空过栏

图 4-16　第一跳技术

第一跳以有力的腿做起跳腿。助跑最后一步，摆动腿积极蹬地向前送髋时，起跳腿大腿快速下压，小腿自然前伸，用全脚掌迅速积极踏板。起跳腿着地后，迅速屈膝屈踝缓冲，摆动腿快速向前上方大幅度摆出，两臂配合下肢动作有力摆动，起跳腿迅速及时地进行爆发性蹬伸。

起跳离地后，身体保持腾空步姿势。摆动腿小腿随大腿下放自然地从前向下、向后摆动，同时髋部上提，后面的起跳腿屈膝前摆高抬，带动髋部前移，两臂配合经体前摆向身体侧后方，形成空中交换步的动作，幅度大且平稳。单足跳的腾空轨迹应尽量低而平。理想的起跳角为 12°～15°。

完成交换步的起跳腿前摆蹬伸，迅速有力地用全脚掌扒地式着地，两臂和摆动腿配合起跳腿动作向前摆动。落地点尽量接近身体重心投影点，上体保持正直。

(三) 第二跳(跨步跳)技术

如图 4-17 所示，三级跳远的第二跳为跨步跳，在三跳中难度最大，距离最短，身体重心的抛物线最低。起跳角度与单足跳几乎相同，一般为 12°～14°。

图 4-17　第二跳技术

当单足跳落地时，起跳腿积极完成缓冲并快速有力地蹬离地面，髋、膝、踝关节充分伸展。摆动腿迅速屈膝向前上方摆动，足尖上挑，大小腿成 90° 角，膝部应摆至身体重心的上方。同时，上体保持正直或稍前倾，两臂成弧形向侧后方摆动，完成跨步跳的腾空跨步动作。注意维持身体平衡，并达到必要的远度。

腾空跨步跳结束时，髋部前移，摆动腿大腿下压，膝关节伸展，小腿顺势由前向后用全脚掌落地并积极"后扒"，两臂由后向前上方摆动，完成第二跳的落地动作。

(四) 第三跳(跳跃)技术

如图 4-18 所示，第三跳是以第二跳的摆动腿作起跳腿，起跳角应稍大，一般在 18°～20° 之间。

起跳腿着地后应适度屈膝屈踝积极缓冲，上体正直，髋部上提，迅速有力地蹬直离地。同时，摆动腿迅速屈膝向前上方高抬摆动，两臂则由体侧后方积极向前上方摆动，保持腾空步动作。

第三跳的空中和落地动作与跳远时一样，可以选择蹲踞式、挺身式或走步式。

图 4-18　第三跳技术

四、铅球

铅球是一种速度力量型投掷项目，它协调利用人体全身力量，以最快的出手速度，将铅球从肩上锁骨窝处单手推出。它能有效地增强人的躯干及四肢，尤其是腰背的肌肉力量，提高速度，发展协调性，培养坚韧、沉着的意志品质。

正式比赛时，男子铅球的重量为 7.26 千克，直径为 11～13 厘米；女子铅球的重量为 4 千克，直径为 9.5～11 厘米。投掷圈直径为 2.135 米，前缘装有抵趾板。扇形有效落地区的角度为 34.92°。

如图 4-19 所示，背向滑步推铅球的技术要领包括(以右手为例)：握球和持球、预备姿势、滑步、最后用力、缓冲。

预备姿势｜　　滑步　　｜　　最后用力　　｜　缓冲

图 4-19　背向滑步推铅球技术要领

(一) 握球和持球

如图 4-20 所示，五指自然分开，球体置于食指、中指和无名指的指根处，拇指和小指扶住球体两侧，手腕后屈，防止球体滑动并便于控制出球的方向。

手指力量较强者，可将球适当移向手指上方，有利于拨球和发挥手腕的力量。

握好球后，将球放在右肩锁骨窝处，紧贴颈部，掌心向前，右臂屈肘，肘部稍外展且略低于肩，上臂与身体的夹角约为 45°。

图 4-20　握球和持球姿势

(二) 预备姿势

预备姿势是滑步前的准备动作，目的是为协调、平稳地进入滑步创造条件。

1. 高姿势

如图 4-21 所示，持球后背对投掷方向，两脚前后开立，相距约 20～30 厘米。右脚尖靠近投掷圈后端内沿(脚也可稍向内转)，体重主要落在伸直的右腿上；左腿在后自然弯曲，以前脚掌或脚尖着地；上体放松，头部和躯干保持正直，左臂自然上举。

2. 低姿势

如图 4-22 所示，持球后背对投掷方向，两脚前后开立，相距约 50～60 厘米(根据身高和下蹲的程度而定)。两腿弯曲(弯曲程度视个人力量而定)，体重落于右腿。右脚尖贴近投掷圈后端内沿(脚也可稍向内转)，左脚在后，以前脚掌或脚尖着地。左臂自然下垂，左肩稍向内扣，上体前屈与地面平行，两眼目视前下方。铅球的投影点在右脚的右侧前方。

图 4-21　高姿势

图 4-22　低姿势

(三) 滑步

滑步使铅球获得一定的水平方向的预先速度，并使身体呈最后用力的有利姿势。

滑步前可以先做一两次预摆(也可不做)，以改变身体的静止状态。预摆时，左腿自然弯曲，大腿用力向后上方摆起，右腿伸直，同时上体前屈，左臂微屈前伸或下垂并稍向内，头与背保持一条直线。当左腿摆至与地面平行时，回收左腿，同时右腿弯曲，形成屈膝团身的姿势(见图 4-23)。

图 4-23　滑步

如图 4-24 所示，当左腿回收靠近右腿时，臀部后移。左腿向投掷方向快速摆出，同时右腿用力蹬伸。当右脚蹬离地面后，迅速拉收小腿并向内转动，用前脚掌着地，落于圆心附近。同时左脚积极下落，前脚掌内侧落在圆圈直径的左侧。两脚着地时间相隔愈短愈好。此时肩轴与髋轴成扭紧状态，左脚尖与右脚跟约在一条直线上(对投掷方向而言)。

图 4-24　滑步技术要领

滑步过程中左臂和左肩保持内扣，头部保持向右后方的姿势，以保证上体处于扭紧状态。

(四) 最后用力

最后用力阶段为从左脚落地到铅球出手的阶段。

左脚落地瞬间，右腿继续向投掷方向转动并积极蹬伸，转髋转体。同时上体逐渐抬起，左臂向胸前左上方摆动，左肩高于右肩，大部分重心仍落在弯曲而压紧的右腿上，身体成"侧弓状"(见图 4-25)。

随着右腿蹬伸，右髋和右肩前送，身体重心由右腿快速移至左腿(见图 4-26)。随即两腿充分蹬伸，抬头(稍有后仰)，屈腕且稍向内转，右臂迅速而有力地将球推出(见图 4-27)。

图 4-25　最后用力阶段 1　　　图 4-26　最后用力阶段 2　　　图 4-27　推出铅球动作

(五) 缓冲

铅球出手后，右腿随势前摆，着地于左脚附近，左腿后摆，两腿交换并弯曲，以降低身体重心，缓冲向前的冲力，维持身体平衡，防止出圈犯规。

第三节　径赛项目

本节介绍短距离跑、中长距离跑、跨栏跑、接力跑的概况，详细阐述其技术要领。

竞赛项目包括短跑(Sprint/Dash)、中跑(Middle-distance Race)、长跑(Long-distance Race)、接力跑(Relay Race)、跨栏跑(Hurdle Race)、障碍跑(Obstacle Race)等。位移相同距离耗时少者名次列前。

一、短距离跑、中长距离跑

(一) 短跑

短距离跑(简称短跑),包括 100 米、200 米、400 米跑及 400 米接力跑,是高速度的极限强度运动项目。它能有效地提高大脑皮层的兴奋性和中枢神经的协调性,增强呼吸系统和循环系统的能力,发展速度、力量、灵敏性和协调性,培养拼搏、竞争、坚毅、顽强的意志品质。

短跑技术经历了从踏步式到迈步式再到摆动式的演变。起跑技术也从古希腊人的站立式起跑发展为蹲踞式起跑。

1. 起跑技术

起跑包括起跑前的准备姿势和起动动作。在短跑比赛中,必须用蹲踞式起跑,并使用起跑器。

如图 4-28 所示,起跑器的安装方法有普通式、接近式和拉长式 3 种。前起跑器抵足板与地面的夹角约为 45°,后起跑器与地面的夹角为 60°～80°。安装起跑器的目的在于蹬离时能充分发挥腿部肌肉的最大力量,从而获得向前的最大初速度,起跑后使身体能保持较大的前倾。

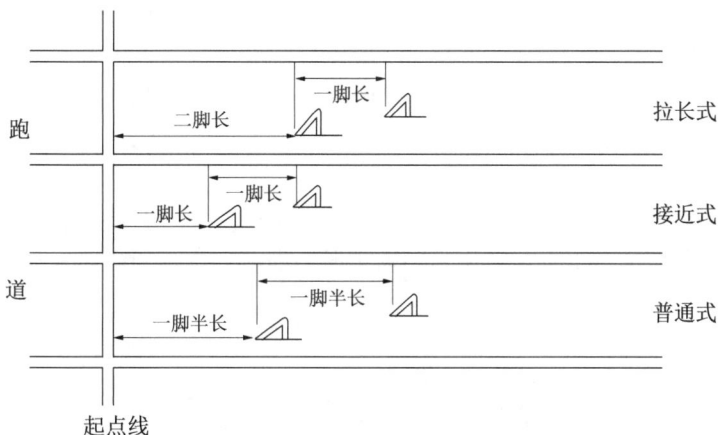

图 4-28 起跑器安装方法

起跑过程包括"各就位""预备"和鸣枪 3 个环节。

如图 4-29 所示,听到"各就位"口令后,可稍做放松(如深呼吸),然后俯身两手于起

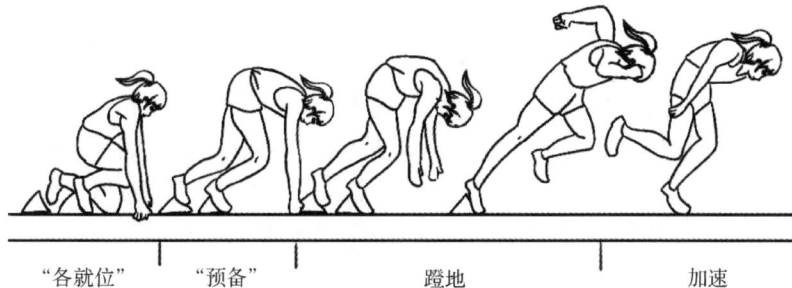

图 4-29 起跑过程

跑线后撑地，两脚依次踏在前、后起跑器抵足板上，脚尖触地。将有力的腿放在前面，后膝跪地。两臂伸直约与肩同宽，四指并拢或稍分开和拇指呈人字形，身体重心稍前移，肩约与起跑线平行。背微弓，颈部自然放松，注意听"预备"口令。

听到"预备"口令后，后膝离地，抬起臀部，使之稍高于肩。重心适当前移，体重主要落于两臂和前腿上。两小腿趋于平行，前腿膝角约为90°，后腿膝角约为120°，注意力高度集中等候发令枪声。

听到枪声后，两手迅速推离地面，屈肘做有力的前后摆臂，同时两脚用力蹬起跑器，使身体以前倾姿势向前上方运动，躯干与地面成15°～20°角。后腿迅速屈膝向前上方摆出，但不宜过高。后腿前摆并积极下压着地的同时，前腿快速蹬伸髋、膝、踝3个关节。躯干逐渐抬起，头部也随之上抬，视线逐渐向前移。

2. 起跑后的加速跑技术

加速跑的任务是充分利用起跑的初速度，在较短距离内尽快获得最高速度。

起跑后，第一步不宜过大，为3.5～4脚长，第二步为4～4.5脚长，以后逐渐增大。上体随着步长和速度的增加而逐渐抬起，两脚落点逐渐靠拢人体中线，形成一条直线(在起跑后10～15米处)。同时，两臂应积极摆动，上下肢协调配合。加速距离一般为25～30米。

3. 途中跑技术

一个跑的周期包括两个腾空时期和两个支撑时期(左支撑和右支撑)。单腿均要经历后蹬、摆动、着地缓冲等阶段。

途中跑指从完成加速跑开始，到距终点10米左右的一段距离，其任务是继续发挥和保持最高速度。进入途中跑时，应顺惯性放松跑2～3步，以消除肌肉的过分紧张。在百米跑中，途中跑的距离为65～70米。

摆臂动作：途中跑时上体稍前倾，两眼平视，颈肩放松，手半握拳，两臂屈肘，以肩关节为轴用力前后摆动，如图4-30所示。前摆时，肘稍向内，肘关节角度变小；后摆时，肘稍向外，肘关节角度变大。手和小臂形成两臂的交叉摆动，不能摆过身体胸前的中线。正确的摆臂动作能够维持平衡、调节节奏，有利于加快步频和步幅。

图4-30　途中跑技术动作

摆腿动作：① 后蹬伸展阶段，支撑腿从伸展髋关节开始，依次蹬伸膝、踝关节，直到脚掌蹬离地面。后蹬动作中速度极为重要。② 折叠前摆阶段，后蹬结束后，摆动腿大小腿尽力折叠，快速积极地向前摆动。同侧髋部随之前移。③ 下压缓冲阶段，前摆至大腿高抬后，随即积极下压，前脚掌积极"扒地"。着地瞬间小腿与地面接近垂直，迅速屈膝、屈踝缓冲，摆动腿随惯性快速向前摆动，并与支撑腿靠拢，使身体重心迅速前移，膝踝关节屈曲角度达到最大，转入后蹬待发状态。

支撑腿与摆动腿的蹬摆协调配合是途中跑技术的关键。一般情况下，摆动腿前摆速度快，步频也快，前摆幅度大，步幅也大。

4. 终点跑技术

终点跑包括终点冲刺和撞线，其任务是尽量以途中跑的高速度跑过终点。在距离终点约 15～20 米时，上体前倾，以增强后蹬力，同时加大摆臂的幅度和速度，在距离终点线最后一步时，上体最大前倾，用胸部或肩部撞线。通过终点后，要调整步频和步幅，逐渐减速。

5. 弯道跑技术

如图 4-31 所示，弯道起跑时，为了形成一段直线距离的加速跑，应将起跑器安装在跑道右侧，正对左侧弯道的切点方向。左手撑于起跑线后 5～10 厘米处，身体正对弯道的切点。加速跑距离较短，上体抬起较早，沿切线跑进。

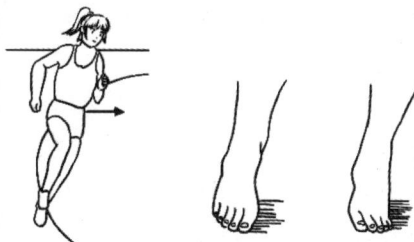

如图 4-32 所示，从直道进入弯道，身体应有意识地稍向圆心方向倾斜。后蹬时，右脚前脚掌内侧用力，左脚脚前掌外侧用力。摆动时，右腿膝关节稍向内，左腿膝关节稍向外。右臂的摆动幅度和力量略大于左臂。应尽可能地沿跑道内侧前进。

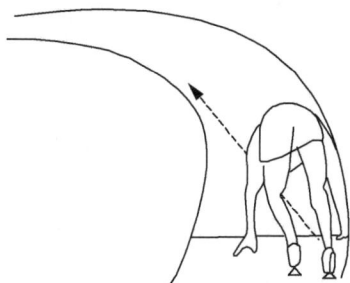

图 4-31　弯道起跑姿势　　　　图 4-32　直道进入弯道

从弯道进入直道，最后几米，应逐渐减小身体内倾程度，惯性跑 2～3 步后转入正常途中跑。

(二) 中长跑

中长跑是中距离跑和长距离跑的简称，全程为 800～10 000 米。它能有效地改善呼吸系统和心血管系统的功能，促进心肺功能(增强心肌，增厚心壁，增加心脏容积)，提高速度和耐力，培养坚韧不拔、吃苦耐劳的意志品质。

1. 起跑技术

中长跑的起跑按"各就位"和鸣枪两个环节进行，起跑姿势有站立式和半蹲踞式两种。

(1)"各就位"时，先做一两次深呼吸。站立式起跑的运动员两脚前后开立，有力的腿在前，前脚尖紧靠起跑线后沿，全脚掌着地，后脚以前脚掌着地，两脚前后间距约一脚长，左右间距约半脚，两膝弯曲，上体前倾(跑的距离越短，腿的弯曲度越大，上体前倾幅度也越大)，颈部放松，两臂在体前自然下垂或一前一后，身体重心落于前脚，保持稳定姿势(见图 4-33)。

图 4-33　"各就位"时的动作要领

半蹲踞式起跑的动作与站立式基本相同，但其前腿的异侧臂的拇指和其他四指成八字形撑在起跑线后。两脚均用前脚掌支撑，前后相距约一小腿长，左右间隔约一脚宽，两膝弯曲角略小，重心主要落在前腿和支撑臂上。

(2) 鸣枪。听到枪声后，后腿用力蹬地后积极前摆，前腿用力蹬伸。两臂配合腿部动作做快而有力的前后摆动，身体向前冲出(见图 4-34)。

图 4-34　鸣枪时的动作要领

2. 起跑后的加速跑技术

起跑后，上体保持一定的前倾，两臂的摆动和腿脚的蹬摆都应迅速有力，逐渐加速，同时，上体随之抬起，跑向对自己有利的战术位置，然后转入途中跑。加速跑的距离和速度应根据个人特点、战术要求和临场情况而定。

3. 途中跑技术

途中跑是中长跑技术中的主要部分，其任务是保持速度，节省体力，讲求节奏，并充分运用战术为获取优异成绩奠定良好基础。

如图 4-35 所示，就途中跑的技术而言，中长跑与短跑实质相同，但由于距离和速度的不同，两者仍存在一定差异。

图 4-35　途中跑的动作要领

(1) 上体姿势。上体自然伸直或稍向前倾，中跑时上体前倾约 5°，长跑时上体前倾 1°～2°。上体前倾的角度小于短跑。

(2) 腿部动作。后蹬时，角度较短跑稍大，用力程度和蹬伸幅度较短跑稍小。前摆时，大腿上摆的高度较短跑低，大小腿的折叠程度较短跑小。

此外，中长跑的途中跑特别强调动作与呼吸的配合，与短跑相比，其身体重心的上下波动、弯道跑时摆臂幅度、跑的频率系数(腾空时间与支撑时间的比值)均较小。

4. 终点跑技术

终点跑指临近终点前一段距离的加速跑，其任务是以顽强的意志，调动全部力量，克服高度疲劳，加大摆臂速度和幅度，加快步频，冲刺终点。

终点冲刺的距离应根据个人的体力情况、战术要求和临场情况而定，一般中跑为200～400米，长跑在400米以上。应注意观察对手情况，抢占有利位置，把握冲刺时机。速度占优势的运动员，宜紧跟且晚冲刺，一般在进入最后直道时开始冲刺；耐力占优势的运动员，宜早冲刺。

5. 中长跑的呼吸

中长跑途中，为了保证机体对氧气的需求，采用口鼻同时进行呼吸的方法。呼吸的节奏应和跑的节奏相配合，并注意加大呼吸的深度(特别是呼气，只有充分地呼出二氧化碳，才能吸入更多的氧气)。一般采用两步一呼、两步一吸(亦有一步一呼、一步一吸；三步一呼、三步一吸等)。

"极点"是一种正常的生理现象，是指中长跑途中，由于氧气的供应落后于机体活动的需要，代谢物质无法及时转移而出现的胸部发闷、呼吸困难、动作无力、难以继续跑进等感觉。此时要以顽强的意志坚持跑下去，加强呼吸，适当调整步速。经过一段时间后，"极点"现象就会消失或减轻，身体运动能力逐渐提高，出现"第二次呼吸"。

二、跨栏跑

跨栏跑是在规定距离中，跑并跨越一定数量、一定间距和一定高度栏架的径赛项目，也是田径运动中技术较复杂，节奏性较强，锻炼价值较高的项目之一(见表4-1)。

表 4-1 奥运会跨栏跑比赛项目及要求

性别	项目	栏间距离/米	起点到第一栏距离/米	最后一栏到终点距离/米	栏高/米	栏数/个
男	110米栏	9.14	13.72	14.02	1.067	
	400米栏	35	45	40	0.914	10
女					0.762	
	100米栏	8.50	13	10.50	0.84	

男子110米栏的栏架较高，过栏和栏间跑的速度较快，是跨栏跑中技术难度最大的项目。下面以此为例，讲解跨栏跑技术。

(一) 起跑至第一栏技术

起跑至第一栏的任务是在固定的距离内用固定的步数完成加速跑，为全程过栏奠定良好的速度和节奏。

其技术与短跑基本相同。起跑采用蹲式，一般跑7～8步。采用7步上栏，应将起跨腿置于后起跑器上；采用8步上栏，应将起跨腿置于前起跑器上。

这一阶段，跨栏跑与短跑的动作技术差异主要表现为：① 预备时，臂部抬起相对较高；② 起跑后，身体前倾角度较小，上体抬起较早，大约在第6步时，基本达到短跑途中跑的姿势；③ 加速中，后蹬角度较大，步长增加较快，跨栏前倒数第二步达到最大步长，最后一步是短步(比前一步短 10～20 厘米)，起跨腿以前脚掌迅速准确地踏上起跨点。

(二) 跨栏步技术

如图 4-36 所示，跨栏步是指从起跨脚踏上起跨点到摆动腿过栏落地的过程，距离为 3.30～3.50 米，其技术分为起跨攻栏和腾空过栏两个动作阶段。

起跨攻栏　　　　　　　　　腾空过栏

图 4-36　跨栏步技术

1. 起跨攻栏

起跨攻栏是指从起跨脚踏上起跨点开始至后蹬结束时止的整个支撑周期的动作。起跨的动作质量直接决定过栏速度、下栏时间和栏间跑进，是跨栏步技术的关键。

起跨点距栏架的距离一般为 2.00～2.20 米。后蹬要求迅猛有力，起跨腿髋、膝、踝关节充分伸展，并与躯干、头部基本成一条直线，起跨角度(起跨离地时，身体重心与支撑点的连线同地面之间的夹角)约为 70°。同时，摆动腿在体后屈膝折叠，足跟靠近臀部，膝向下，并以髋为轴，膝领先，大腿带动小腿充分向前摆超过腰部高度。上体随之前倾，摆动腿异侧臂屈肘向前上方摆出，肘关节达到肩的高度，同侧臂屈肘摆至体侧，整个身体集中向前用力，形成良好的"攻栏"姿势。

2. 腾空过栏

腾空过栏是指从蹬离地面身体转入无支撑阶段起，到摆动腿过栏后落地时止的动作。

身体腾空后，摆动腿随惯性继续向前上方攻摆，膝关节高过栏架后，小腿向前伸展，脚尖勾起。其异侧臂前伸，与摆动腿基本平行，同侧臂屈肘后摆，上体达到最大前倾，角度为 45°～55°。同时，起跨腿屈膝提拉，小腿收紧抬平，约与地面平行或略高，两腿在栏前形成一个约 120° 以上夹角的大幅度劈叉动作。

如图 4-37 所示，摆动腿的脚掌移过栏架后，起跨腿屈膝外展，脚背屈并外翻，以膝领先，经腋下迅速向前上方提拉过栏。两腿在空中完成一个协调有力的以髋关节为轴的剪绞动作。同时，两臂配合积极摆动，起跨腿同侧臂由前伸位置向侧后方做较大幅度的划摆，异侧臂屈肘前摆，以维持身体平衡。

摆动腿膝关节过栏瞬间，大腿积极下压，膝、踝关节伸直，以脚前掌后扒着地，身体重心处于较高位置。上体保持适当前倾，起跨腿加速向前提拉，至身体正前方，大腿高抬，转入栏间跑。下栏着地点距栏架约 1.40 米。

图 4-37　腾空过栏技术动作

(三) 栏间跑技术

栏间跑是从下栏着地点到下一栏起跨点之间的跑进，其任务是以正确的节奏，继续发挥和保持最快速度，为下一栏的顺利起跨创造有利条件。

栏间跑的技术同短跑的途中跑的技术基本相同，但由于受栏间距离和跨栏步的限制，其节奏与短跑明显不同。栏间距离为 9.14 米，除去跨栏步约余 5.30～5.50 米，需跑 3 步。3 步步长各不相同，第一步最小，为 1.50～1.60 米，第二步最大，为 2.00～2.15 米，第三步中等，为 1.85～1.95 米。

提高栏间跑的速度主要靠加快步频和改进跑的节奏，使三步步长比例合理，频率快、节奏稳、方向正、直线性强，身体重心稍高、起伏较小。

(四) 终点跑技术

类似于短跑的冲刺跑技术，撞线动作与短跑的相同。

(五) 全程跑技术

全程跑中，要合理地将跨栏步技术与栏间跑技术紧密地结合起来。起跑后，首先跨好第一栏并在第二、三栏继续积极加速，充分发挥出最高速度。第四栏至第八栏尽量保持速度，并注意控制动作的准确性。第九、十栏保持跑的节奏并准备冲刺。跨过第十个栏架后，把跨栏节奏调整为短跑节奏，加快步频，加大上体前倾幅度，加强蹬地和摆臂力度，全力以赴冲向终点。

其他跨栏跑项目的基本技术与 110 米栏的相同，但上体前倾和手臂摆动较小，摆动腿抬起较低，起跨腿前伸幅度稍小，下栏着地点较近，整体动作更接近于短跑。

女子 100 米跨栏跑的起跨点距栏架 1.95～2.00 米，起跨角度为 62°～65°，下栏着地点距栏架 1.00～1.20 米，栏间跑三步步长分别为 1.60～1.65 米、1.95 米、1.80～1.85 米。

400 米跨栏跑，起跑点与第一栏的距离为 45 米，男子跑 21～23 步，女子跑 23～25 步。起跨点，男子为 2.10～2.15 米，女子为 1.9～2.0 米。栏间跑距离为 35 米，男子一般跑 15～17 步(部分优秀选手跑 13 步)，女子一般跑 17～19 步(部分优秀选手跑 15 步)。弯道过栏时，以右腿起跨较为有利。起跨时，右脚前脚掌内侧蹬地，左腿向左前方攻摆，右臂内侧倾斜向左前上方摆出，上体前倾时略向左转，右肩高于左肩。下栏时，用左腿前脚掌外侧在靠近左侧分道线处着地，右腿提拉过栏时向左前方用力。

三、接力跑

接力跑是田径运动中唯一的集体项目。以队为单位，每队 4 人，每人跑相同距离。它能有效地发展速度、灵敏性等身体素质，培养团结协作的集体主义精神。

接力跑的起源众说纷纭，有古代奥运会祭祀仪式中火炬传递说，有非洲盛行的"搬运木料(搬运水坛)"游戏说，有传递信件文书的邮驿演变说。

目前，奥运会比赛项目分男、女 4×100 米接力跑和 4×400 米接力跑。接力棒为光滑、彩色的空心圆管，由整段木料、金属或其他适宜的坚固材料制成，长度为 20～30 厘米，周长为 12～13 厘米，重量不少于 50 克。

如图 4-38 所示，传棒人必须持棒跑完各自规定的距离，接棒者可以在接力区前 10 米内起跑，两人必须在 20 米的接力区内完成传、接棒。

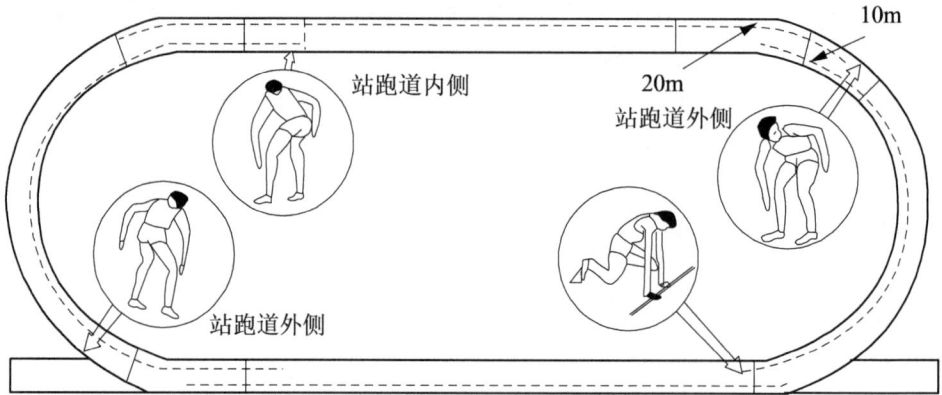

图 4-38　传、接棒位置

接力跑技术包括起跑技术和传、接棒技术。要求各队员在快速跑进的同时，配合默契。接力跑的距离越短，传、接棒技术要求越高。下面以 4×100 米接力跑为例，讲解接力跑技术。

(一) 起跑技术

1. 持棒起跑

第一棒运动员通常采用蹲踞式起跑，其技术和短跑弯道起跑基本相同。如图 4-39 所示，用右手的中指、无名指和小指握住棒的末端，拇指和食指分开撑地，接力棒不得触及起跑线和起跑线前的地面。

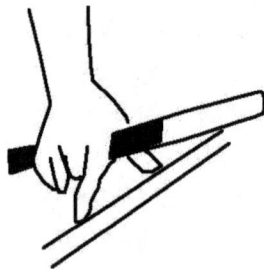

图 4-39　持棒起跑姿势

2. 接棒起跑

接棒人选择恰当的起跑姿势，标准有二：第一，是否有利于快速起跑和加速跑；第二，是否能清楚地看到传棒队员及设定的起跑标志线。

如图 4-40 所示，第二、三、四棒运动员可用站立式或一手撑地的半蹲踞式起跑姿势。第二、四棒运动员应站在跑道外侧，左腿在前(亦可右腿在前)，右手撑地，身体重心稍向右偏，头转向左后方，目视传棒队员的跑进和自己的起跑标志线(见图 4-41)。第三棒运动员应站在跑道内侧，右腿在前(亦可左腿在前)，左手撑地，身体重心稍向左偏，头转向右后方，目视传棒队员的跑进和自己的起跑标志线(见图 4-42)。

持棒运动员保持最快速度，接棒运动员根据持棒者的跑速有控制地进行加速，以便于顺利快速地接棒。

图 4-40 半蹲踞式起跑姿势

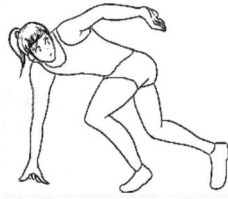

图 4-41 第二、四棒运动员接棒动作

图 4-42 第三棒运动员接棒动作

(二) 传、接棒技术

1. 传、接棒的方法

(1) 上挑式。如图 4-43 所示，接棒人的手臂自然后伸，与躯干成 40°～45° 夹角，掌心向后，拇指与其他四指张开，虎口朝下，传棒人将棒由下向前上方"挑"送入接棒人手中。上挑式动作自然，容易掌握，但由于第二棒接棒人手握棒的中段，第三、四棒传接时棒的前端部分越来越少而易造成掉棒。

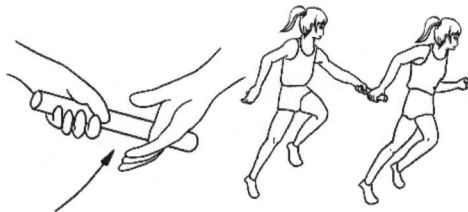

图 4-43 上挑式

(2) 下压式。如图 4-44 所示，接棒人的手臂后伸，与躯干成 50°～60° 夹角，手腕内旋，掌心向上，虎口朝后，拇指向内，其余四指并拢向外，传棒人将棒的前端由上向前下方"压"入接棒人手中。下压式各棒次接棒人均手握棒的一端，不易掉棒，但接棒时手腕动作紧张、掌心向上，易因身体前倾而影响加速跑。

图 4-44 下压式

(3) 混合式。这种方法综合了上述两种方法的优点。第一、三棒运动员以右手持棒，沿弯道内侧跑进，用上挑式将棒传入第二、四棒运动员的左手中；第二棒运动员左手持棒，沿跑道外侧跑进，用下压式将棒传入第三棒运动员右手中。

4×400米接力跑多采用换手传、接棒技术。接棒人用左手接棒后，立即换到右手。也可以用右手接棒，跑至最后一个直道时再换到左手传棒(第四棒可免)。

2. 传、接棒的时机

为了集中精神保持高速度，4×100米接力运动员均采用听传棒人信号而不看棒的接棒方式。传、接棒运动员在20米接力区内，双方均达到相对稳定的高速时，便是传、接棒的最佳时机。此时，一般距接力区前端3～5米。

传棒人跑到标志线时，接棒人开始由预跑区内或接力区后端迅速起跑。传棒人跑至接力区内，距接棒人1～1.5米时，向其发出"嘿"或"接"等传、接棒信号，接棒人听到后迅速向后伸手接棒(见图4-45)。

图4-45　传、接棒的时机

3. 起跑标志线的确定

起跑标志线与起跑点的距离，是根据传、接棒队员的跑速和传、接棒技术的熟练程度以及最佳传、接棒时机而定的，一般为5～6米。起跑标志线要在训练中多次实践反复调整才能准确确定。

4. 各棒队员的分配

接力跑要求各棒队员之间协调配合，并能够充分运用每个人的特长，保证在快速跑进中精确、默契、迅速地完成传、接棒动作。一般而言，第一棒应起跑好，并善于跑弯道；第二棒应速度快，耐力好，善于传、接棒；第三棒除应具备第二棒的长处外，还要善于跑弯道；第四棒通常是100米成绩最好、冲刺能力最强的。

第四节　竞赛规则

一、田赛项目竞赛规则

(一) 比赛方法

奥运会田赛项目的比赛通常先分两组进行及格赛，通过及格标准的直接进入决赛，如达到及格标准的运动员人数不足12人，不足的人数按及格赛成绩递补。远度项目决赛前3

轮比赛排序抽签决定。决赛前三轮比赛结束后，按成绩取前 8 名运动员进行最后 3 轮比赛；第 4、5 轮比赛排序按前 3 轮成绩的倒序排列，第 6 轮比赛排序按前 5 轮成绩的倒序排列，成绩最好的最后跳(掷)。

(二) 有效成绩

除犯规外，远度项目比赛中，运动员每次试跳的成绩均为有效成绩。除犯规外，高度项目比赛中，运动员每次跳过的高度均为有效成绩。除犯规外，投掷项目比赛时，运动员投出的器械完全落在落地区内(不包括落地区边线)才算有效，丈量成绩时从距离投掷区最近的落地点算起(其中标枪必须是枪尖首先触地成绩才算有效)。

(三) 录取名次

远度项目比赛结束以后，以运动员最好的一次试跳(掷)成绩(包括因第一名成绩相等而进行的决名次赛的成绩)作为最后的决定成绩，成绩好者列前。如成绩相等，按下列规定解决：在远度项目比赛中，如出现最好成绩相等，则以第二好成绩来确定名次，以此类推，直到最后一个成绩。如果还是相同，则除了第一名以外，可以并列；如果第一名成绩相同，则必须让这些涉及第一名的运动员继续比赛，直到决出第一名为止。

在高度项目比赛中，如出现最好成绩相等状况，则按以下规定解决：

① 在出现成绩相等时，试跳次数较少者名次列前。

② 如成绩仍然相等，则在包括最后跳过的高度在内的决赛全部比赛中，试跳失败次数较少者名次列前。

③ 如成绩仍相等，则当涉及第一名时，进行决名次赛，直到分出名次为止；当不涉及第一名时，名次并列。

(四) 裁判员的旗示

在跳跃项目比赛中，通常有一名主裁判手中持有红、白旗帜各一面，用来示意运动员试跳是否成功。举红旗表示试跳失败，成绩无效；举白旗表示试跳成功，成绩有效。

在投掷项目比赛中，通常有两名主裁判手中持有红、白旗帜各一面，用来示意运动员试投是否成功。举红旗表示试投失败，成绩无效；举白旗表示试投成功，成绩有效。两名裁判中，站在投掷区附近的称为内场主裁判，主要判定运动员在试投过程中是否犯规；站在落地区内的称为外场主裁判，主要判定器械落地点是否有效。

二、径赛项目竞赛规则

(一) 短跑、中长跑的名次判定

在田径比赛中，所有赛跑项目参赛者的名次取决于其身体躯干(不包括头、颈、臂、腿、手或足)抵达终点线后沿垂直面为止时的顺序，先到达者名次列前。在任一赛次中，按成绩录取，进入下一赛次时，如遇运动员成绩相等，则终点摄像主裁判应考虑有关运动员的 1/1000 s 的实际成绩。如果成绩依然相等，则有关运动员均应进入下一赛次。如实际条件不允许，则应抽签决定进入下一赛次的人选。在决赛中第一名成绩相同，裁判长有权决定是否重赛，若无条件重赛，则并列第一；其他名次成绩相同时，按并列处理。

(二) 短跑及中长跑的起跑

在国际赛事中，所有 400 米或以下的径赛项目，必须采用蹲踞式起跑及起跑器。

发令员口令为"各就位(on your marks)""预备(set)"，最后发令枪响。在"各就位(on your marks)"及"预备(set)"口令之后，参赛者应立即完成有关动作，否则属起跑犯规。如果有运动员抢跑，发令员就会宣布起跑犯规。对第一次起跑犯规的运动员应给予警告，除了全能项目之外，每项比赛只允许一次起跑犯规而运动员不被取消资格，之后每次起跑犯规的运动员均将被取消该项目的比赛资格。

(三) 分道跑

在分道跑和部分分道跑的径赛项目中，若参赛者越出跑道，获得实际利益或冲撞、阻碍其他参赛者，会被取消资格。如果参赛者被推或挤出指定的跑道，只要未获得实际利益也未影响他人，可不取消其参赛资格。同样，任何参赛者在直道中越出其跑道或在弯道中越出其跑道的外侧，只要没有获得实际利益及阻碍他人，均不算犯规。

(四) 赛次和分组

径赛一般分为第一轮(round1)、第二轮(round2)、半决赛(semi-finals)和决赛(finals)4 个赛次，而赛次的安排和分组，以及每一赛次的录取人数等将根据报名参加比赛的人数决定。预赛分组时要尽可能把成绩好的运动员平均分配到不同的小组中去。在其后的各轮比赛中，依据运动员在前一轮的比赛成绩分组。如果可能，相同国家或地区的运动员应分开。

(五) 接力赛

4×100 米接力跑是分道进行的，接棒者可以在接力区前 10 米内起跑。

接力赛中，运动员必须在 20 米的接力区内完成交接棒。"接力区内"是根据接力棒的位置判定的，而不是根据参赛者的身体或四肢的位置判定的。

在 4×400 米接力跑中，第一棒全程及第二棒的第一弯道是分道跑，第二棒运动员要跑至抢道线后方可自由抢道。第一棒的传接必须在指定的跑道内进行，其余各棒的传接，裁判员根据第二及第三棒运动员通过 200 米起跑点处的先后，按次序让其第三及第四棒的队友在接力区内，由内至外排列等候接棒。所有接棒者均不可在接力区外起跑。

(六) 跨栏

跨栏比赛各参赛者必须在自己的跑道内完成比赛，当参赛者跨越栏架时，若其腿或足从低于栏架顶的水平线跨越，或跨越并非自己赛道上的栏架，或故意以手或足撞倒任何栏架，均取消其参赛资格。

(七) 竞走

竞走比赛有两个核心规则。首先，竞走运动员必须始终保持至少有一只脚与地面接触。其次，前腿从着地的一瞬间起直到垂直位置时必须始终伸直，膝关节不能弯曲。

当运动员有违反竞走技术的迹象时，竞走裁判员应对其出示黄牌警告，并在赛后报告给主裁判。当运动员的行进方式违反竞走技术的规定，表现出肉眼可见的腾空或膝关节弯曲时，竞走裁判员须将一张红卡送交竞走主裁判。当竞走主裁判收到针对同一名运动员的 3 张来自不同竞走裁判员的红卡时，该运动员即被取消比赛资格，并由主裁判或主裁判助理向其出示红牌通知。

参 考 文 献

[1] 中国田径协会. 田径竞赛规则[M]. 北京：人民体育出版社，2013.

[2] 王林. 田径裁判晋级必读[M]. 北京：北京体育大学出版社，2016.

[3] 中国田径协会. 中国田径竞赛裁判工作指南[M]. 重庆：西南师范大学出版社，1995.

[4] 廖冠群. 田径竞赛规则题解指南[M]. 福州：福建教育出版社，2014.

[5] 李立群，陈新民. 田径裁判员晋级教程[M]. 北京：北京体育大学出版社，2009.

[6] 袁建国. 大学体育与健康教育教程[M]. 西安：西安交通大学出版社，2014.

第五章　体 育 舞 蹈

第一节　体育舞蹈运动概述

一、体育舞蹈的起源

体育舞蹈是以人自身的形体动作为物质手段，通过充满生命活力的韵律，抒发人内心情感的身体活动。体育舞蹈集体育、音乐、舞蹈于一体，具有健身、竞技、娱乐、审美等多方面的价值。

体育舞蹈最初是西方国家的一种舞蹈形式，经过几百年的不断发展，从劳动人民的文化中汲取营养，然后在一代又一代人的加工创造下逐渐形成了各种形式的现代交际舞。具体来讲，体育舞蹈的发展主要经历了原始舞蹈、公众舞、民间舞、宫廷舞、社交舞、新旧国际标准舞等几个发展阶段。

作为社交活动的交际舞最早可以追溯到人类社会的原始时期，那时候的交际舞蹈是由部落同一性别的成员来表演的，舞蹈者之间并不发生身体接触。而现代意义上的交际舞则是地道的"双人舞"，舞者之间会出现身体的接触。

在欧洲的农民舞蹈中出现了最早的交际舞，如"低舞"(1350—1550 年)与"孔雀舞"(1450—1650 年)，这两种舞都是通过男女合作来完成的。16 世纪，在英国被称为"乡村舞"的队列舞盛行。17 世纪，"小步舞"在法国受到广泛的欢迎。18 世纪中期，在维也纳的郊区和奥地利的高山地区出现了华尔兹舞。到了 18 世纪末，这种古老的奥地利农民舞蹈被逐渐传入上流社会。19 世纪初，华尔兹舞中出现了近距离的握抱形式，这种男女舞伴"近距离搂抱"的舞蹈是对传统交际舞观念的一种冲击，这也使得交际舞发生了革命性的变化。随后同是"近距离搂抱"的"波尔卡"也逐渐发展起来，这种舞蹈成了交际舞的时髦形式。到了 20 世纪，狐步舞、探戈舞等交际舞也相继出现，这样现代交际舞的内涵也渐渐明晰，它是指"舞伴距离较近"的，在舞厅中活动的交际舞。

第一家交际舞舞厅出现于 1768 年的巴黎，这时交际舞在欧美各国已经开始广泛流行，并且成为一种普遍的社交方式。经过一百多年的不断发展，交际舞在自身的发展演变中逐渐保留了一些风格鲜明、舞步规范的技巧体系。

1924 年，英国皇家舞蹈教师协会对当时的交际舞进行了整理，将各种舞的舞步、舞姿、跳法进行了规范，同时制定并规范了布鲁斯、慢华尔兹、慢狐步舞、快华尔兹、快步舞、伦巴、探戈等交际舞的标准。

1950 年，由英国 ICBD(摩登舞国际理事会)主办了首届世界性的大赛"黑池舞蹈节"，同时将规范后的舞蹈命名为"国际标准交谊舞"，在此之后每年的 5 月底，在英国的"黑池"

都会举办一届世界性的大赛。国际标准交谊舞通过比赛在世界各地不断推广，其自身也实现了很好的发展。在第二次世界大战以后，英国皇家教师舞蹈协会对拉丁舞蹈进行了整理，并将其纳入国际体育舞蹈的范畴。

1960 年拉丁舞也成为世界交际舞锦标赛的比赛项目之一，这样国际上形成了具有统一舞步的两大系列 10 个舞种的国际标准。

二、体育舞蹈的发展

(一) 世界体育舞蹈的发展

体育舞蹈的发展过程与体育舞蹈相关组织的管理、竞赛组织以及各种推广工作的开展密切相关。具体来讲，体育舞蹈的发展大致经历了原始舞蹈—公众舞—民间舞—宫廷舞—社交舞—新旧国际标准舞等阶段。

体育舞蹈以其独特的运动魅力与文化吸引着世界各国、各地区人们的参与，国际上每年都会举办很多体育舞蹈竞赛或者不同形式的体育舞蹈交流活动。体育舞蹈所具备的健身价值也非常突出，此外参与体育舞蹈还能为体育舞蹈爱好者的心理健康的发展奠定良好的基础，同时还能够促进人与人之间的友谊，体育舞蹈也因此受到了人们的喜爱，其群众基础也相当广泛，这也正是体育舞蹈能够持续长久发展的原因所在。

(二) 我国体育舞蹈的发展

交际舞于 20 世纪 30 年代传入我国，而竞技性舞蹈在我国开始推行的时间是 20 世纪 80 年代中期。

1986 年 10 月，日本国际标准舞业内人士及有关组织通过中国对外友好协会联系到中国舞蹈家协会，同时将国际标准舞引入中国。

20 世纪 90 年代，我国的国际标准舞进入了迅速发展的历史阶段。为了更好地适应国际发展的形势，我国的国际标准舞改称为体育舞蹈。与此同时，我国也组织与建立了相应的组织机构。另外，我国还采取了"走出去"的策略来推动我国体育舞蹈的不断发展，大量的国际标准舞和体育舞蹈选手赶赴国外的各大知名赛事，迅速让国际体育舞蹈界了解了中国体育舞蹈的发展现状，这在客观上也促使我国选手更快地融入国际舞台之中。

1993 年，北京舞蹈学院社会舞蹈系设立了国际标准舞专业；1994 年，体育舞蹈专选课程在北京体育大学开设；1994 年，北京成立了第一所民办国际标准舞学院。发展到目前，各大体育类、艺术类以及师范类高等学校都相继成立了体育舞蹈专业，这对于我国体育舞蹈师资的培养以及技术体系的发展都产生了很好的推动作用。

2015 年第 90 届黑池舞蹈节中，我国选手满载荣誉，中国已跃然成为亚洲体育舞蹈的强国。

三、体育舞蹈的特点及功能

(一) 体育舞蹈的特点

体育舞蹈较其他运动有着较为显著的特点，其总体特点主要表现为竞技性、健身性、娱乐性、艺术性、观赏性、技巧性、抒情性、独特性。

(二) 体育舞蹈的功能

1. 有助于身体素质的提高

通过练习体育舞蹈有助于增强运动者的体力，从而有效改善运动者身体的内脏器官功能，还可以提高关节与韧带的强度，增强关节的稳定性以及灵活性，全面地发展身心及各器官的机能，提高身体的协调性、灵活性、柔韧性等，另外，经常参加体育舞蹈还有助于促进运动者机体新陈代谢的改善。

2. 有利于形体的发展与气质的培养

体育舞蹈对于运动者形体的发展也有着非常积极的作用，它能够有效减少运动者体内多余的脂肪，合理控制体重，使体重与关节匀称、和谐地发展。体育舞蹈能够陶冶美的情操，培养运动者高尚的情趣，提高人的表现力及艺术鉴赏力，增强韵律感、节奏感和美感体验，培养文明、礼貌的行为习惯和高雅、庄重的行为举止，增强人的个性魅力。体育舞蹈对于形成正确的身体姿态与健美的体形、培养高雅的气质具有非常积极的作用。

3. 给人以美的享受

体育舞蹈所具备的内容美、形式美、技艺美、精神美使其自身有着极强的感召力，同时还能够有效满足人们的审美需要。

4. 有利于消除紧张与不安情绪

良好的情绪对于人们保持良好的心理状态非常重要。在良好心情状态下，人的思想会更为开阔，思维更加敏捷，理解能力好，思想清晰并且富于推理，解决问题也会更加迅速有效。体育舞蹈能够有效消除身体的疲劳，调节运动者的情绪，同时还能够活跃身心，改善人的精神面貌，使人身心舒畅、性格开朗、心情愉快并且具有充沛的精力。由此可见，参与体育舞蹈者的身心负担小，对于提高学习与工作效率是非常有利的。

在参与跳舞时，优美的音乐、欢快的气氛以及美妙动人的舞姿都会感染每一个人，运动者的身心也能够在娱乐与愉悦中得到有效的放松。

5. 有助于推动社交的开展

体育舞蹈是一种非常高雅的运动项目，也是一种沟通人们之间个人情感的形体语言。经常参加体育舞蹈练习有助于改善人们之间的关系，增进相互之间的了解，这对于丰富人们的业余文化生活、提高生活质量有着很好的推动作用。

第二节　体育舞蹈的分类

在当前的国际体育竞技中，体育舞蹈是体育运动项目之一。它是一种以男女为伴的步行式双人舞的竞赛项目，分两个项群，10 个舞种。两个项群即摩登舞(现代舞)和拉丁舞。摩登舞包括华尔兹、维也纳华尔兹、探戈、狐步和快步舞 5 种，拉丁舞包括伦巴、恰恰、桑巴、牛仔和斗牛舞 5 种。每个舞种均有各自的舞曲、舞步及风格，根据各舞种的乐曲和动作要求，编排成各自的成套动作。下面就主要对摩登舞与拉丁舞这两个项群的特点进行具体分析。

(一) 摩登舞

摩登舞主要包括华尔兹、维也纳华尔兹、探戈、狐步、快步舞等舞种,下面对这些舞种的运动特点进行具体阐述。

1. 华尔兹的特点

华尔兹舞也称圆舞,用 W 表示,是 Waltz 的缩写,也称"慢三步"。华尔兹舞是体育舞蹈中历史最悠久,生命力最强的舞蹈形式,有"舞中之后"的美誉。其动作风格庄重典雅,舒展大方,华丽多姿,飘逸优美。华尔兹的节奏为 3/4 的中慢拍,每分钟 28~30 小节。每小节三拍为一组舞步,每拍一步,第一拍为重拍,三步一起伏循环,舞者在跳华尔兹时,通过脚踝、足底以及掌趾的有关动作,同时结合身体的升降、倾斜以及摆荡,使舞步表现得起伏连绵,舞姿华丽而典雅。

2. 维也纳华尔兹舞的特点

维也纳华尔兹舞用 V 表示,它是 Viennese Waltz 的缩写,也称"快三步",是摩登舞项目之一。维也纳华尔兹舞起源于奥地利地区的农民舞蹈,又称"快乐华尔兹"。其动作风格流畅华丽,轻松明快,翩跹回旋,活泼奔放。其伴奏音乐称为圆舞曲。舞曲的节奏轻松而且明快,为 3/4 拍节奏,每分钟 56~60 小节,每小节为二拍,第一拍为重拍,第四拍为次重拍。基本步伐是六拍走六步,两小节一个循环,第一小节为一次起伏。维也纳华尔兹舞的基本动作为左右快速旋转步完成反身、倾斜、摆荡等舞蹈技巧。维也纳华尔兹舞的舞步平稳而且轻快,舞姿高雅而且较为庄重。

3. 探戈舞的特点

探戈舞用 T 表示,它是英文 Tango 的缩写。探戈舞起源于非洲中西部的民间舞蹈"探戈诺"舞,据传为情人之间的秘密舞蹈,有"舞中之王"的美誉。其动作风格刚劲挺拔、热烈狂放且变化无穷,沉稳中见激越,奔放中显顿挫,在"情绪抑制"的内向中具有丰富的"引诱性"。舞步顿挫有力,具有潇洒豪放的特征;舞者的身体不出现起伏,也没有升降与旋转的动作;舞者表情严肃,同时伴随有左顾右盼的头部动作。舞曲节奏中包含停顿,并且强调切分音。探戈舞为 2/4 拍节奏,每分钟 30~34 小节。每小节两拍,第一拍为重拍。探戈舞的舞步包括快步与慢步两种形式,快步占半拍,用 Q 表示;慢步占一拍,用 S 表示。探戈舞的基本节奏为慢、慢、快、快、慢(S, S, Q, Q, S)。

4. 狐步舞的特点

狐步舞也称"福克斯",它是 Slow Foxtrot 的缩写,用 F 表示,是摩登舞项目之一。狐步舞起源于美国舞蹈,20 世纪初从美国逐渐流行于世界。狐步舞的舞曲比较讲求抒情而且形式较为流畅,其动作风格流动感强,轻盈恬适,舒展流畅,平稳大方,悠闲从容。节奏为 4/4 拍,每分钟 28~30 小节,每小节包括四拍,第一拍为重拍,第三拍为次重拍。狐步舞的基本步伐为四拍走一步,每四拍就是一个循环。狐步舞分快步与慢步,第一步为慢步(S),占二拍;第二、三步为快步(Q),各占一拍。狐步舞的基本节奏是慢、快、快(S, Q, Q)。舞者通过足踝、足底、掌趾的动作进行身体的升降与起伏,同时也非常强调反身、肩引导与倾斜的技术。狐步舞的舞步流畅而且平滑,步幅较为宽大,舞态优雅如行云流水。

5. 快步舞的特点

快步舞用 Q 表示，它是 Quick Step 的缩写，同样是摩登舞的项目之一。快步舞由美国民间舞演变而来，早期吸收了狐步舞的动作，后又引入了芭蕾舞的小动作。其动作风格轻快活泼，圆滑流利，富于激情，洒脱自由，奔放灵活，快速多变，饱含动力感和表现力，是一种轻快欢乐的舞蹈形式。快步舞的节奏为 4/4 拍，每分钟 50～52 小节。每小节包括四拍，第一拍为重拍，第三拍为次重拍。舞步则分为快步与慢步：快步用 Q 表示，时值为一拍；慢步用 S 表示，时值为二拍。基本节奏是慢、慢、快、快、慢(S，S，Q，Q，S)。

(二) 拉丁舞

拉丁舞是体育舞蹈项群之一，其内容包括伦巴、恰恰、桑巴、牛仔和斗牛舞。拉丁舞的不同舞种有着各自不同的特点，下面对其进行具体分析。

1. 伦巴舞的特点

伦巴舞用 R 表示，它是英文 Rumba 的缩写。伦巴舞起源于古巴，最初是表现男女爱情的哑剧舞蹈。其动作风格浪漫奔放，性感热情，曼妙婀娜，被称为拉丁美洲音乐和舞蹈的精神与灵魂。伦巴舞的节奏为 4/4 拍，每分钟 27～29 小节，每小节四拍。伦巴舞乐曲旋律的特点是强拍落在每小节的第四拍。舞步从第四拍起跳，由一个慢步和两个快步组成。四拍走三步，慢步占 21A(第四拍和下小节的第一拍)，伦巴舞的快步各占一拍(第二拍和第三拍)。胯部摆动三次。伦巴舞的胯部动作是由控制身体重心的一脚向另一脚移动，而形成向两侧作弯曲形摆动，伦巴舞舒展而优美，舞者的舞姿表现得婀娜多姿，具有柔媚和抒情的风格。

2. 恰恰舞的特点

恰恰舞用 C 表示，它是英文 Cha-Cha-Cha 的缩写，是拉丁舞项目之一。恰恰舞是模仿企鹅的动作创编而成的舞蹈，借以表达青年男女之间追逐嬉戏的情景。其起源于非洲，传入拉丁美洲后，在古巴获得了很大发展。其动作风格风趣诙谐，热烈俏美，步法利落，花哨紧凑。恰恰舞的节奏为 4/4 拍，每分钟 30～32 小节。每小节四拍，强拍落在第一拍。四拍走五步，包括两个慢步和三个快步。第一步在第二拍，时间值占一拍；第二步占一拍；第三、四两步各占半拍；第五步占一拍，踏在舞曲的第一拍上。舞者的胯部每小节向两侧摆动六次。恰恰舞的舞曲热情而且奔放，舞步花哨利落，步频也很快，具有诙谐风趣的特征。

3. 桑巴舞的特点

桑巴舞用 S 表示，它是英文 Samba 的缩写。桑巴舞被称为巴西的"国舞"，是一种集体性的交谊舞蹈，源自非洲的黑人舞蹈，原指一种激昂的肚皮舞。男舞者钟情于脚下各种灵巧的动作，两脚飞速移动或旋转；女舞者则以上身的抖动以及腹部与臀部扭动为主。其动作风格狂放不羁，动作幅度很大，节奏强烈，给人以激情似火的感觉。桑巴舞的舞曲欢快热烈，节奏为 2/4 拍或者 4/4 拍，每分钟 52～54 小节。桑巴舞的强拍落在每小节的第二拍或第四拍，每小节完成一个基本舞步。舞步在全脚掌踏地与半脚掌垫步之间交替完成，舞者通过身体膝盖的上下屈伸弹动来实现身体的前后摇摆，同时沿着舞程线绕场行进。桑巴舞具有很强的流动性，而且讲求律动感，步法摇曳紧凑，风格热烈奔放。

4. 牛仔舞的特点

牛仔舞用 J 表示，它是英文 Jive 的缩写，是拉丁舞项目之一。牛仔舞又称为捷舞、摆舞、吉特巴、水兵舞，源于美国西部，原是美国西部牛仔跳的踢踏舞。其动作风格快速粗犷，自由奔放，热情欢快。牛仔舞舞曲的旋律较为欢快，具有显著的跳跃性，节奏为 4/4 拍，每分钟 42～44 小节，六拍跳八步。牛仔舞是由基本舞步踏步、并合步，同时结合跳跃、旋转等动作组成的。在舞者跳牛仔舞时，要求身体的脚掌部位踏地，腰部与胯部进行钟摆式的摆动，舞步敏捷而且跳跃，舞姿轻松、热情而且欢快。

5. 斗牛舞的特点

斗牛舞用 P 表示，它是英文 Paso Doble 的缩写，是拉丁舞项目之一。斗牛舞也称西班牙一步舞，起源于西班牙，是模仿西班牙斗牛士的动作创编而成的舞蹈，主要表现斗牛士的强壮和豪迈气概。其动作风格澎湃激昂，雄壮强悍，动静鲜明，敏捷顿挫。斗牛舞的音乐是旋律高昂雄壮、鲜明有力的西班牙进行曲。节奏为 2/4 拍，每分钟 60～62 小节，一拍一步，八拍为一个循环。斗牛舞的特点主要表现为舞步的流动很大，同时沿着舞程线绕场行进，是一种游走型的舞蹈形式。斗牛舞的舞姿较为挺拔，没有胯部的动作与夸张的膝盖屈伸。舞者用身体的踝关节与脚掌平踏地面完成舞步。斗牛舞的动静非常鲜明，同时还具有很强的力度感，舞者的发力非常迅速，收步也敏捷顿挫。

第三节 体育舞蹈的基本动作

一、体育舞蹈的动作术语

(一) 舞姿

(1) 闭式舞姿：男女站立在相对位置。

(2) 开式舞姿：开式舞姿也叫侧行舞姿或者 PP 舞姿，男女并列侧行位置。男伴将头转向左侧，女伴将头转向右侧。

(二) 准线

体育舞蹈的准线指的是舞者双脚及其方向与房间的一种关系线。

(三) 舞步

(1) 舞步：一只脚的一个动作。

(2) 基本舞步：表达体育舞蹈的基调的步形，是固定不变的。

(3) 舞步型：一套完整的体育舞蹈的舞步组合。

(4) 擦步：在体育舞蹈中，舞者在进行开位变化时，其动力脚与主力脚相靠，使身体重心保持不变的舞步。

(5) 并步：也叫追步、追并步，指的是舞者双脚并合的舞步。在并步过程中，舞者将一只脚向另一只脚合并。

(6) 实步：舞者承担身体重心的舞步。

(7) 虚步：舞者不承担身体重心的舞步。

(8) 虚点：用脚掌或者脚跟点地，不支撑身体重心的舞步。

(9) 滑步：在第二步双脚并拢的三步组成的舞步。

(10) 刷步：运动脚像刷子一样不置重力轻擦地面向重心脚靠近或并合，但是并不形成重心。

(11) 锁步：两只脚前后交叉，一只脚的掌外侧与另一只脚的跟外侧相贴。前进与后退的锁步的运动脚分别锁在支撑脚的后面和前面。

(12) 追步：第二步双脚并赶的三拍四步的舞步。

(13) 常步：包括前进常步与后退常步两种类型，其中前进常步是指男士开始时双脚并立，身体的重心落在任何一只脚上，当舞者的身体向前移动时，膝盖稍微弯曲，借助该力量使移动脚离开地面，支撑脚(重心脚)则平伏于地，然后从胯摆荡腿部向前，使移动脚从脚跟触地经脚掌轻微地向前滑动直至脚掌稍微离开地面，之后进入脚尖触地的位置。后退常步指的是开始时双脚并立，将身体的重心落在任何一只脚上，支撑脚的膝盖稍微弯曲，由臀、胯摆荡腿部向后退，先是用脚尖着地，然后过渡到脚掌，最后是掌跟，这时身体的重心落在脚跟与脚掌之间。与此同时，前膝稍稍伸直但是并不僵硬，后膝稍屈。之后继续将身体的重心转移到后脚，身体继续后移同时带动前脚向后脚靠近，缓缓降下后脚跟，当前足经过后脚旁边时，前脚的脚掌需要轻轻接触地面，这时候的后脚完全落到地面之上。

(14) 踌躇步：表现前进暂受阻的舞步或组合。

(15) 逗留步：身体运动或者旋转受阻时的部分舞步，脚下短暂停止运行之后改变运行方向的舞步。一只脚做逗留步时，另一只脚或靠近或并合，但是身体的重心在此过程中保持不变。

(16) 滑旋步：一只脚在反身动作位置中前进滑移后进行脚掌或脚尖旋转的舞步。运动脚在支撑脚定点旋转中做虚步滑移和旋转放置于支撑脚后旁。

(17) 外侧舞步：在对方身体和脚的外侧运行的舞步。

(18) 交叉步：双脚一前一后。在体育舞蹈中，同组舞者间一人脚步前交叉，则另一人的动作应该恰巧与其相反。

(19) 叉形步：又称拂步、扫步，可以左叉也可以右叉，舞蹈过程中，男女舞伴的动力脚应该保持左右相反。

(四) 转

(1) 正转：向右转动的舞步，也称自然转。

(2) 反转：向左转动的舞步。

(3) 轴转：舞者一只脚的脚掌旋转，另一脚处于反身动作位置。

(4) 跟转：这是轴转的另一种形式，也称跟轴转，是运用重心脚脚跟为轴的一种旋转方式。另一只脚并于重心脚与重心脚同转，但只是进行虚转。转动结束时重心如果上升，则重心常会落在虚转脚的脚尖或者脚掌。

(5) 脚跟转：专门指的是向后迈出的脚。通常来讲，在体育舞蹈中，舞者的动作过程相并的脚应该与主力脚平行，旋转结束之后身体的重心应该转移到动力脚上。

(6) 脚跟轴转：单脚跟进行旋转，身体的重心保持不变。

(7) 撇转：一只脚脚掌或者脚尖弧线滑移后进行定点圆心的转动，从而使身体的重心在快速转动中下降的舞步。撇转时脚与膝边转边降。

(五) 舞步线

在体育舞蹈中，一只脚一个动作的路线就是舞步线。

(六) 平衡

平衡指的是舞蹈中身体重心的准确分配。

二、华尔兹舞的技术动作

(一) 华尔兹舞的抱握姿势

1. 闭式舞姿

1) 男士握姿

① 直立，沉肩，立腰，两脚并拢，松膝。

② 左手与女士右手掌相对互握，虎口向上，前臂与上臂的夹角约 130°，高度置于男士眼睛左侧方向的延长线上。

③ 右手五指并拢，置于女士左肩胛骨下端，右前臂与女士的左前臂轻轻接触。

④ 头部自然挺直，目光从女士的右耳方向看出。身体向女士右侧移约半个身位，右髋部与女士右髋部贴靠。

2) 女士握姿

① 直立，沉肩，立腰，两脚并拢，松膝，上体稍后屈。

② 右手与男士左手相对互握。

③ 左手放置于男士右肩三角肌线处。

④ 头部略向左倾斜，目光从男士右耳向前看。

⑤ 身体稍向男士右侧移约半个身位。

2. 开式舞姿

在闭式舞姿的基础上，男、女舞伴的上身均向外闪开大半部分，面向前方，目光通过相握的手，但男士右髋部与女士右髋部的动作同闭式舞姿一样，仍轻轻接触。

(二) 基本舞步

1. 前直步(见图 5-1)

预备姿势：松膝降重心，右腿支撑左腿前出。

(1) 右脚推撑地面，将重心移至左脚经脚跟过渡全掌成支撑，此时重心处于最低点，右腿前出。

(2) 左脚推撑地面，将重心移至右脚前脚掌成支撑，后半拍重心开始上升。

(3) 右腿撑伸将左脚拉移靠并右腿，前 3/4 拍重心升至最高点，后 1/4 拍松膝降重心。

图 5-1 前直步动作

2. 后直步(见图 5-2)

预备姿势：松膝降重心，右腿支撑，左腿后出。

(1) 右脚推撑地面，将重心移至左腿经脚前掌过渡全掌成支撑，此时重心处于最低点，右腿后出。

(2) 左脚推撑地面，将重心移至右腿脚前掌成支撑，后半拍重心开始上升。

(3) 右腿撑伸将左腿拉移靠并右腿，前 3/4 拍重心升至最高点，后 1/4 拍松膝降重心。

图 5-2 后直步动作

3. 左转步(见图 5-3)

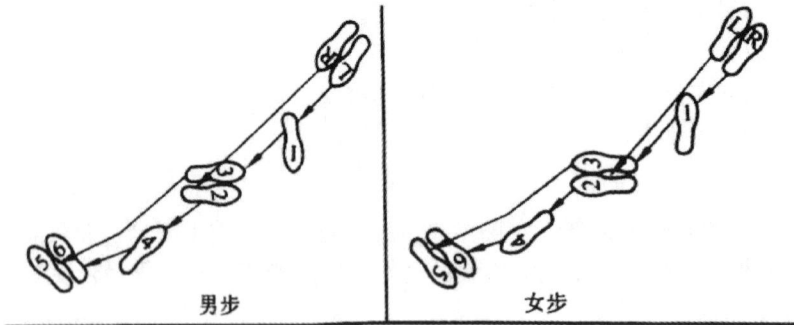

图 5-3 左转步动作

(1) 男士左脚前进，开始左转；女士右脚后退，开始左转。

(2) 男士经右脚横步 1～2 转 1/4 周；女士左脚经右脚横步 1～2 转 3/8 周，身体稍转。

(3) 男士左脚并于右脚 2～3 转 1/8 周；女士右脚并于左脚，身体完成转动。

(4) 男士右脚后退 4～5 转 3/8 周；女士左脚前进，继续左转。

(5) 男士左脚经右脚横步身体稍转；女士右脚经左脚横步 4～5 转 1/4 周。

(6) 男士右脚并于左脚，身体完成转动；女士左脚并于右脚 5～6 转 1/8 周。

4. 右转步(见图 5-4)

(1) 男士右脚前进开始右转；女士左脚后退开始右转。

(2) 男士左脚经右脚横步 1～2 转 1/4 周；女士右脚经左脚横步 1～2 转 3/8 周，身体稍转。

(3) 男士右脚并于左脚 2～3 转 1/8 周；女士左脚并于右脚身体完成稍转。

(4) 男士左脚后退 4～5 转 3/8 周；女士右脚前进继续右转。

(5) 男士右脚经左脚横步，身体稍转；女士左脚经右脚横步稍前 4～5 转 1/4 周。

(6) 男士左脚并于右脚；女士右脚并于左脚 5～6 转 1/8 周。

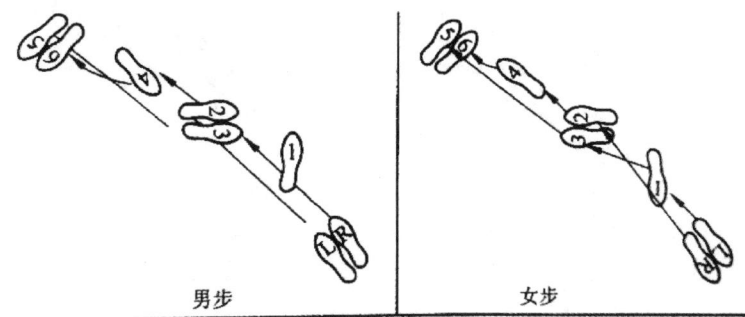

图 5-4　右转步动作

5. 向右急转(见图 5-5)

在舞程进行中，向右急转共有六步，第一步至第三步做一个右转身；第四步至第六步做一个急速的 180° 反方向转身。

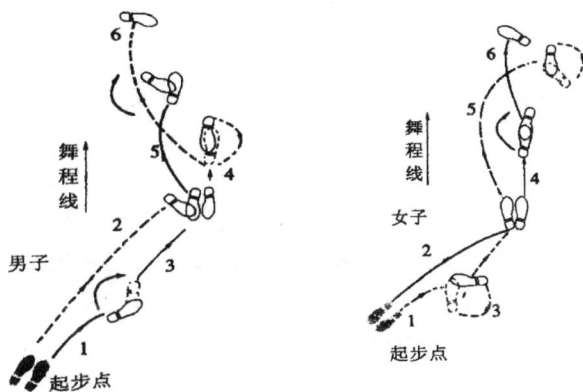

图 5-5　向右急转动作

(1) 男士右脚向前进一步，用脚掌贴地而转，同时左脚在右脚之后横过配合右脚移动；女士上左脚向后退一步，用脚掌贴地移转。

(2) 男士左脚在右脚贴地移转时，应顺势自后横过到达合适地点；女士右脚横过左脚之前，再向前迈出。

(3) 男士右脚向左脚拍合的时间非常短，几乎右脚一到，左脚就要后退；女士左脚向右脚拍合。

(4) 男士左脚向后退一步，用脚掌贴地做反方向移转；女士右脚向前迈一步用脚掌贴地做整个身体 180° 转向。

(5) 男士左脚转好,右脚也跟着转好之后,再向前迈出一步;女士左脚同时在右脚之后横过,再向前迈到合适地点,仍旧不停地用脚掌贴地移转。

(6) 男士右脚到达合适地点,仍用脚掌贴地移转,左脚则在右脚之后横过,再横向平迈出一步;女士右脚经过左脚旁,向前迈出一步。

6. 后退锁步(见图 5-6)

在华尔兹舞中,后退锁步是一种简单的花式舞步,一共 6 拍,每拍一步,共 6 步。

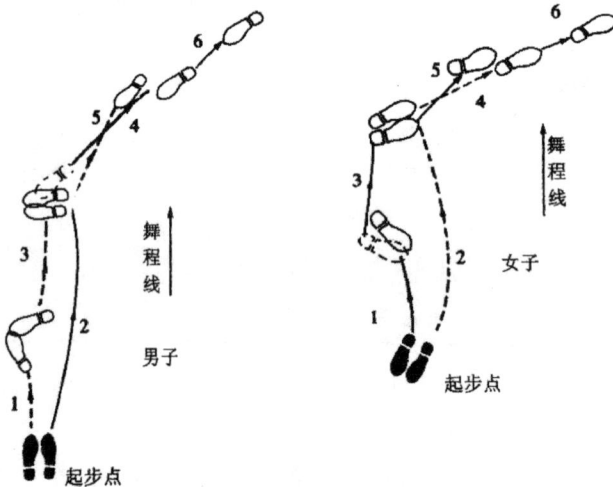

图 5-6　后退锁步动作

(1) 男士左脚向前一步,同时左脚掌贴地而转,整个身体都移转方向;女士右脚向后退一步,用脚掌移转,整个身体一起移转方向。

(2) 男士右脚横过左脚后方,再向右移出,到达合适地点;女士左脚横过右脚之前,再向左方移出。

(3) 男士左脚向右脚拍合,女士右脚向左脚拍合。

(4) 男士右脚后退大步,呈直线后退;女士左脚向前迈一大步,呈直线向前。

(5) 男士左脚在右脚之后后退。左脚不能后退到超过右脚所在的位置,在达到右脚之前就要停止;女士右脚迈向左脚左后方。

(6) 男士右脚后退一步,女士左脚向前迈出一步。

7. 右脚并换步(见图 5-7)

右脚并换步一小节 3 步。右脚并步指男士而言。

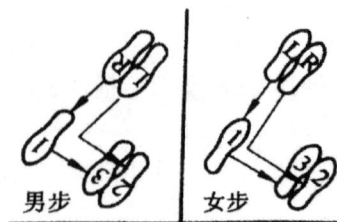

图 5-7　右脚并换步动作

(1) 男士右脚前进；女士左脚后退。

(2) 男士左脚横移并稍向前；女士右脚横移并稍后退。

(3) 男士右脚并左脚；女士左脚并右脚。

8. 叉形步(见图 5-8)

叉形步一小节 3 步，男士不转体，女士 1/4 向右转体形成侧行位置开始舞姿。

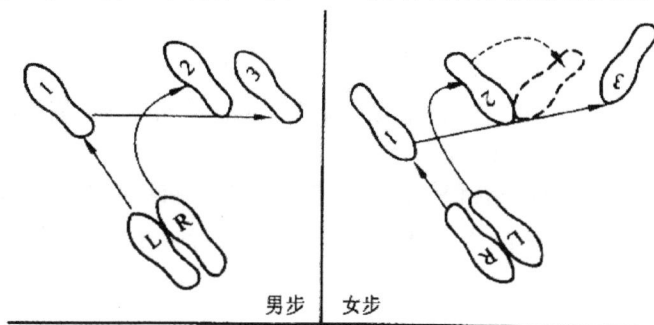

图 5-8　叉形步动作

(1) 男士左脚前进，低位运行；女士右脚后退，低位运行开始左转。

(2) 男士右脚横移，到位后重心完全升起；女士左脚横移，右转 1/4。

(3) 男士高位运行，左脚交叉于右脚后；女士右脚在侧行位置交叉于左脚后，身体完成转动。

9. 侧行追步(见图 5-9)

侧行追步一小节 4 步，男士不转体，女士 1/4 左转。

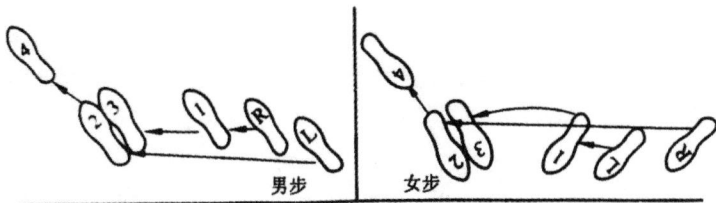

图 5-9　侧行追步动作

(1) 男士右脚沿着舞程线方向前进；女士左脚沿着舞程线方向前进。

(2) 男士左脚沿着舞程线方向横移并稍前进；女士右脚在身体左转中沿着舞程线方向横移，左转 1/8。

(3) 男士右脚沿着舞程线方向重力拖步横移并步；女士左脚在身体左转中沿着舞程线方向重力拖步横移并步，左转 1/4。

(4) 男士左脚横移；女士右脚横移。

10. 扫步

(1) 男士左脚前进，着地时先脚跟后脚掌(跟掌)；女士右脚后退，着地时先脚掌后脚跟(掌跟)。

(2) 男士右脚横步稍前，着地时用脚掌(全掌)；女士左脚斜后退，着地时用脚掌。

(3) 男士左脚在右脚后交叉，着地时先脚掌后脚跟，结束时成开式舞姿；女士右脚应在左脚后交叉，着地时先脚跟后脚掌，结束时成开式舞姿。

11. 右旋转步

右旋转步有 6 步，节奏为 1、2、3、1、2、3。

(1) 男士右脚前进开始右转；女士左脚后退开始右转。

(2) 男士左脚经过右脚横步 1~2 转 1/4 周；女士右脚经左脚横步 1~2 转 3/8 周，身体稍微转。

(3) 男士右脚并于左脚 2~3 转 1/8 周；女士左脚并于右脚身体完成稍微转。

(4) 男士左脚后退，左脚保持在反身动作位置中(轴转)右转 1/2 周过渡到跟，掌转；女士右脚前进(轴转)右转 1/2 周，跟脚。

(5) 男士右脚要前进继续右转跟掌；女士左脚后退，并向左侧继续右转跟掌。

(6) 男士左脚横步稍微后 5~6 转 3/8 周，掌跟；女士右脚经过左脚斜进 5~6 转 3/8 周，掌跟。

三、维也纳华尔兹舞的技术动作

(一) 1/4 转身(见图 5-10)

(1) 男：右脚前进向右转身。
女：左脚后退向右转身。

(2) 男：左脚小步继续右转。
女：右脚后退。

(3) 男：右脚并左脚(舞程线改变，由面对右角变为背向左角)。
女：左脚并右脚。

(4) 男：左脚后退。
女：右脚前进向左转身。

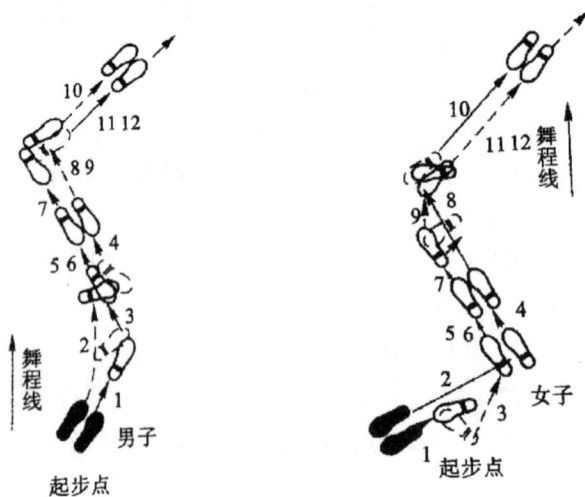

图 5-10　1/4 转身动作

(5) 男：右脚退后靠拢左脚。

女：左脚前进靠近右脚。

(6) 男：右脚靠在左脚上面，但身体重心仍在左脚上。

女：左脚靠在右脚上。

(7) 男：右脚后退向左转身。

女：左脚傍步。

(8) 男：左脚靠着右脚，右脚用脚跟向左转身。

女：右脚傍步。

(9) 男：由背向左角变为面对右角。

女：左脚并右脚。

(10) 男：左脚前进。

女：右脚后退。

(11) 男：右脚前进靠拢左脚。

女：左脚后退靠拢右脚。

(12) 男：右脚靠在左脚上，但身体重心仍在左脚上。

女：左脚靠在右脚上。

(二) 跨蹬步(见图 5-11)

(1) 男：右脚前进。

女：左脚后退。

(2) 男：左脚前进并右脚，左脚在右脚之后约半脚位。

女：右脚后退靠拢左脚。

(3) 男：左脚靠在右脚上，但身体重心仍在右脚上。

女：右脚靠在左脚上。

(4) 男：左脚前进。

女：右脚后退。

(5) 男：右脚前进靠拢左脚，右脚在左脚之后约半足位。

女：左脚后退靠拢右脚。

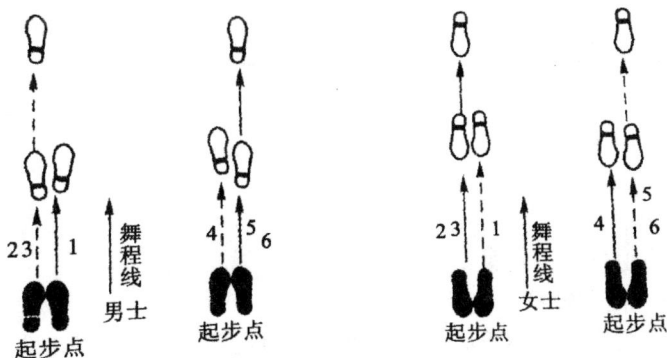

图 5-11　跨蹬步动作

(6) 男：右脚靠在左脚上，但身体重心仍在左脚上。

女：左脚靠在右脚上。

(三) 180° 右转(见图 5-12)

(1) 男：右脚前进向右转身。

女：左脚退后向右转身。

(2) 男：左脚小步傍步右转。

女：右脚并左脚，用左脚跟向右转身(脚跟轴转)。

(3) 男：右脚并左脚(背向舞程线)。

女：右脚并左脚，用左脚跟向右转身(脚跟轴转)。

(4) 男：左脚退后向右转身。

女：右脚前进向右转身。

(5) 男：右脚并左脚，用左脚跟向右转身(脚跟轴转)。

女：同男子第二步、第三步。

(6) 同第五步。

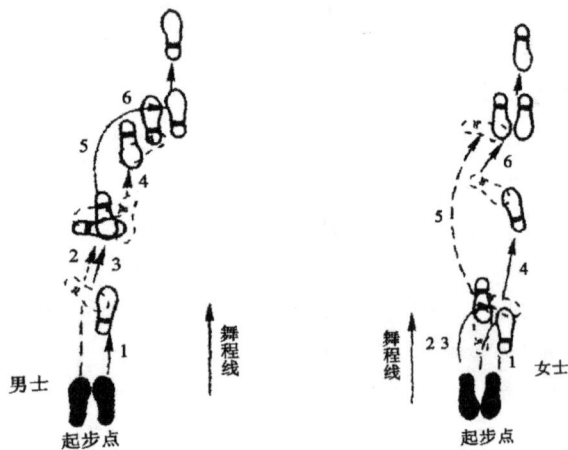

图 5-12 180°右转动作

(四) 交叉左转(见图 5-13)

(1) 男：左脚前进，向左转身。

女：右脚后退，向左转身。

(2) 男：右脚傍步继续左转。

女：同男子第五步。

(3) 男：左脚交叉在右脚的前面(背向舞程线)。

女：同男子第六步。

(4) 男：右脚后退，向左转身。

女：左脚前进，向左转身。

(5) 男：左脚并右脚，身体重心仍在右脚上，用右脚脚跟向左转 180°。

女：同男子第二步、第三步。

(6) 同第五步。

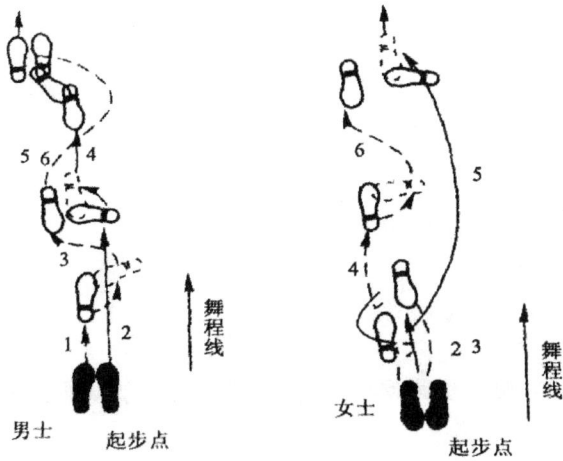

图 5-13 交叉左转动作

(五) 左转(见图 5-14)

(1) 男：左脚前进，向左转身。

女：右脚后退，向左转身。

(2) 男：右脚傍步继续左转。

女：同男子第五步。

(3) 男：左脚并右脚(背向舞程线)。

女：同男子第六步。

(4) 男：右脚后退，向左转身。

女：左脚前进，向左转身。

(5) 男：左脚并右脚，身体重心在左脚上，用右脚脚跟向左转 135°。

女：同男第三步、第四步。

(6) 同第五步。

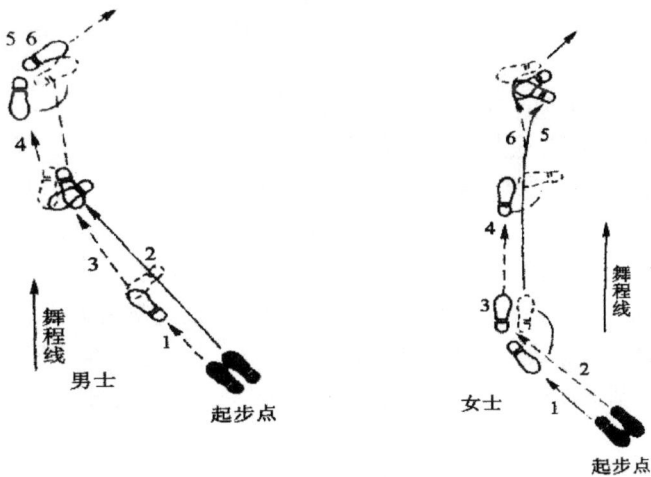

图 5-14 左转动作

(六) 右转(见图 5-15)

(1) 男：右脚前进，向右转身。

女：左脚后退，向右转身。

(2) 男：左脚傍步继续右转。

女：同男子第四步。

(3) 男：右脚并左脚(背向舞程线)。

女：同男子第五步。

(4) 男：左脚后退，向右转身。

女：同男子第一步。

(5) 男：右脚并左脚，身体重心仍在左脚上，用左脚脚跟向右转身。

女：同男子第二步、第三步。

(6) 同第五步。

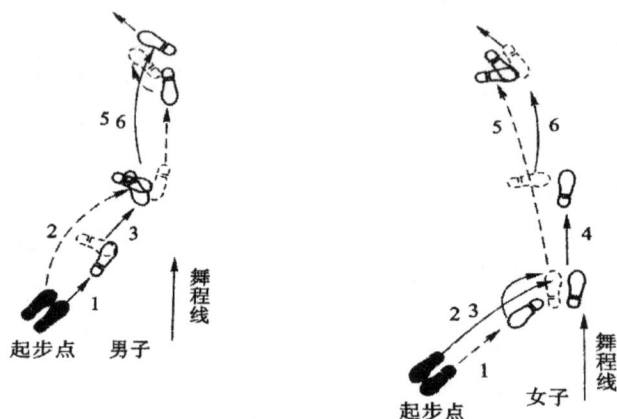

图 5-15　右转动作

参 考 文 献

[1]　吴东方. 体育舞蹈[M]. 北京：高等教育出版社，2016.

[2]　朱萍. 体育舞蹈[M]. 杭州：浙江大学出版社，2016.

[3]　吴东方. 中国体育舞蹈理论研究最新成果[M]. 武汉：武汉大学出版社，2016.

[4]　张利民. 体育舞蹈[M]. 西安：西安电子科技大学出版社，2015.

[5]　李桂琴. 形体训练·健美操·体育舞蹈[M]. 西安：西安电子科技大学出版社，2016.

[6]　张利平，张汕. 体育舞蹈[M]. 西安：西安电子科技大学出版社，2015.

[7]　黄艳，郭玉洁，秦黎霞. 形体与体育舞蹈[M]. 北京：清华大学出版社，2015.

[8]　姚晓琪，张建新，笪川. 健美操·瑜伽·体育舞蹈[M]. 兰州：兰州大学出版社，2015.

第六章 健 美 操

第一节 健美操运动概述

一、健美操的概念

健美操运动最初的形式是身体动作加上音乐伴奏，后来又综合了体操和现代舞的元素创编而成。美国明星简·方达以自己的声誉和现身说法证实了健美操运动能使人保持身体健美，并出版发行了《简·方达健美操》一书。此后，健美操运动便作为一项独立的体育运动项目兴起并蓬勃发展起来。但由于健美操运动是一项新兴项目，人们对健美操的认识理解各不相同，关于它的概念也众说纷纭。有人认为"从健美操的英文原名(aerobics)来看，健美操运动的基础和实质是有氧练习，具体到健美操本身的运动特点就是持续一定时间的低强度的全身性活动"。我国一些学者依据对健美操理论与实践经验的总结，近年来对健美操的定义也提出了各种各样的看法。如"健美操是融体操、舞蹈、音乐于一体，通过徒手、手持轻器械的身体练习，达到健身、健美和健心目的的一种新兴体育项目"。又如"健美操是在音乐伴奏下，以身体练习为基本手段、以有氧运动为基础，达到增进健康、塑造形体和娱乐目的的一项体育运动"。

纵观健美操的特点与发展，结合国内外专家的观点，我们认为健美操的概念应为：健美操是在音乐的伴奏下，以健、力、美为特征，融体操、舞蹈为一体的体育运动。它既是一种增进健康、塑造形体、娱乐身心的大众健身方式，又是竞技运动的一个项目。

二、健美操的分类

健美操是体育中的一个综合性的边缘学科。随着健美操运动的不断发展，出现了种类繁多的类型。为了便于区分和运用，有必要对健美操进行合理的分类。本文根据目的和任务的不同，将健美操分为健身性健美操和竞技性健美操两大类(详细分类见表6-1)。

表6-1　健美操分类表

健身性健美操			竞技性健美操
徒手健美操	轻器械健美操	特殊场地健美操	男子单人
有氧健美操	踏板操	水中健美操	女子单人
形体健美操	哑铃操	固定器械健美操	混合双人
拉丁健美操	杠铃操	垫上健美操	三人(混合或同性别)
搏击健美操	皮筋操		集体六人(混合或同性别)
舞蹈健美操	健身球操		
健身街舞	花球操		

(一) 健身性健美操

健身性健美操也称有氧健美操、大众健美操，是一种有氧运动，其主要目的是"锻炼身体、保持健康"。健身性健美操的动作简单，实用性强，为了保证一定的运动负荷和锻炼的全面性，动作多有重复，并多以对称的形式出现，还可使用轻器械或在特殊场地进行锻炼以增强锻炼效果。健身性健美操的音乐速度较慢，一般为每 10 秒 20～24 拍，练习时间可长可短，在练习的要求上也可以根据个体情况而变化，并且严格遵循健康、安全的原则，在保证安全的基础上，达到锻炼身体的目的。它适应不同年龄、性别、职业人群的锻炼需求，受到广大群众的喜爱，已在世界范围内得到广泛的普及与开展。

(二) 竞技性健美操

竞技性健美操是以竞技为主要目的的运动形式，对身体素质、技术能力和艺术表现力有较高的要求。竞技性健美操以成套动作为表现形式，在成套动作中必须展示连续的动作组合，综合使用柔韧性、力量与七种基本步伐，并结合难度动作完美完成，是展示人体健、力、美和全面素质的竞赛项目。竞技健美操有特定的竞赛规则和评分办法，在参赛人数、比赛场地和成套动作的时间等方面都有严格规定。竞技性健美操的音乐速度为每 10 秒 26 拍以上，在动作的设计上也要求更加多样化。

三、健美操运动的起源与发展

(一) 健美操的起源

健美操运动起源于 20 世纪 70 年代末的美国，最早是美国太空总署为太空人所设计的体能训练内容。这种有氧运动形式出现不久便因其对身体机能尤其对心血管功能的重要影响及所配音乐伴奏的新颖性引起了人们的注意。1969 年杰姬•索伦森综合了这种有氧操的特点，并结合当时流行于美国黑人间的各种爵士舞和非洲民间舞，创编了一种操舞结合的健身舞，对现代健美操的形成产生了深远的影响。20 世纪 70 年代末，健美操运动逐渐被大众所接受。随后美国电影明星简•方达根据自己的健身体会和经验撰写并出版了《简•方达健身术》一书，引起了世界的轰动，该书在世界上 30 多个国家发行。该书的出版与发行加强了世界各国人民对健美操的认识，掀起了世界各国竞相开展健美操运动的高潮，也使得健美操运动得以在世界范围内迅速传播。目前，健美操不仅在欧洲等发达国家发展较快，在一些发展中国家和地区也得到不同程度的开展。各种健美操俱乐部、健身中心和健美操培训班吸引了许多健美操爱好者，人们把参加健美操运动作为健身防病和丰富精神文化生活不可缺少的部分。

(二) 我国健美操的发展

现代健美操热传入中国是在 20 世纪 70 年代末 80 年代初。高校健美操运动的开展在中国一直处于领先地位，1984 年北京体育学院(现改名为北京体育大学)成立了健美操教研室，率先开设了选修和专修课，培养了一大批健美操师资。1985 年北京体育学院创编了 6 套《青年韵律操》，在全国范围广泛推行，对健美操的普及与推广起到了非常大的推动作用。目前健美操已被教育部列为高校体育教育专业的主干必修课，并已成为我国各级各类学校体育课或课外活动中一项深受师生欢迎的教学内容和锻炼项目。我国竞技健美操运动已经进入了世界第一集团军。

四、健美操运动的特点与功能

(一) 健美操的特点

1. 增进健康美的实效性

健美操是以人体解剖学、人体生理学、体育美学、体育心理学等多学科理论为基础，以健康、健美为目的而创立与编排的。与其他体育项目相比，讲究健美舒展，强调力度和弹性，趋向不停顿地连续走、跑、跳，使练习者消耗过剩的脂肪，增强肌肉力量，提高协调灵敏性。另外，健美操动作丰富，可以针对不同身体部位进行练习，对人体的影响较为全面。对塑造健美的体形、培养健美体态、提高人的协调性和弹跳能力，培养审美意识均有良好的作用，因此，参加健美操运动可达到增进健康、健美的效果。

2. 强烈的时代性和韵律感

健美操把基本体操、现代流行时尚运动项目如拉丁舞、爵士舞、流行街舞等特有动作元素与音乐节奏巧妙地结合起来，形成了具有鲜明特色和强烈时代感的新型体育项目。其动作素材多为富有时代感的现代舞蹈、时尚体操，其音乐多取材于迪斯科、爵士、摇滚等现代音乐，节奏强劲有力、旋律优美。

3. 高度的艺术性

健美操是融体操、舞蹈、音乐于一体的追求人体健与美的运动项目，属健美体育的范畴，具有高度的艺术性。健美操的艺术性主要体现在其"健、力、美"的项目特征上。"健康、力量、美丽"是人类有史以来所追求的身体状况的最高境界，在健美操运动中，无论是健身性健美操还是竞技性健美操，都无不表现出"健、力、美"的特征，包含着高度的艺术性因素，使健美操不同于其他运动项目，这也正是人们热爱健美操运动的原因之一。

4. 广泛的适应性

健身性健美操的动作套路形式多样，节奏有快有慢，套路有长有短，动作有难有易，运动量和运动强度的大小可任意调节，练习起来简便安全，对场地器材的要求也不高，适应不同行业、各个年龄层次、不同性别、不同身体素质、不同技术水平的人的锻炼需求，各种人群都能从健美操练习中找到适合自己的练习内容和方式，都能从健美操练习中得到乐趣。

(二) 健美操的功能

1. 增进健康、增强体质、塑造健美形体

长期参加健美操锻炼可以增强人体运动系统功能：促进心血管系统机能提高，提高呼吸系统机能水平，改善消化系统与神经系统机能。使人的心肺耐力、肌肉力量、平衡性、灵敏性、柔韧性和协调性等身体素质得到提高。有研究认为，有氧运动最能发展人体的心肺功能，而健美操不仅具有有氧运动的功效，而且兼备提高身体素质的作用。可以说健美操是目前增进健康、增强体质较为理想的运动。

通过长期的健美操练习可改善不良的身体状态，形成优美的体态，从而在日常生活中表现出一种良好的气质与修养，给人以朝气蓬勃、健康向上的感觉。健美操运动还可塑造健美的体形。通过健美操练习，尤其是力量练习，可使骨骼粗壮、肌肉围度增大，从而弥补先天的体形缺陷，使人变得匀称、健美。其次，通过健美操练习还可消除体内和体表多余的脂肪，维持人体吸收与消耗的平衡，降低体重，保持健美的体形。

2. 陶冶情操、调节心理

健美操锻炼能使人在接受美和享受美的过程中提高美的鉴赏能力，陶冶美的情操。健美操动作具有独特的表现力和感染力，音乐激昂，具有强烈的韵律感，能使人很快地进入角色，全身心地投入到锻炼中来。健美操的集体配合以及队列、队形的变化更加富有艺术欣赏价值，人们不仅在锻炼中强健了身体，还受到了美的熏陶，提高了艺术素养。

体育运动可缓解精神压力、预防各种疾病的产生是科学研究已证实的事实。健美操作为一项体育运动，其动作优美、协调，能全面锻炼身体，同时有旋律优美的音乐伴奏，是缓解精神压力的一剂良方。在轻松优美的健美操锻炼中，练习者的注意力从烦恼的事情上转移开，忘掉失意与压抑，尽情享受健美操运动所带来的欢乐，从而缓解精神压力，使人保持更强的活力和最佳的心态。

3. 增进社会交往、促进体育文化交流

目前，无论是国外还是国内，参加健美操锻炼的人越来越多，包括来自社会各个阶层的人群，一起参加健美操锻炼，扩大了人们的社会交往面，把人们从工作和家庭的单一环境中解脱出来，可接触和认识更多的人，开阔眼界，从而为生活开辟了另一个天地。大家一起跳、一起锻炼，共同欢乐，互相鼓励，一些人因此成为终身的朋友，因此，参加健美操锻炼增强了人与人的社会交往。

健美操运动从诞生起就表现出强大的生命力，随着健美操运动的深入发展，国际、国内赛事的频繁开展，不同国家、不同地区的人们在竞赛提供的体育文化交流平台上广泛交流与沟通，将更能促进世界范围内人们之间的交往，更能促进健美操运动的普及、发展与提高。

第二节　健美操的基本动作

健美操基本动作是指在健美操运动中出现的具有基础性的最小单位动作，是健美操动作中最主要、最稳定的部分，是一类型动作得以扩展和变化的核心。基本动作是健美操动作变化和创新的基础。某一类型的基本动作具有该类型动作的共性特征，最具代表性和典型性。只要掌握了这些基本动作，再配合身体其他部位的动作，就可以根据一定的需要进行变化和发展，根据一定的形式进行组合，就可创编出不同风格、不同难度、不同运动负荷、不同视觉效果的健美操组合动作。同时，健美操基本动作具有基础性、结构简单、动作变化规律，适合于初学者学习与掌握，有助于健美操组合动作学习过程简单化。

健美操基本动作主要由站立、基本步法和上肢动作等组成。通过基本动作的学习，能够使练习者掌握健美操基础技术。其中，良好的站立姿势是学习健美操的前提；基本步法是健美操最为基础的组成部分，是健美操学习的基本内容。上肢动作包括手臂和手形，是健美操基本姿态的重点练习内容。

一、基本站立姿态

立是指两腿站立的姿势，有直立、分腿立、提踵立、点地立、单腿立等。

(一) 直立(见图 6-1)

动作做法：两腿伸直并立，臀部上收，立腰、收紧腹部，两肩下沉，两眼平视，下颚稍向后收，头的后部向上顶。

技术要求：身体姿态挺拔，头、躯干和腿在一条垂直线上。

(二) 分腿立(见图 6-2)

动作做法：两脚分开与肩同宽，重心在两腿之间。臀部上收，立腰、收紧腹部，两肩下沉，两眼平视，下颚稍向后收，头的后部向上顶。

技术要求：身体姿态挺拔，头、躯干和腿在一条垂直线上。

(三) 提踵立(见图 6-3)

动作做法：两脚并立，脚跟提起，臀部上收夹紧，立腰、收紧腹部，两肩下沉，两眼平视，下颚稍向后收，头的后部向上顶。

技术要求：支撑腿脚跟提起至最大限度，脚跟向前顶，使小腿与脚面在一条垂直线上。

图 6-1　直立　　　　　图 6-2　分腿立　　　　　图 6-3　提踵立

(四) 点地立(见图 6-4)

动作做法：一腿支撑，另一腿伸直前点地(侧点地、后点地)。

动作要求：重心在支撑腿上，动力腿尽量向远伸。

(五) 吸腿立(见图 6-5)

动作做法：一腿支撑，另一腿屈膝上举，脚贴于支撑腿的膝关节内侧。

动作要求：重心在支撑腿上，举腿至大腿与地面平行，绷脚尖贴于膝关节处。

(六) 弓步(见图 6-6)

动作做法：

(1) 前弓步：两脚自然分开，前后大分腿站立，前腿屈膝，后腿伸直。

(2) 侧弓步：两腿大分腿开立，一腿屈膝，膝关节指向侧方，另一腿伸直。

技术要求：收腹、立腰，小腿垂直于地面，重心在两脚之间。

图 6-4 点地立   图 6-5 吸腿立   图 6-6 弓步

二、基本步法

健美操基本步法根据人体运动时对地面冲击力的大小分为低冲击力步法、高冲击力步法和无冲击力步法三大类。许多低冲击力动作通过改变用力方法也可以做成高冲击力动作。

(一) 无冲击步法

无冲击步法动作是指两脚始终接触地面，身体重心在两脚之间没有腾空的动作。

1. 半蹲 Squat

1) 并立半蹲(见图 6-7)

动作做法：两腿并立，有控制地弯曲和伸直。

技术要求：屈膝下蹲时膝关节角度不小于 90°，屈髋，上体前倾，臀部向后 45°方向下蹲，膝关节不超过脚尖。

2) 开立半蹲(见图 6-8)

动作做法：两腿左右分开，比肩稍宽，脚尖稍外开，髋、膝有控制地屈和伸。

技术要求：屈膝时膝关节角度不小于 90°，膝关节对准脚尖方向，屈髋，上体前倒，臀部向后 45°方向下蹲，关节不超过脚尖。

图 6-7 并立半蹲   图 6-8 开立半蹲

2. 弓步 Lunge

动作做法：两腿原地依次抬起，依次落地。

1) 前弓步(见图 6-9)

动作做法：两脚自然分开，前后大分腿站立，前腿屈膝，后腿伸直。

技术要求：收腹、立腰，小腿垂直于地面，重心在两脚之间。

2) 侧弓步(见图 6-10)

动作做法：两腿大分腿开立，一腿屈膝，膝关节指向侧方，一腿伸直。

技术要求：收腹、立腰，小腿垂直于地面，重心在两脚之间。

图 6-9　前弓步图　　　　　　图 6-10　侧弓步图

(二) 低冲击步法

低冲击步法是指在做动作时始终有一脚接触地面的动作，而根据动作完成形式的不同，可分为以下四类：

1. 交替类

两脚做交替落地的动作。

1) 踏步 March(见图 6-11)

动作做法：两腿原地依次抬起，依次落地。

技术要求：前脚掌先落地，过渡至全脚掌，下落时，踝、膝、髋关节依次有弹性地缓冲。

2) 走步 Walk(见图 6-12)

动作做法：迈步向前走或后退，然后反之。向前走时，脚跟先落地，过渡到全脚掌；向后走时则反之。

技术要求：每步落地下肢关节依次缓冲，并随移动方向移重心、蹬伸。

图 6-11　踏步　　　　　　　　图 6-12　走步

3) 一字步 Easywalk(见图 6-13)

动作做法：右脚向前一步，左脚并于右脚，然后依次还原。

技术要求：向前迈步时，脚跟着地，过渡至全脚掌；前后均要有并

基本动作一字步

腿过程；每次落地下肢关节依次顺势缓冲屈伸。

图 6-13　一字步

4) V 字步 V-step(见图 6-14)

动作做法：右脚向右前方迈一步，左脚随之向左前方迈一步，呈两脚开立，屈膝缓冲，然后依次退回原位。

技术要求：向前迈步时，脚跟着地，过渡至全脚掌；两脚运动轨迹成 V 字形，每次落地下肢关节依次顺势缓冲屈伸。

基本动作 V 字步

图 6-14　V 字步

5) 漫步 Mambo(见图 6-15)

动作做法：右脚向前迈出，屈膝缓冲，重心随之前移，左脚稍抬起，然后原地落下；右脚向后一步，重心后移，左脚稍抬，然后原地落下。

技术要求：两脚始终保持交替落地，身体重心随动作前后移动，但始终在两脚之间。

基本动作漫步

图 6-15　漫步

6) BOX 步 Boxwalk(见图 6-16)

动作做法：右脚向前迈步；左脚向右前方迈出，随后右脚向后一步，左脚向右脚并拢。

技术要求：重心随步伐移动，身体始终保持面向前方。

图 6-16　BOX 步

2. 迈步类

迈步类是指一条腿先迈出一步，同时移动身体重心，另一条腿用脚跟、脚尖点地或吸腿、屈腿、踢腿等，然后向另一个方向迈步的动作。

1) 并步 Steptouch(见图 6-17)

动作做法：右脚向右侧迈一步，左脚前脚掌并于右脚屈膝点地；随后向反方向迈步。

技术要求：每一拍动作髋、膝、踝始终保持屈伸弹动。

2) 迈步点地 Steptap(见图 6-18)

动作做法：右脚向侧迈一步，两腿经屈膝移重心，成左脚侧点地立。可作前、侧、后用脚尖或脚跟点地。

技术要求：两膝同时有弹性地屈伸，动力腿尽量远伸。

基本动作并步

图 6-17　并步　　　　　　　图 6-18　迈步点地

3) 迈步吸腿 Stepknee(见图 6-19)

动作做法：右脚向前迈一步，左腿屈膝举至水平，左、右腿依次向后迈步还原。

技术要求：经过屈膝半蹲，抬膝时支撑腿稍屈膝，上体稍前倾，保持关节的屈伸控制。

基本动作迈步吸腿

4) 迈步后屈腿 Stepcurl(见图 6-20)

动作做法：右脚迈出一步，左腿小腿后屈，后屈腿的脚跟靠近臀部，然后向反方向迈步。

技术要求：经屈膝半蹲，重心控制在支撑腿上稍屈膝，保持关节的屈伸控制。

　　图 6-19　迈步吸腿　　　　　　图 6-20　迈步后屈腿

5) 侧交叉步 Grapevine(见图 6-21)

动作做法：右脚向侧迈一步，左脚在其后交叉，稍屈膝，随之再向侧迈一步，左脚点地并腿稍屈膝。

技术要求：第一步脚跟先着地，身体重心快速随着脚步而移动，保持髋、膝、踝关节的屈伸弹动。

基本动作侧交叉步

图 6-21　侧交叉步

6) 拖步 Pullwalk(见图 6-22)

动作做法：左脚向左跨一步，屈膝落地，右腿伸直并顺势向左拖移，随后还原成直立。

技术要求：落地屈膝、重心拖移随即控制。

基本动作拖步

7) 恰恰步 Cha-cha-cha(见图 6-23)

动作做法：右脚向右迈一步并跳起，在空中左脚迅速向右脚靠拢，左、右腿依次落地，重心在两脚之间。

技术要求：二拍三动，两脚之间重心移动流畅，身体稍后倾，空中有并腿过程。

　　图 6-22　拖步　　　　　　　　图 6-23　恰恰步

3. 点地类

一腿屈膝站立，另一腿伸出，用脚尖或脚跟点地后还原到并腿位置的动作。

1) 脚尖点地 Taptogether(见图 6-24)

动作做法：一腿稍屈膝站立，另一腿脚尖点地，然后还原到并腿姿势。可做前、侧、后点地。

技术要求：支撑腿始终保持屈膝站立，并且随动作有弹性地屈伸。

2) 脚跟点地 Toptogether(见图 6-25)

动作做法：一腿稍屈膝站立，另一腿脚跟点地，然后还原到并腿姿势。只可做向前和向侧的脚跟点地。

技术要求：支撑腿始终保持屈膝站立，并且随动作有弹性地屈伸。

基本动作脚尖点地

基本动作脚跟点地

图 6-24　脚尖点地

图 6-25　脚跟点地

4. 抬腿类

一腿站立，另一腿以直腿或屈腿形式向上抬起。

1) 吸腿 Kneelift(见图 6-26)

动作做法：一腿支撑，另一腿屈膝向上抬起，落下还原。

技术要求：支撑腿保持屈膝弹动，屈膝举至大腿与地面平行，上体保持正直。

2) 摆腿 Lepglift(见图 6-27)

动作做法：一腿站立，另一腿向侧、前或侧前侧后摆动。

技术要求：支撑腿稍屈，保持身体稳定，摆腿有控制，上体保持正直。

3) 踢腿 Kick(见图 6-28)

动作做法：一腿支撑地面，另一腿向前、向侧或向后踢，然后还原。

图 6-26　吸腿

图 6-27　摆腿

图 6-28　踢腿

技术要求：支撑腿保持屈膝弹动，向上踢腿加速度，下落速度快，还原两腿并拢，上体保持正直。

(三) 高冲击步法

高冲击力步法是指双脚同时离开地面的，有腾空的。有些高冲击力步法是通过改变无冲击步法和低冲击步法动作用力方法演变而来。高冲击步法也分为四种：

1. 双腿起跳类

1) 并腿小跳 Jump(见图 6-29)

动作方法：两脚并拢，两腿稍屈膝跳起，腾空时两腿伸直，随后两脚同时落地屈膝缓冲。

技术要求：两腿稍屈膝蹬伸至脚趾尖，空中保持身体肌肉适度紧张，落地时前脚掌着地过渡到全脚掌。

基本动作开合跳

图 6-29　并腿小跳

2) 开合跳 Jumping jack(见图 6-30)

动作做法：两腿屈膝向上跳起，落地成开立，随后向上跳起，两腿并拢还原落地。

技术要求：分腿落地时前脚掌着地过渡到全脚掌，两脚自然外开，屈膝时关节角度大于 90°，膝关节对准脚尖方向。

图 6-30　开合跳

3) 弓步跳 Lunge jump(见图 6-31)

动作做法：两腿并拢屈膝向上跳起，落地成前后大分腿立，前腿屈膝，后腿伸直，随后向上跳起，两腿并拢还原落地。

技术要求：收腹、立腰，小腿垂直于地面，重心在两脚之间，落地屈膝缓冲。

图 6-31　弓步跳

2. 交替起跳类

后踢腿跑 Jogging(见图 6-32)

动作做法：左腿蹬地跳起，右腿屈膝后踢，两腿依次交替进行。

技术要求：髋关节保持伸展，摆动腿后屈脚尖接近臀部，落地屈膝缓冲。

基本动作后踢腿跑

图 6-32　后踢腿跑

3. 迈步起跳类

1) 迈步吸腿跳 Stepknee jump(见图 6-33)

动作做法：右脚向前迈步，左腿屈膝举至水平同时向上跳起，左、右腿依次向后迈步还原。

技术要求：吸腿跳时上体直立稍前倾，落地屈膝缓冲。

图 6-33　迈步吸腿跳

2) 迈步后屈腿跳 Stepcurl jump(见图 6-34)

动作做法：右脚迈步，左腿小腿后屈，同时向上跳起。

技术要求：经屈膝向上跳起，屈腿的脚跟靠近臀部，落地屈膝缓冲。

图 6-34　迈步后屈腿跳

3) 侧交叉步跳 Grapevine jump(见图 6-35)

动作做法：右脚向侧迈步，左脚在其后交叉，稍屈膝，随之再向侧迈一步，左脚向右脚并拢同时跳起。

技术要求：身体重心快速随着脚步而移动，保持髋、膝、踝关节的屈伸弹动，腾空落地屈膝缓冲。

图 6-35　侧交叉步跳

4) 小马跳 Pony jump(见图 6-36)

动作做法：右脚稍向上举起，左腿蹬地向侧小跳，同时屈膝向右脚靠拢，右、左脚依次落地并交换腿小跳，至右脚站立、左脚前脚掌点地。

图 6-36　小马跳

基本动作小马跳

技术要求：依次落地，二拍三动，第二拍两脚交换着地。

4. 单腿起跳类

1) 吸腿跳 Knee lift jump(见图 6-37)

动作做法：左腿向上跳起同时右腿屈膝上举至水平，随后右腿与左腿并拢落地。

技术要求：摆动腿屈膝至 90°，小腿垂直地面，上体正直。

基本动作吸腿跳

图 6-37　吸腿跳

2) 钟摆跳 Swing jump(见图 6-38)

动作做法：右腿侧摆，同时左腿跳起，右腿着地跳起，同时左腿侧摆。

技术要求：两腿像钟摆一样摆动，重心始终与地面垂直，落地屈膝缓冲。

图 6-38　钟摆跳

3) 弹腿跳 Flick jump(见图 6-39)

动作做法：右腿后屈同时左腿跳起，左腿继续跳起同时右膝伸直向前下方弹踢。

技术要求：后屈腿大腿垂直于地面，弹踢时大腿先发力，随后小腿有控制地向前下方伸。

基本动作弹腿跳

图 6-39　弹腿跳

4) 踢腿跳 Kick jump(见图 6-40)

动作做法：左腿支撑连续跳起两次，同时右腿向前(侧)踢，至最高点达到肩的高度，顺势落下与支撑腿并拢。

技术要求：直腿高踢，下落迅速与支撑腿并拢，向上踢腿和下落都要有加速度，上体保持正直。

图 6-40 踢腿跳

5) 踏步跳 March jump(见图 6-41)

动作做法：右脚向前一步稍屈膝，随即向上跳起，左腿后举。

技术要求：空中右腿稍前踢，左腿后举有控制，上体保持正直，落地屈膝缓冲。

图 6-41 踏步跳

三、健美操上肢基本动作

健美操上肢基本动作主要包括常用手形及手臂基本动作，在健美操运动中手形和手臂动作的变化既能使动作新颖、多样，又能改变动作的强度和难度。

(一) 常用手形

1. 并掌

五指并拢，指关节伸直(见图 6-42)。

图 6-42 并掌

2. 开掌

五指用力分开，指关节伸直(见图 6-43)。

图 6-43 开掌

3. 拳

四指指关节弯曲，握紧，拇指扣在食指与中指的第二关节处(见图 6-44)。

4. 花掌

五指用力伸直张开，从小拇指依次内旋，形成一个扇面(见图 6-45)。

图 6-44 拳

图 6-45 花掌

5. 立掌

手掌用力上屈，五指指关节自然弯曲(见图 6-46)。

6. 指

食指伸直，其余手指紧握(见图 6-47)。

图 6-46 立掌

图 6-47 指

(二) 上肢基本动作

1. 举(见图 6-48)

动作做法：臂移动范围在 180° 内，并稍停止在某一方位上。

图 6-48 举

技术要求：手臂放松，手指远端用力带动手臂移动，停在某一部位时，肩关节放松，指尖向远伸(有向远延伸的感觉) 。

2. 屈臂(见图 6-49)

动作做法：大臂与小臂关节角度减小。

技术要求：肘关节屈，大小臂收紧，肱二头肌收缩。

图 6-49　屈臂

3. 伸臂(见图 6-50)

动作做法：大臂与小臂关节角度增大。

图 6-50　伸臂

技术要求：动作过程中，手臂放松，手指和肘关节同时移动，停在某部位时，肩关节放松、指尖向远伸。

4. 摆动

动作做法：以肩关节为轴，屈臂或直臂在180°以内的范围依次运动。

技术要求：沿身体矢状面或额状面自然摆动。动作放松、幅度大。

5. 绕与绕环

动作做法：以肩关节为轴，手臂在 180°至 360°之间的弧形动作为绕；大于 360°以上的圆周运动为绕环。

技术要求：绕、绕环时，手指尖带动手臂移动，动作幅度大。

第三节　健美操的基本规则

一、总则

(一) 比赛内容

健身性健美操比赛包括规定动作比赛和自选动作比赛。

(二) 年龄与分组(见表6-2)

表 6-2　年龄与组别

组　别	年　龄
儿童组(小学生)	12 岁以下
少年组(中学生)	13~17 岁
青年组	18~34 岁
中年组	35~49 岁
老年组	50 岁以上

(三) 参赛人数

(1) 规定动作：每队 5 人，性别不限。

(2) 自选动作：可分为个人、双人和集体项目等。

(四) 比赛场地

赛台高 80~100 厘米，比赛场地为 12 m × 12 m 的地板或地毯，有背景遮挡。

(五) 成套动作时间与音乐

(1) 规定动作：按《全国健美操大众锻炼标准》的规定时间进行，音乐由主办单位统一播放。

(2) 自选动作：成套动作时间为 2 分 30 秒~3 分，计时从动作开始到动作结束。音乐允许有 2~8 拍前奏，音乐速度不限。

(六) 比赛服装

(1) 着健身服或运动休闲服和运动鞋(旅游鞋式，不可穿球鞋、体操鞋等)。

(2) 服装上可有亮片等装饰物，女运动员可化淡妆；比赛时运动员不可佩戴首饰。

(七) 裁判组组成

裁判组由 1 名裁判长、5~7 名裁判员、1 名总记录长、2~3 名记录员、1 名计时员(自选动作比赛)、1~2 名放音员、2~3 名检录员、1 名宣告员组成。

(八) 评分方法

(1) 采取公开示分的方法，成套动作满分 10 分制，裁判员的评分精确到 0.1 分。

(2) 裁判员的评分去掉 1 个最高分和 1 个最低分，中间 3 个分数的平均分即为总分，再减去裁判长减分即为最后得分。

(3) 对比赛成绩和结果不接受申述。

二、成套动作评分

(一) 规定动作评分

规定动作 10 分起评，评分因素包括动作的完成、表演和团队精神两方面，具体扣分分值见表 6-3。

表 6-3　规定动作评分因素与扣分标准

评分因素	内　容	扣　　分		
		一般	较差	不可接受
表演和团队精神 4 分	表现力与热情 动作要展示内心的激情，体现一种健康向上的情绪	0.1～0.2	0.3～0.4	0.5 或更多
	队形 队形变化清晰、流畅，体现集体配合的意识	0.1～0.2	0.3～0.4	0.5 或更多
	一致性 集体动作整齐，每个人在完成动作的时间、空间、能力和表现力上一致	0.1	0.2	0.3
动作的完成 6 分	动作正确性	0.1～0.2	0.3～0.4	0.5 或更多
	动作不熟练、漏做动作	0.1～0.2	0.3～0.4	0.5 或更多
	身体协调性	0.1～0.2	0.3～0.4	0.5 或更多
	动作连接	0.1～0.2	0.3～0.4	0.5 或更多
	改变动作或附加动作	0.1～0.2	0.3～0.4	0.5 或更多
	动作要充分表现音乐的情绪	0.1～0.2	0.3～0.4	0.5 或更多
	动作和音乐节奏配合要准确	0.1～0.2	0.3～0.4	0.5 或更多

(二) 自选动作评分

自选动作 10 分起评，评分因素包括动作设计、动作完成、表演和团队精神，具体扣分分值见表 6-4。

表 6-4 自选动作评分因素与扣分标准

评分因素		内 容	扣 分		
			一般	较差	不可接受
动作设计 3分	艺术性	主题健康、充满活力	0.1~0.2	0.3~0.4	0.5 或更多
		风格突出、富有创意	0.1~0.2	0.3~0.4	0.5 或更多
		动作类型丰富,动作的转换自然流畅	0.1~0.2	0.3~0.4	0.5 或更多
		音乐的选择与动作风格相一致并配合协调,录音质量高且清晰	0.1~0.2	0.3~0.4	0.5 或更多
		充分利用场地和空间	0.1~0.2	0.3~0.4	0.5 或更多
		服饰选择美观协调	0.1~0.2	0.3~0.4	0.5 或更多
	安全性		每出现一次不安全动作扣 0.5 分		
动作完成 4分	动作完成轻松、准确、流畅		0.1~0.2	0.3~0.4	0.5 或更多
	动作完成能体现所选主题的风格和特点		0.1~0.2	0.3~0.4	0.5 或更多
	动作与音乐须协调一致		0.1~0.2	0.3~0.4	0.5 或更多
表演和团队精神 3分	表现力与热情		0.1~0.2	0.3~0.4	0.5 或更多
	队形		0.1~0.2	0.3~0.4	0.5 或更多
	一致性(每次)		0.1	0.2	0.3

(三) 裁判长减分

裁判长对下列情况进行减分(每项均减 0.2 分):被叫到后 20 秒内未出场;参赛人数不符合规定;成套时间不足或超过;着装不符合规定;比赛时掉物或装束散落。

三、不安全动作

各种竞技体操和技巧运动的翻转和抛接动作:过度弓背;仰卧翻臀;头绕环和过度头后仰;膝转;足尖起;直腿仰卧起坐、直腿举腿、两头起;臀部低于膝关节的深蹲。

在成套动作中不鼓励出现竞技性健美操中的难度动作,如出现类似的动作,不仅不予加分,而且对可能出现的错误动作还要进行减分。

四、纪律与处罚

(一) 裁判员纪律与处罚

严格按照国家体育总局关于全国体育竞赛裁判纪律有关规定执行。

(二) 参赛者纪律与处罚

裁判长示意后 1 分钟内未出场者,取消比赛资格。

拒绝领奖者取消所有成绩与名次。

检录三次未到者取消该项比赛资格。

对不遵守大会其他纪律、不尊重裁判员和大会工作人员、有意干扰比赛者，将视情况给予处罚。

五、特殊情况处理

运动员在遇到播放错音乐，由于音响设备而出现的音乐问题，由于设备问题而出现的干扰灯光、舞台、会场等特殊情况时，应立即停止做动作并向裁判长反映，在问题解决后重做，在成套动作结束后提出的要求将不被接受。

参 考 文 献

[1]　殷志栋，耿世刚，陈庆和. 大学体育与健康[M]. 大连：大连理工大学出版社，2006.

[2]　张占忠，陈刚，曹俊. 高职体育与健康规划教程[M]. 天津：南开大学出版社，2012.

[3]　孙莉琴，马占菊，杜烨. 现代健美操美育理论与美体实践研究[M]. 北京：中国原子能出版社，2016.

[4]　黄荣，张鹏，王彦旎. 健美操[M]. 北京：清华大学出版社，2015.

[5]　黄文杰，刘畅. 健美操教程[M]. 北京：北京大学出版社，2014.

[6]　匡晓红. 新编健美操运动教程[M]. 西安：陕西人民出版社，2010.

[7]　杨春艳. 塑造健美的形体大学生健美操[M]. 北京：线装书局，2008.

[8]　肖光来. 健美操[M]. 北京：人民体育出版社，2004.

[9]　赵永魁，杨华. 健美操[M]. 北京：北京体育大学出版社，2005.

[10]　马鸿韬. 健美操运动教程[M]. 北京：北京体育大学出版社，2007.

第七章 瑜 伽

第一节 瑜伽运动概述

一、瑜伽的起源与发展

瑜伽(yoga)起源于距今六七千年前的古印度文明时期。瑜伽一词是梵文"Yoga"的音译，具有和谐、统一的意思。古印度人相信天人合一，即通过内省，自控身心，与万事万物保持和谐平衡，以达到修身养性、身体与精神相统一的健康状态。现代社会亚健康现象普遍存在，是因为现代人处于繁忙、高度紧张的生活状态中。瑜伽正是提高身体素质、摆脱亚健康的一种有效的健身方法。它的健身效果已经广受瞩目，适合于各年龄段的人练习。瑜伽是一种健康的生活方式，通过瑜伽练习，能使人获得身体上的健康、心情上的愉悦。

二、瑜伽礼仪

瑜伽课堂注重传统礼仪。"尊师"的词义是尊敬师长，它是中国的一种传统美德，也是一种对老师的尊称。合十礼是古印度的一种礼法，印度人认为右手为神圣之手，左手为不净之手。故有分别使用两手之习惯，然若两手合而为一，则为人类神圣面与不净面的合一，故借合掌来表现毫无掩饰，最为真实的本来面目。Namaste 意味着"你我相互鞠躬"或"我向你鞠躬"，在中文的意义上可以理解为致敬、致意、问好。

三、习瑜伽须知

(一) 练习前

(1) 呼吸：学生起初保持课中不出现憋气的现象即可；后期因为肌肉有呼气时松弛、吸气时紧张的特质，配合呼吸进行练习。按照"吸气起，呼气落"，即"开为吸，合为呼"的原则。

(2) 柔韧：学生只要将姿势伸展到自己的舒展位置，就是把姿势做正确了，循序渐进的练习即可使身体逐步拉伸开，因此，不管有无运动基础都能练瑜伽。

(3) 着装：穿着宽松舒适、易于舒展且透气性好的衣服，专业瑜伽服为宜。

(4) 饰物：随身饰物尽量取下，以免课上分心影响动作，以致影响情绪。

(5) 饮食：瑜伽应空腹练习。若不习惯或肠胃不适者，可在练习前 1 小时左右，进食少许易消化的食物。

(6) 赤脚练习为佳，专业瑜伽垫为宜。

(7) 如果可能的话，在练习前最好先小便。

(8) 禁止在大病和手术后练习瑜伽，待身体康复后才能练习或遵医嘱。根据自己的体能做适当的练习，在授课时要提醒有特殊病症者有选择地做动作，比如高血压者、心脏不适者、脊椎受损者、经期内者都不要做倒立及强度、难度大的姿势。

(9) 颈、背等曾有严重损伤的人应该先征询医生的意见，再向教师提前说明。

(二) 练习时

(1) 呼吸：除非另有说明，否则的话，要用鼻而不是用嘴呼吸。

(2) 体式：动作缓慢、步骤分明。请勿为达到某种程度而过度拉伸身体，做到适合自己的程度即为标准，避免肌肉拉伤。

(3) 意识：瑜伽讲究呼吸、体式和意识三者的结合。用心去体会身体伸展时产生的感觉，以达到身体和精神的放松。

(4) 练习瑜伽过程中，不大声讲话或大笑。

(5) 练习时出现某一部位剧烈疼痛，应调整休息；若出现酸麻感，应坚持练习。隔天感觉酸痛，是乳酸堆积所致，应坚持练习。

(6) 体式结束应选择放松姿势调息放松，直至呼吸稳定，紧张感消除。

(7) 在练习中也许会听到或感到骨节发出"喀喀"声响，响而不疼可继续练习。

(8) 练习体式时闭目有助于注意力集中、静心(平衡体位除外)。

(9) 练习过程中，如果觉得疲倦、不适，就应慢慢停下来休息放松，向教师说明理由，不要勉强自己。

(10) 练习前和练习过程中，可适当喝水。

(三) 练习后

(1) 课后饮食：课后约30分钟后进食为宜。

(2) 洗浴：课后约30分钟后方可洗澡。尤其是高血压、眩晕症、心脏不舒适的学生严禁课后30分钟内洗热水澡。因练习瑜伽后人体血液循环加快，以免冷热的温差刺激加重心脏负担。

四、习瑜伽的目的及练习效果

(一) 习瑜伽的目的

瑜伽体系的基本原则是身心的净化。通过体位法改善血液循环，祛除体内废物；通过正常饮食、清净的身心与道德的行为，克服不良习惯与恶劣环境，使人脱离颓废的状态。

(二) 瑜伽的健身效果

矫正脊柱、强化内脏，调节内分泌、延缓衰老，消除紧张、调适身心，增强记忆、开发潜能，增强活力，舒缓压力。

(三) 瑜伽的美容效果

美肤，减肥，塑形，改善体态，提升气质。

(四) 输伽的医疗效果

瑜伽并非医学，不具备治疗疾病的医疗体系，更无意抹杀现代医学的进步和贡献。瑜伽着眼于整体的调理，提高人的自愈力，使全身各部位得到疗愈。如高血压、心脏病、肥胖病、糖尿病、神经病、失眠、便秘、肩周炎、头痛、坐骨神经痛、痛经、神经衰弱、胃下垂等。

注：如身体患有特别疾病，宜先请教医生的意见，获得同意后与瑜伽教练直接沟通交流以配合教练教学进度。

第二节 瑜伽呼吸、冥想及休息术

一、瑜伽呼吸

从瑜伽的角度看，人类身心的问题都来源于错误的呼吸方式、负面的心态情绪和饮食习惯。如果寄全部希望于几个瑜伽动作来从根本上改善身心健康，无异于缘木求鱼。其倡导通过肺进行充分的呼吸，吸气是接受宇宙能量的动作，吸入充足的宇宙能量供给身体，屏气是使宇宙能量活化，呼气是排除体内废气、浊气，去除思考和情感，使身心得到安定。正确的呼吸能够使身体和心灵得到放松，对身心健康有明显的裨益。瑜伽呼吸方法主要有以下三种：

(一) 胸式呼吸法

慢慢吸气时，把气体吸入胸部区域，胸骨、肋骨向外扩张。当吸气量加深时，腹部会往脊椎方向收紧。呼气时，缓慢地把肺内浊气排出体外，肋骨和胸部回复原位。

(二) 腹式呼吸法

腹肌放松，吸气时，通过鼻子缓慢深长地吸气入肺的底部，随着吸气量的增大，胸部和腹部之间的横膈膜下降，腹部内脏器官下移，将空气压入腹部底层，小腹慢慢隆起。呼气时，腹部向内、朝脊椎方向收紧，横膈膜升起，把肺内的浊气完全排出体外，内脏器官恢复原位。呼气时间约是吸气时间的1倍。

(三) 完全呼吸法

完全呼吸法是把胸式呼吸和腹式呼吸结合在一起完成的自然的呼吸方式。

二、瑜伽冥想

(一) 冥想的含义

冥想是瑜伽中最珍贵的一项技法，是实现入定的途径，一切真实无讹的瑜伽冥想术的最终目的都在于把人引导到解脱的境界，从而获得内心的和平与安宁。为了更多地认识克服物质欲念的瑜伽冥想方法，就必须很好地掌握古代瑜伽关于物质自然界三种状态的传统概念，即愚昧无知、激情和善良。

（二）瑜伽冥想的作用

通过瑜伽练习的确有很多好处，这种锻炼能够使得我们身体潜能被最大限度地发挥出来，而且能够改善我们的心理和生理状况，让我们的精神得到放松，甚至练习瑜伽的时间较长之后，会让我们产生一种心灵和肉体相互融合的感觉。

（三）冥想的锻炼方法

1. 随息法

意念呼吸自然出入，心息相依，意气相随，不加干涉，叫随息。

2. 数息法

默念呼吸次数，从一到十到百，实者数"呼"，虚者数"吸"。

3. 听息法

两耳静听自己的呼吸声，排除杂念。

4. 观息法

如观者一样，去观察、体会自己的呼吸。

5. 止息法

通过以上任何一种方法的习练，久练纯熟，形成一种柔、缓、细、长的呼吸。呼吸细若游丝，若有若无。

6. 禅语入定法

默念数遍，体会联想"独坐小溪任水流"的意境。

7. 松静入定法

吸气时默念"静"字，呼气时默念"松"字。

8. 观心自静法

用自己的心去观看、体察、分析自己的思绪杂念，任杂念思绪流淌，不加干涉，久则自归定静。

（四）瑜伽课程中冥想的步骤

(1) 身体姿势规范。规范坐姿有散盘、至善坐、单盘、双盘、金刚坐等。
(2) 意识引导。调整身、心、灵结合统一，调息。
(3) 静心。
(4) 收回意识。将意识引领到课程当中。
(5) 缓解放松。

三、瑜伽休息术

瑜伽休息术是一种简单而有效的放松身心的方法，任何人都可以练习。练习休息术包括 4 个阶段：瑜伽语音冥想、放松身体各部位、瑜伽场景冥想、精力充沛后起身。

准备好瑜伽垫，开始瑜伽休息术。仰躺于垫子上，端正全身，使脊柱伸直、放平。伸直双臂，置于体侧 15° 的位置，双手手心向上，两脚分开约一尺的距离，身体放松，全身以最舒适的状态保持不动，闭上眼睛，然后进行冥想。

注意事项：

(1) 放松身体各部位，可以按照不同的顺序，反复进行，直到彻底放松。

(2) 注意保暖，不要躺在冰凉的地面上，在寒冷处休息需要盖上保暖的毯子。

(3) 不习惯平躺的人，可以在后脑勺处放个小枕头或其他柔软的东西，甚至可坐着进行。

(4) 不要饱餐后做休息术，尤其是在晚上。

第三节　瑜伽基本体位及练习方法

一、基本的瑜伽体位

(一) 基本的盘坐姿势

散盘、至善坐、单盘、双盘、金刚坐。

(二) 基本站立体位

山式站立、呼吸伸展式、摩天式、蹲式、简易拜日式、风吹树式、站立扭转式、树式、三角伸展式、战士一、二、三式、直角式、舞王式、抓趾式等。

(三) 基本坐立体位

蝴蝶式、单腿背部伸展式、动物放松功式、鹿式侧弯式、划船式、推磨式、抱端腿式、半舰式、坐立扭转式、牛面式、鸽子式等。

(四) 基本跪立体位

高跟鞋式、叩首式、猫式、虎式、顶峰、顶峰上抬腿式、云雀式、门闩式、骆驼式、半龟式等。

(五) 基本仰卧体位

船式、蹬自行车式、肩式、肩式上抬腿、仰卧扭转式、十字交叉扭转式、仰卧起坐式、上伸腿式、腿旋转式、犁式、身腿结合式、倒箭式、肩倒立、鱼式、轮式等。

(六) 基本俯卧体位

蛇式、狗式、板式、半蝗虫式、蝗虫式、鱼戏式、鳄鱼式、人身狮面式、板四柱、肘板式、板式平衡、单臂半平衡等。

二、基本体位的功效及练习方法

(一) 基本的盘坐姿势

1. 散盘(见图 7-1)

平坐地上，弯曲左小腿，将左腿叠搭在右腿上，弯曲右小腿，右脚前脚掌尽量向上，双手放于膝上。

2. 至善坐(见图 7-2)

平坐地上，直角坐姿，右腿弯曲，将右脚足跟放于会阴处，脚心贴近左大腿，屈左腿，将左脚叠放在右脚上，左脚跟紧贴耻骨，脚掌放于大小腿之间，脊柱向上延展。

图 7-1　散盘　　　　　　　　　图 7-2　至善坐

3. 单盘(见图 7-3)

直角坐姿，屈左腿将足跟放于会阴处，屈右腿放于左大腿腹股沟处，脊柱向上延展。

4. 双盘(见图 7-4)

直角坐姿，屈左腿将脚放于右大腿上，屈右腿将脚放于左大腿上，双手放于膝上，脊柱向上延展。

5. 金刚坐(见图 7-5)

两膝跪地，将两小腿胫骨和脚背平放于地面，靠拢两膝，两个大脚趾互相交叉，两脚跟向外支出，臀部置于分离的脚跟之间。

图 7-3　单盘　　　　　　图 7-4　双盘　　　　　　图 7-5　金刚坐

(二) 基本站立体位

1. 山式站立(见图 7-6)

功效：拉伸脊柱，扩张胸腔、改善体形，集中注意力。

功法：双脚微打开站于垫子中央，收紧双腿、臀、腹部肌肉，扩胸、展肩，手臂自然垂落，眼睛平视前方。保持 5～8 次(或以上)呼吸。

放松：自然站立放松。

要点：力均匀踩于整个脚掌，不出现过度挺胸、塌腰翘臀的情况，否则容易导致骨盆倾斜。

2. 呼吸伸展式(见图 7-7)

功效：灵活肩关节；修长手臂，消除蝴蝶袖；提高肺活量、丰胸；提升气质，缓解压力。

功法：山式站姿准备。吸气，双臂自体侧上举，掌心相对；呼气，双臂经体侧向下还原。不低于 8 次呼吸。

放松：山式调息放松。

要点：手臂起落完全结合呼吸，吸气起，呼气落。

图 7-6　山式站立

图 7-7　呼吸伸展式

3. 摩天式(见图 7-8)

功效：有助于治愈便秘，用于洁肠瑜伽；有助于脊柱疾病的康复；有助于锻炼脊背，适用于办公室一族。

功法：双脚打开肩宽站立，双手胸前十指交握。吸气，手臂上举，同时足跟抬离地面；呼气，足跟落地、放松手臂。5～12 次呼吸。

放松：山式调息放松。

要点：练习过程中脊柱向上延展，全身呈向上延展状态，尾骨内收，不过度塌腰翘臀。

图 7-8　摩天式

图 7-9　蹲式

4. 蹲式(见图 7-9)

功效：灵活髋关节，滋养骨盆，对妇科有益；加强双踝、双膝、两大腿肌肉力量。

功法：双脚打开一肩半宽，趾尖向外，双手体前自然交叉垂落。

(1) 动态，吸气，脊柱向上延展，呼气，屈膝下蹲，膝盖向外侧舒展，至大腿与地面保持水平。吸气起，呼气落 5～8 次。

(2) 静态，吸气，脊柱向上延展，呼气，屈膝下蹲，膝盖向外侧舒展，至大腿与地面保持水平，保持。吸气，双腿伸直，呼气放松。

(3) 静态，吸气，脊柱向上延展，呼气，屈膝下蹲，膝盖向外侧舒展，至臀低于膝盖，保持。吸气，双腿伸直，呼气放松。

放松：自然站立放松。

练习时长：5～8 次呼吸。

要点：下蹲时上体保持与地面垂直，膝盖尽量外展。不塌腰翘臀。

5. 简易拜日式(见图 7-10)

功效：滋养脊柱，促进脊柱血液循环，此体式锻炼腿部后侧肌肉群，可用于热身、增强腹背力量。

功法：双脚打开肩宽站立，双臂经体前上举，掌心向前。调息，吸气，脊柱向上延伸；沉肩呼气，上体缓慢后弯。吸气，还原站立；呼气，保持直臂直背前倾向下，到达最舒展时放松上体及手臂。调息，吸气，直臂直背还原站立呼气，放松手臂。5～8 次呼吸。

放松：山式调息放松。

要点：① 后弯时不允许推髋。② 高血压、眩晕症、心脏不适的人起落速度要慢或站立时调息。③ 练习过程中尽量保持脊柱延展。

图 7-10　简易拜日式

6. 风吹树式(见图 7-11)

功效：促进胸肋部位血液循环，预防缓解乳腺疾病，减少腰部多余整肉，灵活脊柱。

功法：山式站姿准备，双手胸前合十拇指轻叩，手臂上举贴耳，脊柱向上延展。调息，吸气，脊柱向上延展；呼气，上体向左侧弯曲。吸气，还原站立；呼气，上体向右侧弯曲。吸气，还原站立；呼气，放松手臂。5～8 次呼吸。另一侧同上。

放松：山式调息放松。

要点：① 侧弯时下巴与锁骨始终保持均衡位置。② 侧弯时不推髋向外，身体在同一平面。

7. 站立扭转式(见图 7-12)

功效：锻炼肩膀、背部、腰部肌肉，对于防止腰背疼痛颇具效果，按摩腹内脏器排毒。

功法：双脚打开肩宽，双臂侧平举。吸气，脊柱向上延展；呼气，向右后方扭转，左手轻搭右肩与地面平行，另一只手放于体后，静态保持。

放松：山式站立放松。

要点：充分扭转脊柱，脚趾朝向正前方。

8. 树式(见图 7-13)

功效：集中意识，缓解压力；强化双脚双腿力量；拉伸脊柱，提高平衡感。

功法：山式站立，重心移至右侧，屈左腿，将左脚踩于右大腿内侧，双手胸前合十上举，眼睛注视前方一点，关注呼吸，静态保持。8～12 次呼吸。另一侧同上。

放松：山式站立放松。

要点：主力腿收紧，整个身体向上延伸；练习过程中注意力完全关注自我。

图 7-11 风吹树式　　　　图 7-12 站立扭转式　　　　图 7-13 树式

9. 三角伸展式(见图 7-14)

功效：滋养骨盆，促进排毒；提高双腿柔韧度；瘦腰，缓解坐骨神经痛。

功法：双脚打开两肩宽以上，左脚外转 90°，右脚内扣 60°，双臂侧平举。调息，吸气，脊柱向上延展；呼气，上体向左侧弯，手抓脚踝，右臂上举，转头向上看，静态保持。调息，吸气，还原站立；呼气，落手臂放松。5～8 次呼吸。另一侧同上。

放松：站立闭目，调息放松。

要点：静态保持时，保证双腿伸直不屈，手放于可以触及的位置。

10. 战士一式(见图 7-15)

功效：加强两大腿肌肉力量，瘦腿；扩展胸腔，提高肺活量，丰胸；增强平衡感和注意力。

功法：山式站姿，双脚打开两肩宽以上，右脚外转 90°，左脚内扣，转身向右侧，双手胸前合十上举贴耳，调息。吸气，脊柱向上延展；呼气，屈右膝，大腿与地面水平，小腿垂直地面，保持。调息，吸气，右腿伸直；呼气，落手臂，转回身体。5～8 次呼吸。另一侧同上。

放松：山式站立放松。

要点：上体转动充分。

图 7-14 三角伸展式　　　　　　图 7-15 战士一式

11. 战士二式(见图 7-16)

功效：提高两大腿力量，瘦腿；预防腿部痉挛(抽筋)；增强毅力，提高自控能力。

功法：山式站姿，双脚打开两肩宽以上，右脚外转 90°，左脚充分内扣，双臂体侧平举。调息，吸气，脊柱向上延展；呼气，右腿弯曲至大腿与地面水平，小腿与地面垂直，转头向右看，保持。吸气，右腿伸直；呼气，还原自然。5～8 次呼吸。另一侧同上。

放松：山式站立放松。

要点：保持时上体垂直地面。

12. 战士三式(见图 7-17)

功效：提高身体平衡能力，提高专注力；增强双腿力量，瘦腿。

功法：在战士一式的基础上，上体前倾与后侧腿成为一平面，重心前移，左脚离地，右腿伸直，成"T"形，深呼吸，保持。吸气，还原站立；呼气，放松。5～8 次呼吸。另一侧同上。

放松：山式站立放松。

要点：保持时支撑腿伸直。

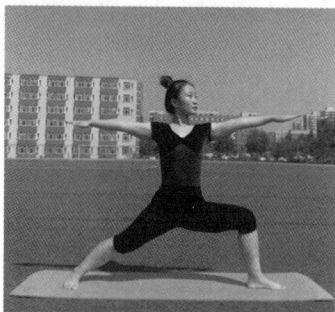

图 7-16　战士二式　　　　　　图 7-17　战士三式

13. 直角式(见图 7-18)

功效：纠正驼背，消除溜肩，提升气质；加强并且放松两腿肌肉。

功法：山式站立，双手胸前十指交握，高举过头。调息，吸气，脊柱向上延展；呼气，上体前倾 90°，保持。吸气，上体平立；呼气，放松。5～8 次呼吸。

放松：山式站立放松。

要点：全身肌肉收紧，重心前移。

14. 舞王式(见图 7-19)

功效：有效锻炼腿部、臀部、肩膀处肌肉，消除多余脂肪；提高身体平衡能力，提升气质。

功法：山式站姿，移动重心向左侧，抬右腿，手抓脚踝，左臂上举。吸气，脊柱向上延展；呼气，上体前倾，右腿向上伸展，保持。吸气，上体直立；呼气，放松。5～8 次呼吸。另一侧同上。

放松：山式站立放松。

要点：练习时上身微前倾，支撑腿保持伸直，大小腿的夹角尽量打开得大一些。

禁忌：膝部有伤的人不能做。

15. 抓趾式(见图 7-20)

功效：提高身体的平衡性、协调性和注意力；加强腿部、臀部肌肉力量。

功法：山式站姿，移动重心向左侧，屈右腿，右手抓脚踝(脚趾)，左臂体侧平举，右腿经前向侧打开，保持。5～10 次呼吸。

放松：山式站立放松。

要点：保持好平衡。

图 7-18　直角式　　　　　　图 7-19　舞王式　　　　　　图 7-20　抓趾式

(三) 基本坐立体位

1. 蝴蝶式(见图 7-21)

功效：对妇科极好的体式，滋养骨盆；纠正月经不调，缓解经期疼痛；消除泌尿功能失调，坐骨神经痛；孕妇练习此体式有助于分娩。

功法：盘坐，双脚脚底相对，双手十指交叉握住前脚掌，尽量将足跟拉近会阴处，挺胸，脊柱向上延伸，在均匀自然呼吸的同时，膝盖上下抖动。至少重复 15 次。

放松：直角坐姿准备。

要点：整个练习过程中，背部保持舒展向上。

2. 单腿背部伸展式(见图 7-22)

功效：按摩腹内脏器，增强消化系统功能；灵活髋关节，舒展腿部后侧；提升性功能。

功法：直角坐姿准备，右脚置于左大腿内侧，膝盖放松，手臂高举过头顶。调息，吸气，脊柱向上延展；呼气，上体前倾，手抓脚。调息，吸气，脊柱向上延展；呼气，腹胸贴腿，保持。8～12 次呼吸。另一侧同上。

放松：婴儿式团抱放松。

要点：背部舒展，左腿伸直。

图 7-21　蝴蝶式　　　　　　　　图 7-22　单腿背部伸展式

3. 动物放松功式(见图7-23)

功效：滋养骨盆，有助于消除盆腔炎症；增强腹背肌肉力量；冥想前的预备功和冥想后的放松功。

功法：盘坐，左足跟靠近会阴处，右腿向体后自然弯曲，上体向左侧转动，肚脐朝向膝盖的方向，双臂经体前上举贴耳。吸气，脊柱向上延展；呼气，直臂直背前倾向下，上体落在大腿上，额头点地，手臂自然放松，深呼吸保持，手臂远伸贴耳。吸气，腹背用力还原直立；呼气，落手臂，转回身体放松。6～12次呼吸。另一侧同上。

放松：基本坐姿调息放松。

4. 鹿式侧弯式(见图7-24)

功效：滋养骨盆，有助于消除盆腔炎症；增强腹背肌肉力量，瘦腰；冥想前的预备功和冥想后的放松功。

功法：在动物放松功式的坐姿基础上，右臂放于体侧，左臂上举。吸气，脊柱向上延展；呼气，右侧弯。吸气，上体还原；呼气，放松。5～8次呼吸。另一侧同上。

放松：基本坐姿调息放松。

要点：上体、手臂尽量在同一平面，不含胸、低头。保持良好的姿态。

图 7-23　动物放松功式　　　　　　图 7-24　鹿式侧弯式

5. 划船式(见图7-25)

功效：增强腰、腹部力量，瘦腰、瘦腹。

功法：直角坐姿准备，双手肩前握拳，调息。吸气，脊柱向上延展；呼气，上体前倾向下同时手臂远伸。吸气，上体后倾，双手至肩前。做自然呼吸。8～12圈。

放松：直角坐姿放松。

要点：收紧腿臀，腰、腹部用力控制身体。

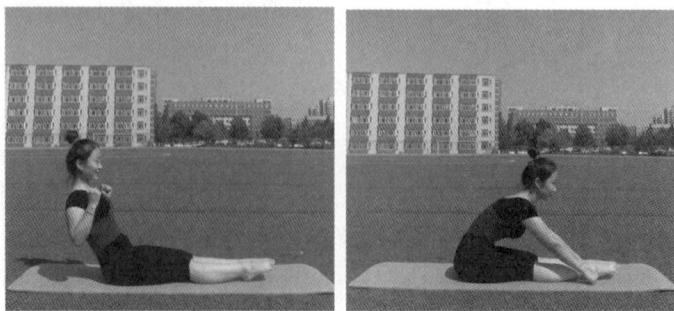

图 7-25　划船式

6. 推磨式(见图 7-26)

功效：增强腰、腹部力量，瘦腰；按摩腹内脏器；促进消化功能，缓解便秘。

功法：直角坐姿准备，双臂体前平举，双手十指交握。结合自然的呼吸，将上体前倾手臂远伸，手臂带动身体向右、向后、向左、向前画圈。正反方向。8～12 圈。

放松：婴儿式团抱放松。

要点：前倾时上体贴于大腿，后倾时幅度要大。手臂始终与地面水平。

7. 半舰式(见图 7-27)

功效：强化双腿、腹背部力量，同时也强壮神经系统、脾脏、肝脏和胆囊；有效瘦腰瘦腿。

功法：直角坐姿准备，十指交叉置于头后。调息，吸气，脊柱向上延展；呼气，上体后倾，同时双腿离地约 45°，深呼吸保持。吸气，上体还原，单次练习 10 秒以上，可重复 3 次。

放松：婴儿式调息放松。

要点：练习时尽力保持腰背挺直，不出现含胸抱头的现象。

8. 坐立扭转式(见图 7-28)

功效：滋养脊柱，扩张胸部；对双肺有益，按摩挤压腹部脏器，改善消化功能。

功法：直角坐姿准备，将右脚放于左膝外侧，右手放于体后延长线上，左肘抵于右胯外侧，手放于大腿上。吸气，脊柱向上延展；呼气，上体右后方扭转，保持腹式呼吸。吸气还原，呼气放松。5～8 次呼吸。另一侧同上。

放松：直角坐姿放松。

要点：脊柱向上延展。

图 7-26 推磨式 　　　　图 7-27 半舰式 　　　　图 7-28 坐立扭转式

9. 牛面式(见图 7-29)

功效：矫正背部，扩展胸部，放松肩关节；使双腿肌肉柔软有弹性，治疗腿痉挛；丰胸。

功法：四脚爬行时准备，右腿经前侧缠绕左腿，小腿打开，臀部坐于地面上，右手向后放于两肩胛骨中间，左臂上举，两手体后相扣。8～10 次呼吸。另一侧同上。

放松：直角坐姿放松。

要点：双膝上下叠罗，臀部完全坐在地上，脊柱延展。

10. 鸽子式(见图 7-30)

功效：伸展大腿、腹股沟和腰肌、腹部、胸部、肩膀以及颈部，全面提高身体柔韧度。

功法：在天鹅式的基础上，左手抓右脚，将足尖放于肘关节内侧，双手相扣，左肘放于头后，转头望向左上方。5～8 次呼吸。另一侧同上。

放松：直角坐姿放松。

要点：不低头含胸，大小腿角度尽量打开，小腿垂直地面。注重气质。

图 7-29　牛面式　　　　　　　　　图 7-30　鸽子式

(四) 基本跪立体位

1. 高跟鞋式(见图 7-31)

功效：强化肺部功能，防止肠胃黏粘；提臀丰胸，灵活脊柱。

功法：金刚坐，双手放于臀部后侧约一掌距离，双手打开肩宽，指尖朝向臀部。调息，吸气，抬头挺胸，呼气，头颈自然后仰，保持。吸气，头还原，呼气，放松。3～5 次呼吸。

放松：大拜式放松。

要点：臀不离开足跟。

图 7-31　高跟鞋式

2. 猫式(见图 7-32)

功效：灵活、滋养脊柱，放松肩颈；减缓痛经，预防子宫下沉；调节内分泌。

功法：四脚爬行式准备，双腿打开与臀部同宽，双臂、大腿垂直地面，脚背贴地。调息，吸气，抬头塌腰翘臀；呼气，低头拱背提腹。吸气，还原脊柱；呼气，放松。动态5～8 次，静态3～5 次呼吸。

放松：大拜式放松。

要点：手臂、大腿均垂直于地面，背部保持水平。大腿保持不动。

图 7-32 猫式

3. 虎式(见图 7-33)

功效：灵活、滋养脊柱；缓解坐骨神经痛；提臀瘦腿；调节内分泌，滋养骨盆；紧致面部及颈部肌肤；适合产后恢复。

功法：四脚爬行式准备，双臂、大腿垂直于地面。吸气，抬头塌腰，左腿向后伸直摆高；呼气，低头拱背，左膝寻找额头，脚尖离地。吸气，还原四脚爬行式；呼气，放松。动态 5～8 次，静态 3～5 次呼吸。另一侧同上。

放松：大拜式放松。

要点：练习中，手臂大腿垂直地面；大腿高摆时，髋保持与地面水平。

图 7-33 虎式

4. 顶峰(见图 7-34)

功效：有助于去除臀部及大腿的皮下脂肪，缓解坐骨神经痛，消除肩肘关节炎，促进头部血液循环，消除疲劳。

图 7-34 顶峰

功法：四脚爬行式准备，双脚打开与臀部同宽，大腿、手臂垂直地面，脚尖回勾，吸气，臀部抬高，双腿伸直，保持；呼气，塌腰沉肩，保持深呼吸 5～8 次，屈膝，放松。

放松：大拜式放松。

要点：手臂、背部成一条直线。

禁忌：高血压、眩晕症、心脏不适的人酌情来做这个体式。

5. 顶峰上抬腿式(见图 7-35)

功效：有助于去除臀部及大腿的皮下脂肪，缓解坐骨神经痛，消除肩肘关节炎，促进头部血液循环，消除疲劳。

功法：在顶峰式的基础上，双脚并拢，将右腿向后伸直摆高，深呼吸保持。呼气，落右腿，屈膝还原。另一侧同上。

放松：大拜式放松。

要点：手臂、背部成一条直线，髋不外翻。

禁忌：高血压、眩晕症、心脏不适的人酌情来做这个体式。

6. 云雀式(见图 7-36)

功效：锻炼胸肋肌肉，丰胸，预防消除乳腺疾病；提高肺活量，灵活脊柱；灵活肩关节，按摩上背部，适合办公室一族；纠正不良体态，提升气质。

功法：金刚坐准备，双臂前平举，吸气，双臂经侧向后向上伸展，抬头挺胸。呼气，手臂还原前平举，低头含胸，坐直，吸气还原，呼气放松。8～12 次呼吸。

放松：婴儿式抱团放松。

要点：肩膀放松。

图 7-35　顶峰上抬腿式　　　　　　　图 7-36　云雀式

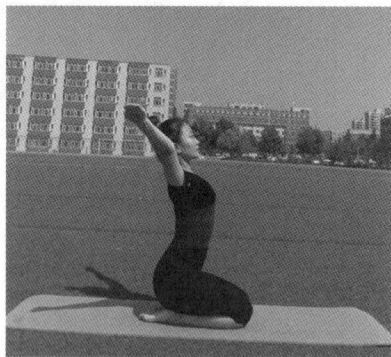

7. 门闩式(见图 7-37)

功效：消除腰围线上的脂肪；增加腹部肌肉力量；消除背部僵硬。

功法：跪立垫子一端，右腿向右侧打开，足弓与左膝在一条直线上，双臂体侧平举。吸气，脊柱向上延展；呼气，右侧弯，右手放于脚踝处，左臂上举，保持。吸气，上体还原，呼气，收回右腿。5～8 次呼吸。另一侧同上。

放松：坐立放松。

要点：大腿垂直地面，髋朝前，膝盖有伤的尽量不做。

8. 骆驼式(见图 7-38)

功效：伸展和强壮脊柱，促进血液循环；纠正驼背和双肩下垂。

功法：跪立，双膝打开同肩宽，脚尖回勾撑地，双手放腰后侧。吸气，脊柱向上延伸；呼气，脊柱缓慢后弯，双手依次抓住足跟，头自然后仰，同时向前推髋，保持。吸气，头回中，双手依次放回腰后侧，上体还原，呼气，放松。5~8 次呼吸。

放松：大拜式放松。

禁忌：腰椎不适者禁做此体式。

图 7-37 门闩式   图 7-38 骆驼式

(五) 基本仰卧体位

1. 船式(见图 7-39)

功效：收腹束腰，按摩腹内脏器，排毒，刺激消化系统。

功法：仰卧准备，双腿并拢，双手置于大腿上，调息。吸气，上体、双腿抬离地面约 30°，双手朝向脚趾的方向，头顶与脚趾尖在同一高度上；呼气，仰卧调息放松。5~8 次呼吸为一组，练习 3 次。

放松：仰卧放松。

要点：腹部收紧，核心力量收紧。

2. 蹬自行车式(见图 7-40)

功效：锻炼腰腹部力量，美化臀形；瘦腿。

图 7-39 船式   图 7-40 蹬自行车式

功法：仰卧，调息。吸气，双腿向上 90°；呼气，模仿蹬自行车蹬转起来。8～12 次呼吸。正反方向。

放松：婴儿式团抱放松。

要点：腿向下时与地面水平，向上 90°。

3. 肩式(见图 7-41)

功效：提高脊柱和肩部的柔韧性，减轻疲劳，丰胸提臀。

功法：仰卧准备，屈双腿双脚打开同臀宽，足跟靠近臀部，脚趾尖朝前，双臂放于体侧。吸气，臀部向上抬起，肩胛骨内收，双手体后交握，保持自然呼吸，呼气放松。5～18 次呼吸。

放松：婴儿式团抱放松。

要点：收紧大腿、臀部、腹部肌肉，练习过程中头颈不随意晃动，避免颈部扭伤。

禁忌：肩颈受伤者不宜练习。

4. 肩式上抬腿(见图 7-42)

功效：提高脊柱和肩部的柔韧性，减轻疲劳，丰胸提臀。

功法：在肩式的基础上，双脚并拢，抬起足跟，将右腿向上垂直地面。5～18 次呼吸。另一侧同上。

放松：婴儿式团抱放松。

要点：收紧大腿、臀部、腹部肌肉，练习过程中头颈不随意晃动，避免颈部扭伤。

禁忌：肩颈受伤者不宜练习。

图 7-41　肩式

图 7-42　肩式上抬腿

5. 仰卧扭转式(见图 7-43)

功效：伸展腹外斜肌和侧腰部肌肉群，缓和腰背腹的紧张和疲劳；按摩腹内脏器，促进肠蠕动，缓解便秘；预防脊柱侧弯、脊柱炎等。

功法：仰卧准备，双腿弯曲，脚掌踩地，左脚置于右膝上，双臂侧平举。调息，吸气，腹部膨胀；呼气，双腿向右侧倒下，右手按压左膝向下，转头向左，左臂左肩紧贴地面，保持腹式呼吸。10 次呼吸以上。另一侧同上。

放松：仰卧放松。

要点：肩和手臂不离开垫子。

6. 十字交叉扭转式(见图 7-44)

功效:伸展腹外斜肌和侧腰部肌肉群,缓和腰背腹的紧张和疲劳;按摩腹内脏器,促进肠蠕动,缓解便秘;预防脊柱侧弯、脊柱炎等。

功法:仰卧准备,双臂体侧平举。吸气,抬左腿向上,右手抓脚趾;呼气,倒向右侧,转头颈向左,保持腹式呼吸。吸气还原,呼气放松。10 次呼吸以上。另一侧同上。

放松:仰卧放松。

要点:肩和手臂不离开垫子。

图 7-43 仰卧扭转式　　　　　　　图 7-44 十字交叉扭转式

7. 仰卧起坐式(见图 7-45)

功效:增强腰腹部力量,有效减少腰围线上的赘肉;灵活、滋养脊柱。

功法:仰卧,双臂高举过头顶。调息,吸气,上体直立坐起;呼气,上体贴靠双腿。吸气,直角坐立,手臂上举;呼气,脊柱逐节放松到地面上。8～12 次呼吸。

放松:仰卧放松。

要点:练习过程中均用腰腹发力。

图 7-45 仰卧起坐式

8. 上伸腿式(见图 7-46)

功效:减少腹部赘肉;刺激消化系统,缓解便秘。

功法:仰卧准备,双腿并拢,双臂放于身体两侧掌心向下。调息,吸气,双腿抬离地面 30°、60°、90°;呼气,双腿慢慢落回地面。单次练习每次 10～15 秒。连续练习 10 次。

放松:婴儿式团抱,闭目调息放松。

禁忌：有腰椎疾病的不宜做此体式，生理期的女士不宜做此体式。

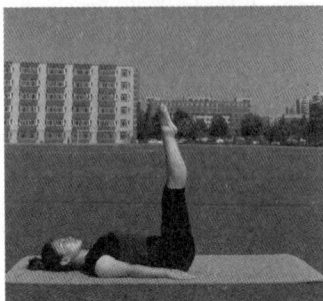

图 7-46　上伸腿式

9. 腿旋转式(见图 7-47)

功效：锻炼腰腹，滋养骨盆，瘦腿、瘦腹。

功法：仰卧在垫子上，抬右腿上举 90°。调息，结合均匀的呼吸，右腿向右贴近地面、向下靠近左腿，向左、向上还原(以大腿根处为支点，右腿直腿画最大的圆圈)。5~8 圈。另一侧同上。每一侧分正反方向。

放松：仰卧放松。

要点：脊柱及髋部尽量贴紧地面；练习过程中双腿伸直，腿尽量画最大的圆圈。

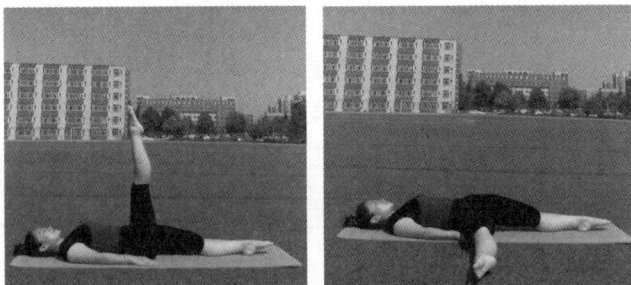

图 7-47　腿旋转式

10. 犁式(见图 7-48)

功效：刺激、促进消化功能，消除便秘；有益于内分泌腺体和生殖器官。

功法：仰卧准备，双腿高举过头，脚尖在头上方触地，背垂直于地面，手抓脚底，保持。5~8 次呼吸。双手辅助背部还原仰卧。

放松：摊尸式放松。

图 7-48　犁式

11. 身腿结合式(见图 7-49)

功效：伸展背部肌肉，刺激脊神经；镇静神经系统、腹部器官，放松心脏、双腿和躯干。

功法：在犁式的基础上，双脚打开同肩宽，弯曲双腿，双膝落地，双臂环抱双腿，保持，呼气缓慢放松。5～8 次呼吸。手可辅助。

放松：摊尸式放松。

要点：头部摆正。

12. 肩倒立(见图 7-50)

功效：促进身体血液循环，增强脑力；改善内分泌，改善不良情绪；滋养面部，有助于缓解哮喘，强健双腿、腰、腹和颈部；因体式上下颠倒，有助于治疗便秘、糖尿病等。

功法：在犁式基础上，双手托腰，缓慢地向上伸直双腿，双腿和上体与地面垂直，收紧腰腹，呼气，放松。

放松：仰卧放松。

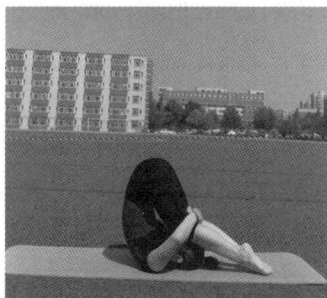

图 7-49　身腿结合式　　　　　　　　图 7-50　肩倒立

13. 鱼式(见图 7-51)

功效：促进消化功能，缓解便秘；对哮喘和支气管炎有益。

功法：仰卧，手臂收靠身体两侧，肘关节支撑，胸部向上抬起，头顶百会穴轻触地。双手胸前合十。调息，吸气，手臂头顶远伸，保持；呼气，手臂落回身体两侧，肘关节支撑，放松身体。5～8 次呼吸。

放松：婴儿式团抱放松。

禁忌：腰椎不适的不要做，颈椎不适的头悬空不受力。

14. 轮式(见图 7-52)

功效：增强血液循环，使头脑清爽，感觉敏锐；伸展和放松脊柱，滋养脊柱；增强腹部肌肉，对内部器官和腺体有益。

功法：仰卧，屈双膝，足跟贴靠臀部，双手放头两边，翻掌心向下，指尖指向双肩。吸气，抬臀部向上，将整个身体向上抬起，手臂伸直；呼气，头颈向后自然放松。吸气，头回中；呼气，身体落于垫子上。双腿伸直，收回双手。5 秒以上。

放松：仰卧放松。

要点：头部向地板低垂，双手、双腿用力向下按。注意力集中在脊柱。

图 7-51　鱼式

图 7-52　轮式

(六) 基本俯卧体位

1. 半蝗虫式(见图 7-53)

功效：滋养脊柱，增强背部力量；提臀，刺激肠胃排毒；舒缓身心，减缓女性烦躁易怒的情绪。

功法：俯卧在垫子上，双腿并拢，双臂放于身体两侧。调息，吸气，左腿向后、向上高抬，屈右腿，左掌放于左膝上靠近大腿位置，深呼吸保持。呼气，放松。5～8 次呼吸。另一侧同上。

放松：俯卧放松。

2. 蝗虫式(见图 7-54)

功效：滋养脊柱，增强背部力量；提臀，刺激肠胃排毒；舒缓身心，减缓女性烦躁易怒的情绪。

图 7-53　半蝗虫式

图 7-54　蝗虫式

功法：俯卧准备，额头点地。调息，吸气，上体、双臂、双腿抬离地面；呼气，还原放松。3～5 次呼吸一次，可练习 1～3 次。

放松：俯卧放松。

3. 蛇式(见图 7-55)

功效：滋养脊柱，按摩腹内脏器排毒；有效预防肾结石，对生殖器官有益。

功法：俯卧准备，双手置于肩的下方。调息，吸气，缓慢地将头、胸、腹依次抬离地面，臀及双腿保持自然放松，深呼吸保持；呼气，将腹、胸、头依次落回垫子。5～8 次呼吸，练习 1～2 次。

放松：俯卧放松。

要点：腰椎、脊柱有疾病的人适度练习，体式起落速度应缓慢。

4. 鱼戏式(见图 7-56)

功效：使肠脏获得伸展，促进消化；放松两腿的神经，消除坐骨神经痛。

功法：仰卧，右臂上举，左腿弯曲，脚掌踩地，身体右侧转，左大腿靠近腹部，右腿伸直，双手十指交叉至于头下。15 秒以上。另一侧同上。

放松：俯卧放松。

要点：用于休息术后的放松，仅右侧。

图 7-55　蛇式　　　　　　　　图 7-56　鱼戏式

5. 鳄鱼式(见图 7-57)

功效：滋养脊柱，锻炼颈椎以及胸椎。

功法：俯卧于垫子上。吸气，抬起上体，双手托腮，保持自然呼吸；呼气，放松。

放松：俯卧放松。

6. 人身狮面式(见图 7-58)

功效：滋养脊柱，锻炼颈椎以及胸椎。

功法：俯卧在垫子上，额头轻点垫子，屈肘，双手放头的两侧。调息，吸气，小臂不动，将头和胸腔抬离地面，保持。

放松：俯卧放松。

要点：大臂与地面垂直。

图 7-57　鳄鱼式　　　　　　　图 7-58　人身狮面式

7. 板四柱(见图 7-59)

功效：强健手臂和手腕。增强腹部力量。

功法：在平板式的状态下屈臂夹肘，使身体位置下降至与地面平行。头顶朝前，使整个脊椎到足跟成一条直线。8～20秒。

　　放松：俯卧放松。

　　要点：充分发挥腹部核心力量，手臂成直角，脚底板垂直地面。

8. 肘板式(见图7-60)

　　功效：强化腹直肌等腹部肌肉群，加强核心肌群的肌肉力量，同时锻炼手臂和腿部肌肉。

　　功法：俯卧准备，小臂支撑于胸前，双手十指交握，双脚脚尖回勾。吸气，腹部双腿抬离地面，收紧腹直肌，夹紧臀大肌，感觉身体像一块板一样，同地面平行，深呼吸保持。呼气，放松。一分钟以上。

　　放松：俯卧放松。

图7-59　板四柱　　　　　　　　　　　图7-60　肘板式

9. 板式平衡(见图7-61)

　　功效：提高平衡性，强化双腿、手臂、肩部和手腕的力量。

　　功法：在板式的基础上，将右腿抬起与地面平行，右臂前平举，保持。呼气，落腿和手臂向下。5～8次呼吸。另一侧同上。

　　放松：俯卧放松。

　　要点：腰腹收紧，不塌腰翘臀。

10. 单臂半平衡(见图7-62)

　　功效：提高平衡性，强化双腿、手臂、肩部和手腕的力量。

　　功法：在板式的基础上，将左手向后放于腰际，保持，呼气放松。另一侧同上。脚打开并拢均可。

　　放松：俯卧放松。

图7-61　板式平衡　　　　　　　　　　图7-62　单臂半平衡

参 考 文 献

[1]　赵灵艳. 瑜伽[M]. 河北：国际瑜伽联盟学院(内部教材)，2015.

[2]　黄秋香. 大学瑜伽课程推广的影响因素及对策[J]. 赤峰学院学报(自然科学版)，2017，33(1):154-156.

[3]　丛林. 普通大学女生瑜伽课程练习效果分析[D]. 北京：北京体育大学，2011.

[4]　吉塔·S. 艾扬格. 艾扬格女性瑜伽[M]. 姜磊，刘娲路，译，海口：海南出版社，2014.

[5]　董海鹰，李卫国. 大学体育与健康[M]. 北京：人民邮电出版社，2011.

[6]　矫林江，丹丹. 经络排毒瑜伽瘦身[M]. 南京：江苏凤凰科学技术出版社，2019.

[7]　布梵. 瑜伽体式全图典[M]. 北京：中国纺织出版社，2019.

第八章　滑　雪

第一节　滑雪运动的起源与发展

　　滑雪运动起源于欧亚大陆北部极度寒冷的地区。最初，由于寒冷的冬天给人们的生活带来不便，为了在这种恶劣的自然环境下求得生存，人们开始用皮带把大片兽骨绑在皮靴上作为滑雪的工具，使得人们可以在浩瀚的林海雪原中任意驰骋、追寻猎物，从事生活、生产活动。据相关史料记载，滑雪起源于北欧的挪威，距今约4000年。也有资料称滑雪运动的发源地是中国与俄罗斯交界的阿勒泰地区。关于滑雪起源，还有一则有趣的传说，说古代瑞典一位残暴的国王穷极无聊，想出了一个处死犯人的新法子：给罪犯双脚分别捆上长树枝，将其从高坡上推下，滑向悬崖，让他最终凌空跃起，重重摔在雪谷之中……想不到，后来有不法之徒在犯罪入狱之前苦练技术，行刑时竟然能平稳地落在地面，并在众目睽睽之下逃之夭夭！后来人们为适应环境及求生避险，逐步发明了雪上交通工具——滑雪板、雪橇及滑雪鞋等。"ski"一词意始于古挪威语 skith，为"雪鞋"之意，指形如窄木舟的滑雪板。古往今来，特定的地理环境必然产生特定的求生方式，滑雪运动与其他起源于欧洲的冰上运动类似，它也是由原始狩猎演变而来，并逐渐成为一种交通方式而在北欧流行开来。

　　1780年，挪威人努尔哈木利用软条制成两侧内弯的滑雪板，形成现代竞技滑雪板的雏形，拉开了竞技滑雪序幕。1877年，在奥斯陆成立了世界上第一个滑雪俱乐部。20世纪初，现代滑雪技术从俄罗斯和日本传入我国东北地区。直至20世纪30年代初，现代滑雪运动才在我国展开。1949年后，党和国家重视滑雪运动的发展。1957年在吉林省通化市江南滑雪场举行了第一次全国滑雪比赛。1959年举行了首届全国冬季运动会。1979年11月国际雪联决定接纳中国为临时会员，1981年5月16日中国为正式会员，1980年2月我国第一次派队参加第13届冬奥会。1984年7月中国滑雪协会正式成立。随着时代的推移、社会的发展，滑雪原有的实用价值已逐渐降低，由于它更贴近自然，贴近生活，被人们广泛接受，演变成了现代的竞技运动和旅游项目。

第二节　滑雪运动的服装与器材

　　滑雪是一项时下非常流行的时尚休闲运动。作为一项迷人的时尚体育运动，滑雪同样需要一定的装备。同时，由于这个项目受气候的影响，因此也对服装有了更高的要求。滑雪运动门类较多，目前可分为高山滑雪、越野滑雪、跳台滑雪、单板滑雪和探险滑雪等，不同的种类对滑雪器材和服装的要求也不同。

一、滑雪服装

(一) 滑雪袜

运动袜是不可以作为滑雪用的，因为运动袜相对容易松懈，而专门的滑雪袜不但保暖还不厚，能让脚更好地适应滑雪靴，如图 8-1 所示。

(二) 手套

一般情况下要准备两双手套，一双加厚手套，一双薄手套，加厚手套在严冬使用，薄手套在初冬或初春使用。要注意两种手套都必须防水。滑雪用的手套不只是套在手上保暖，还要让手指能活动自如，因为在滑雪中，滑雪杖一直要握在手中。因此，滑雪需要既保暖又合适的手套，如图 8-2 所示。

(三) 滑雪镜

千万不要不保护眼睛就去滑雪，或是随便戴一副便宜的太阳眼镜来应付了事。这样做可能会严重伤害眼睛，因为太阳照射的紫外线和雪的反射光线会对眼睛造成极大的刺激。滑雪镜或一副较好的太阳眼镜能够有效减少这种刺激，除此之外，滑雪镜还有防风、防雾的作用，如图 8-3 所示。滑雪镜应具备以下几个功能：① 防止冷风刺激眼睛；② 防止紫外线对眼睛的灼伤；③ 镜面应该是防雾气的；④ 跌倒后眼镜不应对脸部造成伤害。

图 8-1 滑雪袜　　　　　图 8-2 手套　　　　　　　图 8-3 滑雪镜

按以上要求，应该选择全封闭型滑雪镜。这种滑雪镜的外观类似潜水镜，但不把鼻子扣住，外框由软塑料制成，能紧贴面部，防止进风。镜面由有防雾、防紫外线涂层的有色材料制成，这种材料很柔软，用力扭曲只发生变形而不会断裂，以保证镜面受到撞击时不会对脸部造成伤害。另外，在外框的上沿有用透气海绵制成的透气口，以使面部皮肤排出的热气散到镜外，保证镜面有良好的可视效果。戴眼镜的滑雪者在选择滑雪镜时，应选择镜框大一点的滑雪镜，以便能将眼镜全部罩住。

(四) 帽子

滑雪对帽子的要求不高，找一个保暖且能紧包住头的帽子就可以了。最好选择颜色同白色呈鲜明对比的款式，如图 8-4 所示。

(五) 滑雪服

滑雪服可分为两类：连体套衫和两件套衫。图 8-5 所示的连体套衫一般比较合身，将身体包裹得很紧，活动很方便，但相对较薄。最典型的连体套衫就是比赛用的滑雪服，穿上它的感觉就如同人体的皮肤一样，运动员穿上它可以减少阻力，提高成绩；两件套衫是指分开的滑雪上衣和滑雪裤。两件套穿脱方便，并能适应天气变化，但不像连体套衫那样适合身体活动。有的滑雪裤带有背带，是为了起到连体衫的作用。

图 8-4　帽子

图 8-5　滑雪服

二、滑雪器材

(一) 滑雪鞋

滑雪鞋有很多种类，目前市场上较为流行的是前扣式，如图 8-6 所示。滑雪鞋依穿法的不同可分为三种类型。

图 8-6　滑雪鞋

1. 前扣式(Front Entry)

这是最原始的滑雪鞋样式，时至今日仍是竞赛级滑雪鞋的标准类型。现在流行的直排溜冰鞋就很像前扣式的滑雪鞋。前扣式滑雪鞋的外靴在脚踝部位是没有伸缩性的，穿脱都很吃力。也由于鞋扣把小腿到脚背部分都紧紧地包裹起来，膝盖的上下动作可以最完整、同时也最快地传达到滑雪板，这就是中、上级滑雪者都喜好使用前扣式滑雪鞋的原因。

2. 后拉式(Rear Entry)

为解决常规前扣式滑雪鞋穿脱不方便的问题，并且加强滑雪鞋的舒适性与保暖性，人们发明了可以将鞋向后拉大的滑雪鞋。后拉式滑雪鞋除了方便穿脱外，在脚踝部位也设计成可前后活动的样式，如此一来就和我们穿的一般的鞋子几乎没什么两样。对于怕痛的初学者是一大福音，在保养上也很方便。大部分的出租器材都是采用后拉式滑雪鞋。

3. 中置式(Mid Entry)

既要反应灵敏，又要方便舒适，中置式滑雪鞋就此诞生。汇集各家之优点，中置式滑雪鞋采用前扣方式，但它也可以在穿脱时将鞋向后拉大。在敏捷性上中置式滑雪鞋仍要逊于前扣式滑雪鞋，但在舒适性上却与后拉式相当，因此受到不少玩家的青睐。

(二) 滑雪板

滑雪板的种类很多。从长短来分有超长、长、中、短、超短板；从宽度来分有窄板、宽板；从硬度来分有软板、硬板。滑雪板的长度、宽度以及刀刃和材料的硬度决定了滑雪的速度和稳定性。不同的滑雪板有着不同的功能。就长度而言，长度越长，速度越快，越难控制，虽然不稳定，但容易在有冰的区域滑行；相反，长度越短，速度越慢，越容易控制。就宽度而言，宽度越宽，速度越慢，越容易控制，越适合于深雪的地形。

双板如图 8-7 所示，单板如图 8-8 所示。

图 8-7 双板

图 8-8 单板

(三) 滑雪杖

滑雪杖有很多作用，比如辅助推动和转弯，协助保持平衡，帮助滑倒后的站立等。在选择滑雪杖时，一般以本人手臂下垂后肘部距地面的高度作为选择滑雪杖的长度，初学者可选择稍长一点的滑雪杖，待技术提高后，再选择短一些的滑雪杖。滑雪杖上有配带，它可套在手腕上，防止脱落。但是需要提醒的是，初学者使用滑雪杖时，应禁止把配带套在手腕上，以防在摔倒时配带缠绕手腕，引发伤害事故。滑雪杖如图 8-9 所示。

图 8-9 滑雪杖

第三节 双 板 滑 雪

一、双板滑雪的基本站姿

滑雪的基本姿势是平衡的姿势。预备姿势正确是学滑雪的良好开端，开始阶段一定要在一块平坦的雪地进行，体会预备姿势，滑雪板分开，与肩同宽平衡站立，重心落在两脚的脚弓中间，滑雪板均衡受力，踝部略微弯曲，膝部和臀部也要稍微弯曲，背部要挺直、放松，双臂弯曲，手向下伸可至滑雪鞋的前尖，与腰在同一个高度上。摆好姿势后要放松，保持一会儿，然后站直，重复几次。向前或侧向走几步，前倾，用小腿顶着滑雪鞋，再向后倾，感觉将身体的重量压在滑雪板的后部，然后站直，重复几次。这时还可以做一些如膝盖左右环绕、身体下蹲、重心移到前脚趾的动作，适应一下穿上滑雪鞋、滑雪板的感觉。

二、初学者着板平地行走练习

初学者着板行走还是要在平地练习。平地行走，也包括原地滑动。原地滑动的方法：手持滑雪杖原地静止支撑于身体的两侧，固定住左右脚，站稳，前后交叉原地滑动。其目的是让初滑者体验一下滑雪板底面与雪面摩擦的感觉。原地两雪板前后交叉适应后，即可进行平地着板行走练习。平地行走的方法是双手握雪杖放于身体两侧，身体重心略向前倾，行走时可分两个步骤：

(1) 雪板不离开雪面的滑动式行走。

(2) 雪板离开雪面跨步行走，如图 8-10 所示。

图 8-10　平地行走动作

平地行走技术包括前后方向行走、横行、原地行走转圈。

平地前后行走时注意保持双板平行，两支雪板的板头和板尾不能交叉，步幅要小。

平地横向行走是为上坡打基础，步幅要小，保持双板平行。

原地转圈 360° 时，每一步的角度不要太大，以向左转圈为例，左板每走一步，右板跟上的一步要保持与左板平行，板头和板尾不能交叉，否则将会失去平衡以至于摔跤。平地保持平衡比较容易，少有滑动可以顺其自然，不要紧张挣扎导致自己失去平衡。

着板平地行走练习的要领：以大腿带动小腿，小腿和脚再带动滑雪板向前迈步。刚开始平地行走时，要注意步伐小一些，待熟练后再加大步伐。通过这样的练习便会体会到对滑雪板、雪的直接感觉，对下一步学习各种滑行很有益处。

三、横向蹬坡练习

如果可以在斜坡上保持平衡，就可以尝试横向蹬坡了。横向蹬坡可以帮助初学者顺利向上登行，即由山下雪板的内刃和山上雪板的外刃做支撑，轮流交换重心横着向山上蹬行，双手执雪杖自然地在身体两侧点地帮助保持平衡。动作要领：上身要直立，膝盖微弯顶住靴子的前沿以支持身体的重量，双板要平行并与滚落线垂直(要时刻观察滚落线的走向——滚落线要用脑去想象，雪道上并没有)，想象自己是一个球嵌在斜坡上，双膝和髋部往山上方向倾斜，腰部和肩部向山下倾斜，身体呈反弓形，如图 8-11 所示。

四、八字蹬坡练习

八字蹬坡是比横向蹬坡更有效率的一种方法，动作要领：身体正对滚落线，双板的板头宽、板尾窄，呈外八字形状，双膝内旋以使双板的内刃立起与雪面形成夹角，双手在身后执雪杖的杖头支撑(像老人拄拐棍的姿势)，双板轮流交替向上行，滑雪杖在身后自然地轮流支撑，如图 8-12 所示。

图 8-11　横向蹬坡动作　　　　　　图 8-12　八字蹬坡动作

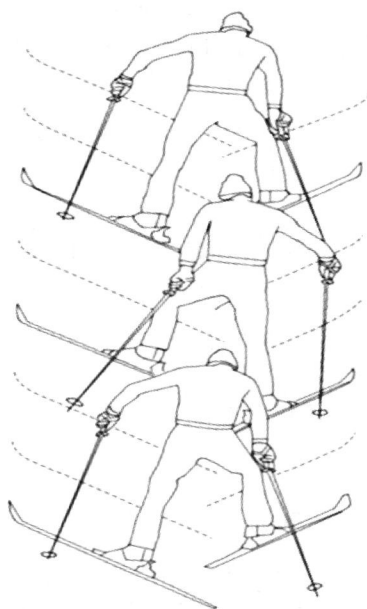

五、正确的摔倒姿势和起身姿势

(1) 正确的摔倒姿势：

身体自然向下蹲，向身体两侧顺势侧倒，在坡道上面应向山上侧倒。不要挣扎，自然滑动，绝对禁止翻滚。

(2) 站起来的方法：

首先要检查一下身体情况，看看有没有受伤。确认一下滚落线的方向，将两只滑雪板向山下平行放置，垂直于滚落线的方向，这时人在滑雪板的上方，滑雪板在下方，双手支撑使自己起身，慢慢站立起来。

六、直滑降技术

直滑降即双板平行，沿滚落线直线下滑。

假设现在站在坡地上面，准备开始直线向下滑行，用滑雪杖支撑使自己顺利地调整板

形，双板平行与肩同宽，正对雪道下方(正对滚落线)，如图 8-13
所示。初学者完成这个动作时，要先把滑雪杖插在山坡下侧，
再将身体撑住，慢慢地移动滑雪板，直到滑雪板指向坡道的指
示方向。滑行时，滑雪杖支撑出发后，要自然放于身体大腿两
侧，杖尖置于身后侧下方距地 30 厘米左右，前后滑雪板略呈八
字形，身体重心前移，踝关节、膝关节和腰部同时配合向前发力。
腰顶住膝关节，膝关节顶住踝关节，上身的重心位置跟随着滑雪
板前进的重心位置移动，身体不要后坐，也不要过度前倾，目视
前方。身体的重量会使身体徐徐下滑，直到平地时自然减速停止。

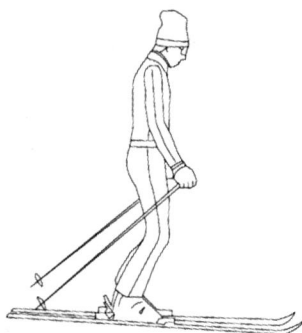

图 8-13　直滑降动作

　　动作要领：上身直立，头部抬起目视前方，不要紧盯自己
的滑雪板，注意观察周围情况，肩部放松，胳膊前伸，双手握
滑雪杖，手的高度在髋部左右，滑雪杖头垂在身后，膝盖微屈，感觉胫骨微微压迫滑雪靴
的前壳，滑雪板平放在雪道上，身体随着滑雪板滑行。哈腰撅臀和后坐都是错误的姿势。

　　值得注意的是，下滑的高度及越来越快的速度容易引起初学者的恐慌，导致技术动作
变形甚至受伤。紧张的根源是害怕，所以记住要放松，放松胳膊，使身体重心前倾，而不
要重心滞后，这样就可以控制滑雪板了。如果还是觉得害怕，那就干脆向身体的两侧坐倒
或做出犁式制动以减速。一切以自身和他人安全为前提。

七、犁式滑降技术

　　选一条长一点(500 米)、坡度缓一点(5 度)、宽度大一点(50 米)、经雪道机修整过的滑
雪道。穿戴好滑雪装备，在原地由双板平行开始，将两只滑雪板的后部向外推出，呈内八
字状，膝盖向前向内顶，上身稍向前倾，两脚平均负担体重，
靠两脚后跟的外展和两腿的伸蹬推开两只滑雪板的尾部，身体
两侧完全对称。两只滑雪板形成的角度越大，阻力就越大，滑
行也越慢，反之阻力就变小，滑行就加快。在滑行中需要不断
地改变这种角度的大小，以体验由此带来的速度变化。初学者
可将此技术用于滑降中的减速和停止。此阶段的主要任务是将
滑降中的加速运动控制为匀速运动或减速运动，可在原地练习
的基础上进行不同坡度的练习。

图 8-14　犁式滑降动作

　　注意事项：蹬开滑雪板后，两滑雪板不是等腰三角形。因
为蹬出的力量与幅度不均等，应该通过反复练习掌握用力的方
法和两滑雪板对雪面的均等推力。滑行时，两只滑雪板板头不
要交叉，如图 8-14 所示。

八、初学者的刹车方法(犁式制动)

　　犁式制动就是刹车，如图 8-15 所示，将滑行的速度完全降下来并停止。犁式制动是一
种非常有效的技术，可以用来停止滑行、减速、控制滑行和转弯，甚至有些高级滑雪者在
天气恶劣时或者在狭窄的雪道上也采用这种技术。练习犁式制动要从平缓的斜坡开始，随

熟练程度增加坡度。

　　犁式制动是在直滑降的过程中完成的，方法是：上体放松，手握滑雪杖头在身前髋部的高度，滑雪杖垂在身后，身体重心在前脚的内侧，不能后坐，在滑行中使双板的板尾打开呈"V"字形，即八字形，髋部的重量均匀地分布在两支滑雪板上，双膝和踝关节内旋以使两支滑雪板的内侧立起，形成楔子嵌入雪中，加大阻力，从而使自身下滑的速度减缓并最终停止。

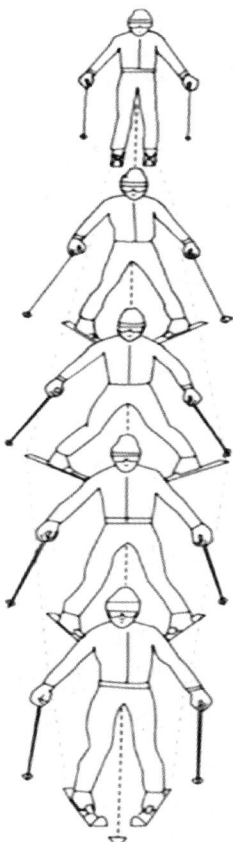

图 8-15　犁式制动

参 考 文 献

[1]　贺慨. 滑雪[M]. 北京：北京体育大学出版社，2009.

[2]　单板滑雪编辑部. 单板滑雪从入门到精通[M]. 北京：人民邮电出版社，2019.

[3]　凯文·瑞安. 单板滑雪完全指南[M]. 贡英桐，汤璐，魏楚楚，译. 北京：北京科学技术出版社，2019.

[4]　韩晓鹏. 跟奥运冠军学滑雪[M]. 北京：电子工业出版社，2018.

[5]　祖培广. 滑雪入门教程[M]. 北京：人民邮电出版社，2018.

[6]　李相如，单兆鉴. 教你学滑雪[M]. 北京：金盾出版社，2014.

第九章 篮 球

第一节 篮球运动概述

篮球运动是一项集体性、综合性、围绕高空展开立体型攻守对抗的活动性游戏，它起源于人类劳动生存过程，是社会文化进步的反映。由于篮球游戏简易而有趣，可以变换方式组成丰富多彩的活动，吸引人们参与，从而达到愉悦身心、健身强体进而推动社会文明进步，充实人们业余文化生活的目的。现代篮球运动，已完善发展成为一项融科技、文教和技艺为一体的国际性大众竞技体育运动。

一、篮球运动的起源与发展概况

篮球运动是由美国马萨诸塞州斯普林菲尔德市(即春田市)基督教青年会干部训练学校的体育教师詹姆斯·奈史密斯(James Naismith)于1891年发明的。当时他受当地青年摘桃扔入桃筐的活动性游戏的启发，即在一块场地的两端设置两个竹制桃筐，展开投篮比赛，这便是篮球运动的雏形。

后来奈史密斯将在室外开展的篮球游戏移至室内，并将桃筐悬挂在室内两侧离地面约3.05米高的墙壁上，以足球代替其他物体向篮筐中投掷，展开攻守对抗的游戏比赛。最初，由于篮筐底部是封闭的，投进的球不能下落，故每当球满后，便要架梯攀上将球取出，开展活动十分不便。之后很快将篮筐底部去掉，并将悬挂在墙壁上的篮筐安装在特殊的立柱架上，移至场地两边进行游戏比赛，为了避免将球投掷到场外远处，影响观看者，曾在篮筐后部设有挡网，有些还用网形装置罩住整个场地，类似一个大网笼。因此，有些国家和某些版本的书刊上仍将篮球运动称为笼球运动。正是由于这种活动的游戏性和趣味性较强，有较好的健身作用，所以在游戏的基础上充实了活动内容，制定了某些限制性规则，并不断改革比赛方式，从而逐步形成了现代篮球运动。

二、现代篮球运动的特点

篮球运动与其他球类运动的区别在于活动都是围绕着能将篮球更快、更准、更多地投进高空篮筐，以及阻止对手将篮球投进高空篮筐中而展开的。自篮球运动创建百余年来，国际篮球组织及各国篮球界人士不断研究探索，提出了种种新观点，出现了多种新技术、新战术，使篮球运动内容更丰富，活动更富于魅力。透过现代篮球运动的活动形式，探究其本质，可概括为以下几个特点：

(一) 空间对抗性

与其他球类项目相比，篮球运动有其特殊的高空运动规律，即为了争夺球与空间的控制权，篮球比赛的双方运用不同战术阵形与技术手段开展立体型的进攻和防守，并不断进行攻、守转换。

(二) 内容多元化

现代篮球运动内容呈多元化发展趋势，有其独特的理论体系和技术战术体系，已成为一门综合性体育学科。其内容涉及哲学、军事学、政治学、经济学、决策学、管理学和科学的专项理论基础。其中科学的专项理论包括体育学、教育学、心理学、训练学、伦理学、逻辑学和相关的生理学科(如选材学、创伤学、营养学、保健学等)。另外，还有对教练员、运动员的智能潜力、特殊的运动意识、气质、身体形态条件、生理机能、心理修养、意志品质、道德作风、专项技术水平与战术配合意识及其实战能力等的研究。从而使篮球运动的学科发展更趋科学化、独特化，更具现代意识。

(三) 多变、综合性

篮球运动是在由低级到高级、去粗取精的动态中发展进化的，至今已成为一项综合竞技艺术。篮球比赛过程较其他球类项目复杂、技术动作繁多、战术形式多样。优秀运动队伍和明星队员在篮球比赛过程中采用的篮球技术、战术已达到艺术化的程度，使比赛过程充满生气和活力；而围绕空间瞬时变化展开的争夺，反映出个体单兵作战与集体协同配合相结合、空间攻守与地面攻守相结合、空间与时间相结合，以及拼抢与计谋、技艺相结合的综合性技术、战术特点。

(四) 健身、增智性

根据体育运动的项群分类理论，篮球运动属综合性的非周期性的集体运动，这是由其运动内容结构的多元性和竞赛过程的多变性、综合性特征所决定的。所以，从事篮球运动有助于培养活动者的综合素质，增进身体健康，活跃身心，增长知识；对锻炼人的综合才干、开发人的智慧、培养优良的道德品质和顽强的意志作风都起到积极影响。

(五) 启示、教育性

从社会学的角度来说，篮球运动是一项有广泛群众基础和特殊社会影响的体育项目，篮球竞赛和各种篮球活动过程中充满教育因素。因此，它对提高参与人员素质、活跃社会文化生活、促进社会交往、增进国家与民族的自尊自强都有积极的教育价值。

(六) 职业、商业性

自 20 世纪 90 年代国际奥林匹克委员会允许职业篮球运动员参加奥运会篮球赛后，篮球运动在世界范围内的职业化和商业化进程进一步加速。特别是在亚洲，中国、菲律宾、韩国、日本及中国台湾地区都相继成立或筹划成立了职业篮球队或职业篮球俱乐部，这对亚洲和世界篮球运动的进一步发展起到了催化作用。这种职业化和商业化的发展趋势已成为现代篮球运动的重要特点。

第二节　篮球运动的基本技术

本节讲解了篮球的进攻和防守技术，阐述了移动、投篮、传球、接球、运球、抢篮板球、防守等基本技术。

篮球技术分为进攻和防守两大部分，进攻技术有传球、接球、运球、持球突破、投篮等，防守技术有防守对手、抢球、打球、断球、盖帽等。此外，移动、抢篮板等技术的攻防含义皆有。

一、移动

移动是篮球运动中队员为了改变位置、方向、速度和争取高度、空间所采用的各种脚步动作方法的总称。

篮球比赛是在长 28 米、宽 15 米的场地上进行的，双方队员攻守交替、互相争夺，力争更多地把球投入对方球篮，而不让对方投中本方球篮。为了达到这一目的，双方队员必须在球场上不停顿地移动，来寻找投篮机会或阻止对方投篮，争取进攻和防守的主动权。因此，移动技术是完成各项技术动作的基础，也是实现篮球战术目的的重要因素。

移动技术分类：准备姿势、起动、跑(放松跑、变向跑、变速跑、侧身跑、后退跑)、跳(双脚跳、单脚跳)、急停(跨步急停、跳步急停)、转身(前转身、后转身)、步法(跨步、滑步、后撤步、绕前步、攻击步)。

二、投篮

按照持球方法的不同，可分为双手投篮和单手投篮；依据投篮前球置于身体部位的不同，可分为胸前、肩上、头上等不同的投篮动作；根据运动员投篮时移动形式的不同，又可分为原地、行进间和跳起投篮。

(一) 原地双手胸前投篮

如图 9-1 所示，两脚左右或前后站立，两膝微屈、两脚脚跟略离地面，上体稍向前倾，两手手指自然张开，握球两侧略后的部位，两拇指相对成八字形，掌心空出，持球于胸前，屈肘靠近身体。投篮时，两脚蹬地身体伸展，同时两臂向前上方伸出，拇指向前上方用力推送，手腕稍外翻，使球从拇指、食指、中指指尖投出，球向后旋转飞行。

原地双手胸前投篮

图 9-1　原地双手胸前投篮

(二) 原地单手肩上投篮(以右手为例)

如图 9-2 所示，右手五指自然分开，手心空出，用指根以上部位持球，大拇指和小拇指控制球体，左手扶球的左侧，右手屈肘，肘关节自然弯曲，置球于右肩上方。投篮时，下肢蹬地发力，右臂向前上方伸直，手腕前屈，食指、中指用力拨球，通过指端将球柔和地送出。球出手的同时，身体随投篮动作向前伸展。

原地单手肩上投篮

图 9-2 原地单手肩上投篮

(三) 行进间单手低手投篮(以右手为例)

如图 9-3 所示，在跑动中接球或运球突破上篮时，应先跨右脚接球或拿球，接着第二步跨左脚起跳，左脚跨的步子稍小一些(已能掌握基本动作者，其左脚跨出的步子大小，可根据对方防守的情况和进攻的需要选择)，右腿屈膝上抬，身体上升到最高点时，右臂向上伸或向前上方伸，掌心向上，用手指和手腕的力量，将球上拨。

行进间单手低手投篮

图 9-3 行进间单手低手投篮

(四) 运球急停跳投(以右手为例)

如图 9-4 所示，在快速运球中，用一步或两步的方式接球停步，两膝微屈，身体重心下降，迅速蹬地起跳，同时两手迅速举球于右肩上。当身体接近最高点处于稳定的一刹那，迅速向上伸臂，用右手的手腕和手指的力量将球投出。

图 9-4 运球急停跳投

(五) 投篮口诀

投篮要领肩肘手，发力从腿往上走。提肩抬肘腕下压，球往回转中指发。

三、传球、接球

(一) 传球基本技术

1. 双手胸前传球

如图 9-5 所示，两手五指自然分开，拇指相对成八字形，用指根以上部位握球的两侧后下方，掌心空出，两臂自然弯曲于体侧，将球置于胸前。肩、臂、腕肌肉放松，两眼注视传球目标，身体成基本姿势。传球时，后脚蹬地，身体重心前移，同时两臂前伸，手腕由下向上翻转，同时拇指用力下压，食、中指用力弹拨，将球传出。双手胸前传球是一种最基本、最常用的传球方法，具有准确性高、容易控制、便于变化的优点。

双手胸前传球

图 9-5　双手胸前传球

2. 单手肩上传球(以右手为例)

如图 9-6 所示，原地右手肩上传球时，两脚前后开立，左脚在前，侧对传球方向，右手肩上托球于头侧，掌心空出，以转体、挥臂、甩腕以及手指拨球的力量将球传出。单手肩上传球是一种中远距离的传球方法。其特点是传球力量大、速度快、距离远，在长传快攻和突破起跳分球时经常采用。

图 9-6　单手肩上传球

3. 单手体侧传球(以右手为例)

如图 9-7 所示，两脚开立，两腿微屈，双手持球于胸前。传球时，左脚向左跨步的同时将球移至右手引到身体右侧，出球前一刹那，持球手的拇指在上，掌心向前，手腕后屈，出球前臂向前做弧线摆动，当球摆过身体右前方时，迅速收前臂，用手腕、手指的力量将球传出。

单手体侧传球

该技术的特点是隐蔽、动作快而幅度小。

4. 反弹传球

反弹传球是一种近距离较隐蔽的传球方法,是小个队员对付高大防守者的有效传球手段。反弹传球的方法很多,如单、双手胸前反弹传球,单手体侧反弹传球,单手背后反弹传球等,都可通过地面反弹传球给同伴。尽管其动作方法与各种传球相同,但运用反弹传球时要掌握好球的击地点,一般应在传球者距离接球者 2/3 的地方。当防守自己的对手距离自己较远,而传球的距离又较近时,可向防守者的脚侧击地传出。球弹起的高度一般在接球人的腰部为宜。

图 9-7 单手体侧传球

(二) 接球基本技术

接球时眼睛要注视来球,肩、臂都要放松,手臂应迎球伸出,手指自然分开。当手指触球时,屈肘,臂后引,缓冲来球的力量,两手握球,保持身体平衡,以便做下一个动作。

1. 接反弹球

掌心要向着来球反弹的方向,屈膝弯腰并向前下方伸手迎球,五指自然分开成上、下手接球动作。在球刚刚离地弹起时,手指触球将球接住。接球后手腕迅速向上翻,持球于胸腹前保持身体平衡,呈基本站立姿势。

2. 接球后急停

安全接球后急停已成为进攻技术的基础。要点是正确运用转入下次进攻的衔接点,但注意不要犯带球走违例的错误。

3. 摆脱接球

摆脱接球是抢先一步接球的动作。为了安全而准确地接球,无球队员以切入、策应等技术配合创造接球机会。

4. 传球口诀

双手持球呈八字,伸臂抖腕肘要直。球传直线到胸前,切记双手向外挤。

四、运球

运球不仅是个人摆脱防守进攻的有力手段,而且还是组织全队进攻战术配合的重要桥梁。下面介绍几种主要运球技术。

(一) 身前换手变换方向运球

如图 9-8 所示,右手运球向左侧做变向时,右手拍球的右侧上方,使球从右侧反弹向左侧,同时右脚向左侧前方跨步,侧右肩向

身前换手变换方向运球

前，并迅速用左手拍球的正后方继续运球前进。左手运球向右变向时，则与右手动作相反。该运球技术的特点是便于结合假动作，变化突然，易造成防守者错误判断，伺机运、传，从左至右、从右至左改变方向地运球。以娴熟的左、右假动作和反弹高运球突然降低至30～50厘米低运球来控制身体重心是诀窍。

(二) 胯下运球

如图 9-9 所示，胯下运球是一种使球穿过两腿之间来改变运球方向的运球技术。近来有更多使用胯下运球技术的倾向。其理由是两腿可以保护球，且可以安全转换方向，使得防守者的手难以够着。

(三) 后转身运球

如图 9-10 所示，身体左侧对着防守者，左脚在前作中枢脚，右手左、右后侧运球或向后运球，同时做后转身，换左手拍球的后上方运至左侧，右脚落地贴近防守者的右侧(脚尖向前)，然后运球继续前进。该运球技术的特点是转身时便于保护球、改变球的路线幅度大、攻击力强、灵活多变。

后转身运球

图 9-8　身前换手变换方向运球　　　图 9-9　胯下运球　　　图 9-10　后转身运球

(四) 运球急停急起

如图 9-11 所示，急停时，两腿屈膝前后开立，跨出第一步时，身体稍后仰。同时，按拍球的上方，降低球的反弹高度，使球在原地反弹，同时降低身体的重心，用腿和异侧臂护球。急起时，拍球的后上方，身体重心移至前脚掌，同时后脚迅速蹬地跨出超越防守者，迅速向前推进。该运球技术的特点是动作突然、起动快、线路多变、攻击力强、易摆脱防守。

图 9-11　运球急停急起

(五) 运球口诀

运球全凭双手控，大臂下压要放松，手呈弧形掌心空，手腕灵活指拨动。

五、抢篮板球

抢篮板球分为抢进攻篮板球和防守篮板球两种。

(一) 抢进攻篮板球

当同伴或自己投篮时，处在近篮的进攻队员首先应判断球的反弹方向，然后向相反方向的侧前方跨步，利用身体虚晃的假动作，诱开身前的防守队员，绕跨挤到对手的前面或侧前方，抢占有利位置，借助跨步或助跑起跳，跳至最高点补篮或抢篮板球。

(二) 抢防守篮板球

如图 9-12 所示，当进攻队员投篮出手后，首先应注意对手的动向，并根据当时与进攻队员所处的位置和距离，运用上步、撤步和转身抢占有利位置，把进攻队员挡在身后，与此同时还要判断球的落点以准备起跳。

图 9-12　抢防守篮板球

(三) 篮板球口诀

后场篮板：对方出手先背人，防止冲抢要留神。判断落点和角度，起跳果断要迅速。
前场篮板：前场篮板必冲抢，判断高度和方向，摆脱防守争位置，起跳迅速有力量。

六、防守

(一) 防守无球队员

防守队员应站在对手与球篮之间的内侧，保持与对手适当的距离和角度，做到以人为主，人球兼顾，使对手和球处于自己的视野之内，随对手的动作积极跟进移动，调整防守位置，堵截其移动和接球的路线，手臂配合做出伸出、挥摆、上举等动作，干扰对手接球，争取抢、断球。

1. 防纵切

如图 9-13 所示，A 传球给 B，a 及时偏向球侧错位防守，当 A 向篮下纵切要球时，a

应抢前防守，合理运用身体堵住对方的切入路线，同时伸臂封锁接球，迫使对手向远离球的方向移动。

2. 防横插

如图 9-14 所示，A 持球，C 欲横插过去要球，c 应上步挡住对手，并伸臂不让对手接球，用背贴着对手，随其移动到有球一侧。

3. 防溜底

如图 9-15 所示，A 持球，C 溜底的时候，c 要面向球滑步移动，至纵轴线时，迅速上右脚前转身，错位防守，右臂伸出不让对方接球。

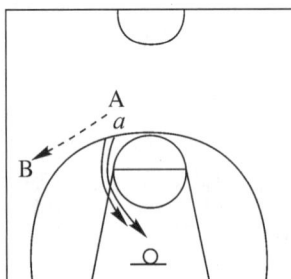  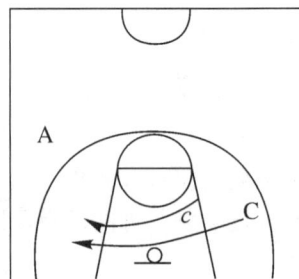

图 9-13　防纵切　　　　　图 9-14　防横插　　　　　图 9-15　防溜底

(二) 防守持球队员

当对手接球后，迅速调整防守位置和距离，占据对手与球篮之间的有利位置，还要与对手保持适当的距离(一臂左右)。一般来说，离球板远则远，近则近，并根据对手的特点(投篮或突破)而有所调整。防守持球队员在离球篮近时采用贴近的攻击步防守，离球篮远时则采用平步防守，无论采用哪一种防守，都要积极移动，阻截和干扰对方传球、投篮，同时伺机抢、断球。

(三) 防守口诀

防守人球要兼顾，快速移动靠滑步，左右上下配合好，致使对手来失误。

第三节　篮球运动的基本战术

本节介绍篮球的基本配合、快攻与防守快攻、攻防半场人盯人等基本战术。

一、基础配合

(一) 进攻基础配合

进攻基础配合是指两三名进攻队员为了创造投篮机会，合理运用技术而组成的合作方法。

1. 传切配合

传切配合有两种，分别为一传一切配合和空切配合。

(1) 一传一切配合。如图 9-16 所示，A 传球给 D 后，立刻摆脱对手 a 向篮下切入，接

D 的回传球投篮。

(2) 空切配合。如图 9-17 所示，A 传球给 D 时，C 突然切向篮下接 D 的传球投篮。

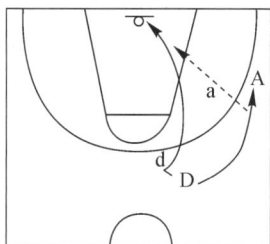

图 9-16　一传一切配合　　　　　　图 9-17　空切配合

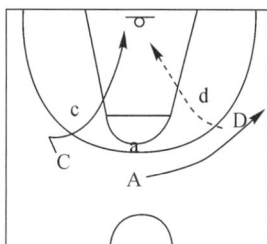

2. 突分配合

突分配合是指有球队员持球突破后，主动地或应变地利用传球与同伴配合的方法。其要求是：突破动作要突然、快速，在突破过程中，要随时观察场上攻、守队员行动和位置的变化，既要做好投篮的准备，又要及时、准确地传球给同伴。其他进攻队员要掌握时机及时跑到有利于进攻的位置上接球。

3. 掩护配合

掩护配合是指掩护队员采用合理的行动，用自己的身体挡住同伴的防守者的移动路线，使同伴得以摆脱防守，或利用同伴的身体和位置使自己摆脱防守的一种配合方法。掩护配合的形式根据掩护的位置和方向不同，分为前掩护、后掩护、侧掩护三种。

(二) 防守基础配合

防守基础配合是指两三名防守队员为破坏对方进行配合，或当同伴防守出现困难时，及时互相协作行动的方法。以下是几种常用的配合：

1. 关门配合

"关门"是指两个防守队员靠拢协同防守突破的配合方法。如图 9-18 所示，当 B 从正面突破时，a、d 与 d、c 进行关门配合。

关门配合的要求是，防守队员应积极堵住进攻者的突破路线；临近突破一侧的防守队员要及时向同伴靠拢进行"关门"，不给突破者留有通过的空隙。关门配合也适用于区域联防。

2. 夹击配合

夹击配合是指两个防守队员积极防守一个进攻队员的配合方法。如图 9-19 所示，A 从底线突破，a 封堵底线，迫使 A 停球，d 同时向底线迅速跑去与 a 协同夹击 A，封堵其传球路线，迫使其违例或失误。

夹击配合要正确地掌握夹击的时机和区域。行动要果断，出其不意。在形成夹击时要用身体和腿部限制进攻队员的活动，用手臂封堵传球或接球，但要避免不必要的犯规。

3. 补防配合

补防配合是指防守队员在同伴漏防时，立即放弃自己的对手，去补防那个威胁最大的进攻者，而与漏人的防守队员及时换防的一种协同防守方法。如图 9-20 所示，D 传球给 A，突然摆脱 d 的防守直插篮下，此时 c 放弃 C 的防守进而补防 D，d 再去补防 C。

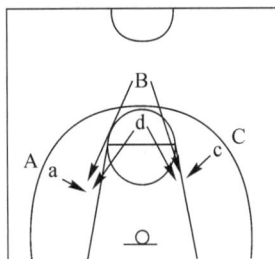

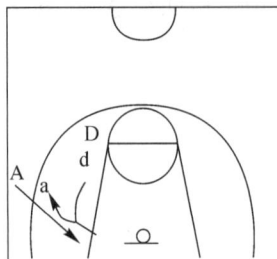

图 9-18　关门配合　　　　　图 9-19　夹击配合　　　　　图 9-20　补防配合

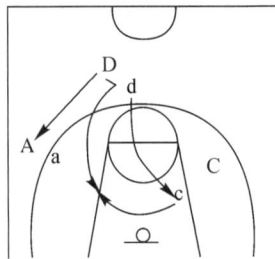

二、快攻与防守快攻

(一) 快攻

快攻是由防守转入进攻时，趁对方未站稳阵脚之前，抓住战机以最快的速度、最短的时间，果断而合理地发动攻击的一种速决性配合战术。发动快攻的时机是在抢获后场篮板球、抢球、断球和跳球获球后。快攻的形式有长传快攻、短传和运球结合快攻等。

1. 抢后场篮板球长传快攻

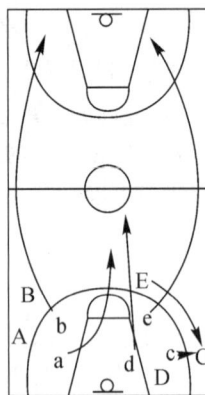

如图 9-21 所示，D 抢到后场篮板球后，首先观察场上的情况，寻找长传快攻机会。B 和 C 判断 D 有可能抢到篮板球时，便立即起动快下，争取超越防守队员接 D 的长传球投篮。

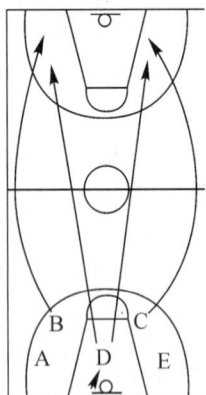

2. 断球长传快攻

如图 9-22 所示，c 断球后，看到 b 已快下，可立即传球或运球后传球给 b 投篮。

图 9-21　抢后场篮板球长传快攻　　　　图 9-22　断球长传快攻

3. 短传与运球结合快攻

短传与运球结合快攻是指队员在后场获球后，利用快速的短传球和运球推进相结合的方法迅速推进到前场进行攻击的一种配合战术。其特点是参加人数多、机动灵活、层次清楚、容易成功，但对队员配合的技巧要求较高。

(二) 防守快攻

篮板球是发动快攻的主要先决条件之一，积极地与对方争抢前场篮板球是防守快攻的重要步骤。

(1) 有组织地、积极地堵截对方发动快攻的第一传，是防守快攻的关键。

(2) 防守快下队员。快下队员是对方长传快攻的主要成员，如果快下队员接到球，将给防守造成极大的困难。因此，当对方抢获篮板球时，外线队员要迅速退守，在退守过程中，控制好中路，堵截快下路线，紧逼沿边线快下的进攻队员，切断对方长传球的路线。

(3) 提高以少防多的能力。当对方发动快攻并迅速地向前场推进时，防守队往往来不及全部退防，出现以少防多的局面。提高一防二、二防三的能力，重点防篮下，为同伴回防赢得时间，这就必须提高个人防守能力，以及同伴之间的相互补防能力。

三、攻防半场人盯人

(一) 人盯人防守战术

该战术是在由攻转守时，放弃前场的防守，全队迅速退回后场，每人盯住自己对手的配合方法。它以个人防守为基础，综合运用挤过、穿过、交换、关门、夹击等几个人之间的防守基础配合所组成的全队战术。

1. 防守要点

人盯人防守要从由攻转守时开始。此时，每个队员都要快速退向自己的后场，立即找到对手，形成集体防守；要根据对手、球、球篮选择有利位置，做到球、人、区兼顾，与同伴协同防守。

2. 防守原则

"以球为主，人球兼顾""有球紧，无球松""近球紧，远球松"，积极移动，抢占有利位置。

3. 运用时机

半场紧逼人盯人(扩大)防守主要用于对付外围远投较准、内线篮下进攻能力和后卫控制球能力相对较差的对手，而本队需要扩大战果，争抢时间；半场松动人盯人(缩小)防守用于对付中、远距离投篮不准，内线篮下攻击能力较强的对手，而本队得分已占优势，只需保持体力再扩大战果。

(二) 进攻人盯人防守战术

进攻人盯人防守是根据人盯人防守战术的特点，从每个队员的具体实际出发，综合运用传接球、投篮、运球、突破等个人技术动作和传切、掩护、策应等几个人之间的战术基础配合所组成的一种全队进攻战术。

进攻人盯人战术的要点为：由守转攻后，要迅速到位。

参 考 文 献

[1]　景龙. 我要打篮球[M]. 南京：江苏凤凰科学技术出版社，2018.

[2]　王志国.青少年篮球基本功训练口诀[M]. 武汉：湖北科学技术出版社，2018.

[3]　日高哲朗. 篮球战术图解跑位篇[M]. 徐冬羽，译. 北京：人民邮电出版社，2017.

[4]　日高哲朗. 篮球战术图解组织打法篇[M]. 徐冬羽，译. 北京：人民邮电出版社，2017.

[5]　中国篮球协会. 篮球规则[M]. 北京：北京体育大学出版社，2019.

[6]　曲京. 青少年篮球人才的培训与实训[M]. 北京：中国书籍出版社，2016.

[7]　哈尔·威赛尔. 篮球运动技术从入门到精通[M]. 张明，译. 北京：人民邮电出版社，2016.

[8]　戴蒙·伯顿. 教练员必备的运动心理学实践指南[M]. 陈柳，译. 北京：人民邮电出版社，2017.

第十章　排　　球

第一节　排球运动概述

认识排球运动

一、排球运动的起源

排球(Volleyball)运动起源于美国，由 1895 年美国马萨诸塞州霍利约克市一位叫摩根(威廉•G•摩根)的体育工作人员发明。当时网球、篮球正盛行，摩根先生对它们做了某些改进：一是把网球允许球落地后再回击的规则改为不许落地；二是改变外形，排球圆周为 25～27 英寸，重量为 225～340 克，这种规格的球经过试用效果很好，就决定采用这种球。国际标准用球虽历经百年，进行了千百次的改进，但球的规格和第一代的球几乎差不多。

在美国，排球很快受到教会、学校和社会的广泛重视，同时也被列为军事体育项目。1896 年美国开始举办排球比赛，1947 年国际排球联合会成立，1949 年第一届世界男子排球锦标赛举行，1964 年排球运动被列为第十八届奥运会正式比赛项目。世界级排球比赛主要包括世界锦标赛、世界杯赛、奥运会排球赛、世界沙滩排球锦标巡回赛、残疾人奥运会排球赛等。

20 世纪 50 年代初，东欧各国主要依靠高点强攻和个人进攻战术的变化取胜，并一直处于世界领先地位。20 世纪 60 年代，日本女排在国际排坛崛起，创造了垫球、滚翻救球、勾手飘球等技术。1965 年，排球规则进行了重大修改，允许伸手过网拦网。

二、我国排球运动的发展

排球运动 1905 年传入我国时，仅在广东等地开展。1914 年第二届全国运动会时排球正式被列为比赛项目。其后，排球运动经历了 16 人制、12 人制、9 人制和 6 人制的演变过程。

中华人民共和国成立后，我国排球运动有了较快的发展，形成了一套以快球为中心的快攻掩护战术，此后男排在掌握"盖帽"拦网技术的基础上，创造了"平拉开"扣球新技术，发展了我国排球快攻打法的特点。20 世纪 70 年代中期，我国首创了"时间差"打法。男排创造的前飞、背飞、拉三、拉四等技术，丰富了快中有变的自我掩护打法，在世界比赛中取得了良好的效果。1979 年，中国男、女排取得亚洲冠军的光荣称号，实现了冲出亚洲的愿望。1981 年～1986 年，中国女排五次连获世界冠军，在国际排坛上创造了辉煌的纪录。

三、排球运动的特点

(一) 运动的趣味性

开展排球运动娱乐健身的原则是自愿、自由、轻松、平等地参与运动，获得自由表现的机会，把注意力集中于活动过程的乐趣上，使参与者获得一种轻松愉快的心境。

(二) 锻炼的协作性

排球运动是集体性的项目，能促进情感交流，增进友谊，提高社交能力，对社会的协调发展具有不可估量的作用。

(三) 技术的易学性

排球场地的随意性和运动用球的简单性，决定了排球技术的简便易学。在运动中人们只是为了锻炼身体，而没有严格的技术要求，只需要把球打过去；同时，由于用球较软，飞行速度较慢，控球也比较容易，所以也就使得人们对技术的掌握比较容易。

四、排球运动的价值

排球运动是广大群众喜爱的运动项目之一，运动场地小，设备简单，运动量可大可小，既可比赛也可在空地上进行传垫球练习，不分年龄、性别，融竞技、娱乐于一体。不同技术水平的人都能从中获得愉快的情感体验，不仅有无穷乐趣，而且健身效果显著。排球运动是集体项目，在激烈对抗、快速运动、突然变化、复杂竞争中进行，使人的身体素质、心理素质得到锻炼，有利于培养机智灵活、勇敢顽强、积极果断的优良品质和团结协作的集体主义精神。

第二节　排球运动的基本技术

一、准备姿势

如图 10-1 所示，按照身体重心的高低，准备姿势可分为半蹲准备姿势、低蹲准备姿势和稍蹲准备姿势 3 种。

图 10-1　准备姿势

(一) 半蹲准备姿势

两脚开立略比肩宽，两膝弯曲，脚跟自然提起，上体前倾，重心靠前，膝部的垂直线应在脚尖前面，两臂放松，自然弯曲置于腹前，两眼平视，注意来球，两脚始终保持微动。

(二) 低蹲准备姿势

身体重心比半蹲准备姿势更低更靠前，两脚左右、前后的距离更宽一些，膝部弯曲的程度大于半蹲准备姿势。身体重心要更靠前，肩部垂直线过膝，膝部垂直线超过脚尖。两手臂置于胸腹之间。

(三) 稍蹲准备姿势

两脚左右开立与肩同宽，一脚在前，两膝微屈，身体重心位于两脚之间，并稍靠近前脚，后脚跟稍提起，上体稍前倾，两臂放松，自然弯曲置于腹前。两眼注视来球并兼顾场上各种情况，两脚保持微动状态。

二、移动

移动由起动、移动步法和制动 3 个环节构成。

准备姿势和步法

(一) 起动

起动是移动发力的开始，它的快慢是移动的关键，起动的速度取决于正确的准备姿势、反应能力和腰腿部的速度力量。

(二) 移动步法

起动后应根据临场技术的需要，灵活地采用各种移动步法进行移动。

1. 并步与滑步

如向前移动，则后腿蹬地，前脚向来球方向跨出一步，后腿迅速跟上做好击球准备。连续并步就是滑步。

2. 跨步与跨跳步

如向前移动，则后腿用力蹬地，前脚向来球方向跨出一大步，膝部弯曲，上体前倾，身体重心移至前腿上。跨步过程中有跳跃腾空即为跨跳步。

3. 交叉步

以向右交叉步为例，上体稍向右转，左脚从右脚前面向右交叉迈出一步，然后右脚再向右跨出一大步，同时身体转向来球方法，保持击球前的姿势。

4. 跑步

跑步时两臂要配合摆动，如球在侧方或后方时应边转身边跑。

5. 综合步

以上各种步法的综合运用称为综合步。

(三) 制动

在快速移动之后，为了保持稳定的击球姿势和克服身体惯性的冲力，必须运用制动技术。

1. 一步制动法

一步制动时，最后跨出一大步，同时降低重心，膝和脚尖适当内转，全脚掌横向蹬地，抵消身体重心继续移动的趋势，并用腰腹力量控制上体，使身体重心的投影落在两脚所构成的支撑面内。

2. 两步制动法

两步制动时，以倒数第二步做第一次制动，接着跨出最后一步做第二次制动，同时身体后仰，重心下降，双脚用力蹬地，使身体处于有利于做下个动作的姿势。

(四) 练习方法

(1) 全体学生分成两列或四列纵队，以半蹲准备姿势站立，看教师的信号(手势或持球)向前、后、左、右移动。包括一步或两步制动。

(2) 方法同上，看教师信号做相反方向的移动。

(3) 两人一组，一人持球向前、后、左、右抛球，另一人不停地快速移动接球。

(4) 两人一组做"影子"游戏，一人前、后、左、右移动，另一人像影子一样跟随。

三、发球

发球是 1 号位队员在发球区内自己抛球后，用一只手将球直接击入对方场区的一种击球方法。发球是排球技术中唯一不受他人制约的技术。

(一) 正面上手发球

如图 10-2 所示，队员面对球网，两脚前后自然开立，左脚在前，用手托球于身前，用抬臂和手掌的平托上送，将球平稳地垂直抛于右肩前上方，高度适中。在左手抛球的同时，右臂抬起，屈肘后引，肘与肩平，上体稍向右转。击球时，利用蹬地、转体和收腹带动手臂挥动，在右肩

正面上手发球

前上方伸直手臂的最高点，以全手掌击球的中下部。击球时，手指自然张开吻合球，手腕要迅速主动地做推压动作，使击出的球呈上旋飞行。为了加强发球的力量和攻击性，还可采用一步、两步或多步的助跑发球方法。

图 10-2　正面上手发球

(二) 正面上手发飘球

正面上手发飘球是采用正面上手的形式，发出球不旋转、不规则地飘晃飞行的一种发球方法。由于面对球网，便于观察对方接发球情况。

准备姿势同正面上手发球，但抛球比正面上手发球稍低、稍靠前。击球前，手臂自后向前做直线挥动。击球时，五指并拢，手腕稍后仰，用掌根平面击球的中下部，作用力通过球体重心。击球瞬间手指、手腕紧张，手形固定，不加推压动作，手臂并有突停动作。

(三) 正面下手发球

正面下手发球是正面对网，手臂由后下方向前摆动，在腹前将球击入对方场区的发球方法。

正面下手发球

如图 10-3 所示，面对球网，两脚前后开立，左脚在前，两膝微屈。上身稍前倾，重心偏后脚。左手持球于腹前，将球轻轻抛起在体前右侧，离手高约 20 厘米，在抛球的同时右臂伸直以肩为轴向后摆动，借右腿蹬地力量，身体重心随着右手向前摆动击球而移至前脚上。在腹前以全手掌、掌根或虎口击球后下方。

图 10-3　正面下手发球

(四) 勾手飘球

勾手飘球采用侧面对网站立，可利用身体转动和腰部力量带动手臂的快速挥动去击球，比较省力。勾手飘球是目前排球比赛常用的一种主要发球方法，男女队员均可采用。

发球队员应左肩对网，左手将球平衡抛向左肩前上方，抛至相同于击球点的高度。在抛球同时，右臂伸直向身体右侧后下方摆动，身体重心移至右脚。当球开始上升到最高点时，右脚蹬地，身体向左侧转动，带动手臂沿弧线轨迹挥动，在右肩前上方以掌根或半握拳拇指根部坚硬平面击球后中下部，击球一瞬间，手腕稍后仰并保持紧张，用力集中，作用力要通过球体的重心。击球后，可作突停或下拖动作，但不能有推压的动作。

(五) 练习方法

(1) 按照动作要求，做徒手模仿练习。

(2) 对墙发球，距离由近到远。

(3) 两人一组隔网发球，距离逐渐加长。

(4) 在发球区发球，要求把球发至规定区域内。

(5) 准备活动后，立即转入发球，规定性能，每人发 10～20 个球。

(6) 双方人数相等，发规定性能的球，每人发 10 次，计算双方成功率。

(7) 二对二、三对三接发球对抗，统计得分率。

四、垫球

垫球在比赛中主要用于接发球、接扣球、接拦回球以及防守和处理各种困难球。现将几种常用的垫球技术做如下介绍：

正面双手垫球

(一) 正面双手垫球

正面双手垫球是双手在腹前垫击来球的一种垫球方法，是各种垫球技术的基础，也是最基本的垫球方法，适合于接各种发球、扣球和拦回球，在困难时也可以用来组织进攻。

如图 10-4 所示，正面双手垫球的基本手形有互靠式、抱拳式和叠掌式。

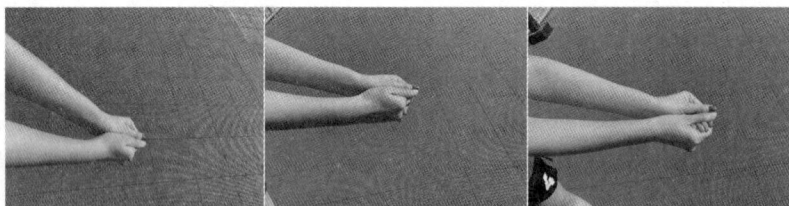

图 10-4　正面双手垫球基本手形

正面双手垫球在垫轻球、垫中等力量来球和垫重球时，其动作方法是有一定区别的。

1. 垫轻球

如图 10-5 所示，采用半蹲准备姿势，当球飞来时，双手成垫球手形，手腕下压，两臂外翻形成一个平面，当球飞到腹前一臂距离时，两臂夹紧前伸，插到球下，向前上方蹬地抬臂，迎击来球，利用腕关节以上 10 厘米左右处的桡骨内侧平面击球的后下部，身体重心随击球动作前移。击球点保持在腹前一臂距离。

图 10-5　正面双手垫球

2. 垫中等力量来球

垫中等力量来球的动作方法与垫轻球相同。由于来球有一定力量，因此击球动作要小，

速度要慢，手臂适当放松。

3. 垫重球

根据来球的高低和角度，采用半蹲或低蹲准备姿势，击球时采用含胸、收腹的动作，帮助手臂随球屈肘后撤，适当放松，以缓冲来球力量。在撤臂缓冲的同时，用微小的小臂和手腕动作来控制垫球方向和角度。

(二) 体侧垫球

体侧垫球简称侧垫，是在身体侧面垫球的一种垫球方法。其特点是控制面宽，但较难把握垫击的方向、弧度和落点。

体侧垫球

如图 10-6 所示，右侧垫球时，以右脚前脚掌内侧蹬地，左脚向左跨出一步，身体重心随即移至左脚，并保持左膝弯曲，两臂夹紧向右侧伸出，左臂高于右臂，右肩向下倾斜，再用向右转腰和收腹的力量，配合两臂在体侧截击球的后下部。

图 10-6 右侧垫球

(三) 跨步垫球

队员向前或向侧跨出一步垫球的方法称为跨步垫球。当来球的速度较快，弧线低，距身体 1 米左右时，可采用跨步垫球的方法。如图 10-7 所示，跨步垫球时，当判断来球的落点后，迅速向来球方向跨出一大步，屈膝深蹲，臀部下降，两臂夹紧伸直插入球下，用两前臂的内侧平面击球的后下部，对准垫击方向，将球平稳垫起。

图 10-7 跨步垫球

(四) 单手垫球

当来球较远、速度快、来不及或不便用双手垫球时，可采用单手垫球。单手垫球动作快，垫击范围大，但触球面积小，不易控制。单手垫球可采用各种步法接近球，可采用虎口、半握拳、掌根、手背以及前臂内侧击球。

(五) 练习方法

(1) 徒手模仿垫球练习。根据教师的口令或手势进行集体练习。两人一组，一人双手持球于对方的正确击球点，另一人用垫球动作击球(不把球击出)；持球者将球自上向下运动，垫球者用正确动作击球的后中下部，持球者可稍加压。

(2) 每人一球，自己抛球后，连续向上自垫。

(3) 两人一组相距 3~5 米，一抛一垫。

(4) 每人一球或两人一球，对墙垫球(人与墙的距离可逐步拉长，并逐步增加高度)。

(5) 两人一组，一人向另一人的两侧 1.5 米处抛球，另一人移动后正面垫球。

(6) 三人一组，两人抛球，一人左右移动后正面垫球。

(7) 教师在 2 号位向 5 号位抛球，学生依次轮流垫球。

(8) 两人一组隔网站立，一人持球站在端线，后另一人站在场内，端线后的队员用下手或上手发球，发至对方场区，站在场区内的队员将球垫至 2 号位或 3 号位，一定数量后两人交换。

(9) 两人一组，相距 5~6 米，一人抛球，一人快跑并转身背对同伴垫回高球。

五、传球

传球是排球运动的一项重要技术，是组织进攻战术的基础。传球主要运用在第二传，用于衔接防守和进攻。

正面传球

按照传球的方向基本上把传球动作分为正面传球、背传和侧传，上述三种传球技术在原地完成。跳起在空中完成传球动作的，称为跳传。

(一) 正面传球

面对出球方向的传球动作，称为正面传球。正面传球是最基本的传球方法，也是其他一切传球技术的基础。

如图 10-8 和图 10-9 所示，采用稍蹲准备姿势，当来球接近额头时，开始蹬地、伸膝、伸臂，两手微张经脸前向前上方迎球。击球点在额头前上方约一球距离处。当手触球时，两手自然张开成半球形，手腕稍后仰，两拇指相对成一字或八字形，两手间有一定距离，用拇指内侧，食指全部，中指的二、三指节触球的后下部，无名指和小指在球两侧辅助控制传球方向；两肘适当分开，两前臂之间约呈 90° 夹角，传球时主要靠蹬地、伸臂和手指、手腕力量，以及球的反弹力将球传出。

图 10-8　正面传球手形

图 10-9　正面传球动作

(二) 背传

背对传球目标的传球动作叫背传。身体背面要对正传球目标，上体保持正直或稍后仰，身体重心在两脚之间，双手自然抬起，放松置于脸前。迎球时，抬上臂、挺胸、上体后仰。击球点保持在额上方，比正传稍高、稍后。触球时，手腕后仰并适当放松，掌心向上，击球的下部，手形与正面传球相同。背传用力要靠蹬地、展腹、抬臂、伸肘以及手指、手腕的弹力，把球向后上方传出。

背传球

(三) 跳传

跳传是当一传弧线较高而又接近球网时，所采用的跳起传球技术。目前跳传在比赛中运用比较广泛，一般用于二传。跳传可起到加快进攻速度和迷惑对方的作用，并且可使进攻战术多样化，扩大进攻的范围，减少二传环节中的失误。

跳传球

起跳时，首先选好起跳点和掌握好起跳时间。起跳后，两臂屈肘抬起，两手放置脸前，击球点保持在额上方，在身体跳至最高点时，用伸臂动作及手指、手腕的弹力将球传出。由于人在空中，无法用伸腿蹬地的力量去传球，因此，要加大伸臂的幅度和速度。

(四) 练习方法

(1) 徒手模仿传球的蹬地、伸膝、伸臂，在额前上方用正确手形做推送动作。

(2) 轻轻向额前上方抛球，在额前上方用正确的手形将球接住，然后将球体放掉，自己检查手形和击球点正确与否。

(3) 在额前上方轻轻向上连续自传。

(4) 将球轻抛至额前上方后，用蹬地、伸膝、伸臂的动作，将球传出。

(5) 两人一组，一人持球保持正确击球点和手形，向前上方做推送动作，另一人用单手压住球，给球以一定的力量。

(6) 两人一球，一抛一传。

(7) 一人抛球，另一人向前移动两步传球或向左右移动两步传球。

六、扣球

扣球是攻击性最强、最有效的进攻手段之一，在比赛中占有非常重要的地位。

正面扣球

(一) 正面扣球

如图 10-10 所示，正面扣球是扣球技术中一种重要的方法，是比赛中运用得最多的一项进攻性技术，适合于近网和远网扣球。

图 10-10　正面扣球动作

1. 准备姿势

扣球助跑前采用稍蹲姿势，两臂自然下垂，站在离网 3 米左右处，身体转向来球方向，观察来球，做好向各个方向助跑起跳的准备。

2. 助跑

助跑开始时，左脚先向前迈出一步，紧接着右脚再快速跨出一大步，左脚及时并上，踏在右脚之前，两脚尖稍向右转，两臂绕体侧向上引摆。

3. 起跳

在助跑跨出最后一步(即第二步)、左脚并上踏地制动的同时，两臂自后积极向前摆动，随着双腿蹬地向上起跳，两臂配合起跳有力地向上摆动。

4. 空中击球

起跳后，挺胸展腹，上体稍向右转，右臂向后上方抬起，身体成反弓形。挥臂时，以迅速转体、收腹动作发力，依次带动肩、肘、腕各部位关节向前上方成甩鞭动作挥动。击球时，五指微张，以掌心为主，全掌包满球，在手臂伸直的最高点的前上方击球的后中部，同时主动用力屈腕屈指向前推压，使扣出的球呈上旋。

5. 落地

落地时，先以两脚前脚掌先着地再迅速过渡到全脚掌着地，同时顺势屈膝、收腹，以缓冲下落的力量，并立即做好下一个动作的准备。

(二) 调整扣球

调整扣球是指在接发球或后排防守垫球不到位时，二传队员从后场区将球传到网前所进行的扣球。调整扣球技术动作与正面扣球相同，但由于二传球来自后场区，有近网球，也有远网球，还有拉开球和集中球，与球网有一定的角度并且弧线不固定，扣球队员难以判断，所以扣这种球难度较大。因此，扣球队员要准确判断来球的方向、弧线、速度和落点，调整好人和球的关系，选择好起跳点，掌握好起跳时间，根据人和球网的距离，合理地采用不同的扣球方法，控制好扣球的力量、速度、方向、路线和落点。

(三) 扣快球

扣快球是指扣球队员在二传队员传球前或传球的同时起跳，并迅速将二传队员传出的球击入对方场区的扣球。快球在时间上争取主动，起着攻其不备、突然袭击的作用，可使对方拦网和防守产生判断错误。这种扣球的特点是速度快、力量大、时间短、落点近、突然性强、牵制能力大。扣快球技术动作方法较多，有近体快球、半快球、短平快球、平拉开快球、背快球、背平快球、调整快球等。

(四) 自我掩护扣球

1. 时间差扣球

扣球队员利用起跳时间的差异迷惑对方拦网的扣球，称为时间差扣球。这种扣球可用在近体快球、背快球、短平快球等扣球中。扣球时，按快球的助跑、摆臂节奏佯作起跳，以诱使对方起跳拦网。待对方拦网队员下落后，扣球队员立即原地起跳扣半高球。

2. 位置差扣球

扣球队员按原来扣球的时间助跑，在助跑后佯作踏蹬动作，下蹲与摆臂动作明显地起跳扣球，但助跑后不起跳，待对方队员拦网起跳时，突然变向侧跨出一步，动作幅度、挥臂幅度要小，速度要快，用双足或单足错开拦网人的位置起跳扣球，即为位置差扣球，或称错位扣球。

3. 空间差扣球

扣球队员利用助跑的冲力和专门的踏蹬技术，使身体向前上方跃出，把正面取位盯人拦网的对手甩开，使扣、拦动作在空中出现误差，即为空间差扣球，也叫冲飞扣球。常用的空间差扣球有：佯扣短平快球而突然向前冲跳到二传手前扣半高球的前飞，佯扣快球而冲跳向二传手背后扣小弧度球的"背飞"，佯扣前快球而侧身向左起跳追击扣球的"拉三"，以及佯扣短平快球而侧身向左起跳追击扣球的"拉四"。

(五) 练习方法

1. 助跑起跳练习

(1) 原地起跳，由站立开始，屈膝下蹲的同时摆动两臂，按教师口令迅速蹬地起跳。

(2) 一步助跑起跳，方法基本同上，右脚跨出一大步，左脚迅速跟上起跳。

(3) 两步助跑起跳，方法基本同上，左脚先出方向步，右脚再跨出一大步并制动，紧接着左脚迅速跟上起跳，同时两臂协调配合，助跑速度由慢到快，步幅由小到大，两步之间衔接紧密，动作连贯。

(4) 从进攻线附近做两步助跑起跳。

(5) 一步、两步或多步助跑起跳，扣固定球。

2. 挥臂击球手法练习

(1) 徒手做扣球挥臂击球动作练习。

(2) 对墙掷小皮球、羽毛球、沙包均可。

(3) 扣吊球或一人双手持球于头上方,另一人扣球。

(4) 原地对墙自抛自扣或原地起跳再自抛自扣。

(5) 降低球网或拉一根长绳做原地自抛自扣过网练习。

(6) 快速挥臂打一定高度的树叶。

(7) 手握一垒球或羽毛球、沙包原地做挥臂甩腕掷球动作或跳起掷球过网。

(8) 对墙连续做扣球练习。

3. 扣球完整练习

(1) 助跑起跳扣网前固定吊球。

(2) 教师或学生站在网前高台上,手托球(总的高度根据学生身高、弹跳高度而定)。学生助跑起跳扣球,在学生击球一刹那教师及时撒手。

(3) 4 号位扣抛二传,抛二传高度为网上 1.5～2 米。

(4) 结合二传扣一般高球。

(5) 结合一传练习扣球方法。

(6) 6 号位(或 5 号位)队员接从对方场地抛或发过来的球,再垫击给网前 2 号位队员作二传,4 号位队员助跑起跳扣球。

(7) 两人或三人接从对方场地抛或发过来的球后传调整二传,扣调整球。

(8) 对方发球,六人接发球组织进攻。

七、拦网

(一) 单人拦网

单人拦网是集体拦网的基础。如图 10-11 所示,其动作结构分为准备姿势、移动、起跳、空中动作和落地五个互相衔接的部分。

拦网技术

图 10-11　单人拦网动作

1. 准备姿势

队员面对球网,两脚左右开立,约与肩同宽,距网 30～40 厘米;两膝微屈,两臂屈肘置于胸前。

2. 移动

移动的常用步法有一步、并步、交叉步、跑步等。无论采用哪种移动步法，都要做好制动动作，以避免向上起跳时触网和冲撞同队队员。

3. 起跳

原地起跳时，两腿屈膝，重心降低，随即用力蹬地，两臂以肩发力，于体侧近身处做画弧或前后摆动运动，帮助身体迅速跳起。移动后的起跳，其起跳动作与原地起跳一样，但要注意制动并使移动与起跳动作紧密衔接。

4. 空中动作

起跳时，两手从额前沿球网向上方伸出，两臂伸直并保持平行，两肩上提。拦网时，两臂应伸过网去接近球，两手自然张开，屈指屈腕成半球状。当手触球时，两手要突然收紧，手腕下压盖在球的前上方。

5. 落地

拦球后，要做含胸动作，以保持身体平衡。手臂要先后摆或上提，从网上收回至本方上空，再屈肘向下收臂，以保持身体平衡。与此同时屈膝缓冲，双脚落地，随即转身面向后场，准备接应来球或做下一个动作准备。

(二) 双人拦网

由前排两个队员互相靠近，同时起跳组成的拦网，称为双人拦网。双人拦网是集体拦网的一种，是比赛中最常用的一种拦网形式，主要在对方大力扣球时采用。

双人拦网时，应以一人为主拦队员，另一人为配合队员。但主拦队员不是固定的，一般情况下距对方扣球点近的队员应为主拦队员。主拦队员必须抢先移动到对正扣球点的位置，做好起跳准备，配合队员则迅速移动靠近主拦队员准备同时起跳。两队员之间的距离一定要合适，距离太远，跳起后将出现"空门"；距离太近，起跳时互相干扰，致使双方都跳不高。双人拦网起跳时，两人的手臂应在体前画小弧向上摆伸，都要尽量垂直向上起跳，要防止互相碰撞或干扰。手臂在空中既不能重叠，造成拦击面缩小，又不能间隔太宽，造成中间漏球。扣球靠近边线时，离边线近的拦网队员外侧的手应适当内转，以防打手出界。

(三) 三人拦网

三人拦网也是集体拦网的一种形式，在对扣球进攻力强、路线变化多、但很少轻扣和吊球时采用。三人拦网的动作方法与双人拦网相同，关键在于移动迅速、取位恰当、配合密切。无论对方从哪个位置进行扣球，一般都以 3 号位队员为主拦队员，2、4 号位队员为配合队员。由于三人拦网对配合的要求高，加之减弱了防守、保护的力量，故只有在很有必要的情况下才采用。

拦网队员要在短短的瞬间从防守转为进攻，从被动转为主动，而完成这些动作都要在空中进行，所以难度较大。这就要求拦网应积极主动，判断准、起动快、跳得高、下手狠。

(四) 练习方法

1. 徒手模仿练习

(1) 原地做拦网的徒手动作。

(2) 教师站在高台上双手持球，学生轮流起跳拦网。

(3) 两人隔网相对站立，向左(或右)移动一步起跳拦网。

(4) 低网扣拦练习。扣球人对准拦网人自抛自扣，当扣球人击球时拦网人伸手拦网但不起跳。

(5) 由 4 号位向 2、3 号位做并步、交叉步或跑步移动、起跳拦网，也可从 2 号位向 3、4 号位方向移动。

(6) 两队员隔网相对，对称移动起跳拦网，空中两人双手互击掌。

(7) 两人在中间 3 号位拦网后，向两边移动，与 2、4 号位配合双人拦网，而后站在 2、4 号位，原 2、4 号位队员跑到排尾。

(8) 两人在 3 号位隔网相对站立，听口令后原地起跳在网上双手击掌，落地后根据口令向左或右移动，与站在网边 2 号或 4 号位队员一同起跳拦网，落地后跑到本方排尾。

2. 空中拦网练习方法

(1) 一扣(自抛自扣)一拦，可用低网不起跳做扣拦，也可跳起扣拦。

(2) 教练员在高台上扣球，队员轮流练习(先原地，后移动)。

(3) 三人一组，一抛、一扣、一拦，轮流做，定数交换。

(4) 教练员抛球，前排 3 个位置轮流扣球，另一方三人固定位置拦网，定数轮换位置。

(5) 二对一扣拦对抗，一方 2、4 号位轮流扣抛球，另一方一人两边跑动拦网，定数交换。

3. 结合扣球的拦网练习方法

(1) 对方 4 号位扣固定方向的球，本方 2 号位拦网，定数交换。

(2) 对方 2 号位扣固定方向的球，本方 4 号位拦网，定数交换。

(3) 对方 2 号位或 4 号位扣不定向、不同高度和弧度的球，本方进行单人拦网。

(4) 对方组织"中一二"或"边一二"进攻战术，本方组织单人拦网。

(5) 在教学比赛和各种比赛中加强拦网的实战练习。

第三节　排球运动的基本战术

一、阵容配备

(一)"三三"配备

由三名进攻队员和三名二传队员组成。站位时，一名进攻队员间隔一名二传队员。目前采用这种配备形式的队伍比较少。一般"三三"配备适用于初学者和水平较低的球队。

(二)"四二"配备

由四名进攻队员(主攻和副攻队员各两名)和两名二传队员组成，他们分别站在对角的位置上。目前，在水平一般的球队中采用"四二"配备形式的比较多。

"四二"配备的优点是每一轮次前排都有一个二传队员和两个进攻队员，便于组织"中二三""边二三"进攻，战术配合有一定的稳定性。缺点是前排进攻点相对较少，隐蔽性差，不能适应高水平球队的要求。

(三) "五一"配备

由五名进攻队员和一名二传队员组成。位置的安排与"四二"配备基本相同，只是由一名进攻队员站在与二传对应的位置上接应二传，其目的是弥补在主二传来不及到位传球时所出现的被动局面，但主要还是承担进攻任务。"五一"配备在水平较高的球队中普遍采用。

"五一"配备的优点是加强了拦网和前排进攻力量，使全队的进攻队员只需适应一名二传队员的技术特点，有利于统一指挥、相互配合，能够更好地控制比赛的进行，使进攻战术富于变化。缺点是当二传队员轮转到前排时，有三轮前排只有两名进攻队员，影响了前排整体进攻的威力。

二、进攻战术

进攻战术主要有以下三种形式："中一二"进攻战术、"边一二"进攻战术、"插上"进攻战术。

(一) "中一二"进攻战术

特点：容易组织，但战术变化少，只能两点进攻，战术意图容易被识破，战术的突然性和攻击性小。

变化形式：扣球队员通过二传队员传出集中、拉开、背传和平快等各种球，采用斜线助跑、直线助跑和跑动中变步起跳扣球等。

练习方法：

(1) 熟悉位置和跑动路线的练习方法。

① 本方 6 号位抛给 3 号位队员作二传，组织"中一二"进攻战术中主要的 2 或 4 号位拉开进攻。

② 隔网抛球，定位垫球，组织"中一二"进攻战术的小组配合练习。

③ 隔网抛球，进行全队战术配合练习，要求场上每个队员熟悉自己的位置和职责。

(2) 二传队员传球的练习方法。

① 要求 3 号位队员根据不同的来球，移动抢位，运用正面传球和背传技术传出各种不同弧度和落点的球。

② 要求 3 号位二传队员在每传一次球后，立即向传球方向跑动，绕过 4 号位或 2 号位队员后，再跑回 3 号位传球。

(3) 二传和扣手的配合练习。

① 由后排专人供球，3 号位队员为二传，4 号位队员扣球。

② 由后排专人供球，3 号位队员背传，2 号位队员扣球。

③ 按此方法，还可以进行 4 号位扣快球，2 号位扣背快球等练习。

④ 3 号位二传队员运用正面传球或背传，将球传给 4 号位或 2 号位队员再扣球。

(4) 结合接发球或拦网的对抗练习。

① 接对方发球后，全队组织"中一二"进攻战术的练习，发球的力量不要太重。

② 接发球后，全队组织"中一二"进攻，完成进攻后，立即后撤再次接从对方场内抛

来的球，并组织"中一二"进攻战术。

③ 双方组织接发球后的"中一二"进攻。

④ 全队组织"中一二"接发球进攻，并增加对方拦网，提高实战性的练习。

(5) 成队对抗比赛。

① 接场外抛球，双方组织"中一二"进攻。

② 在教学比赛的攻防中组织"中一二"进攻。

(二) "边一二" 进攻战术

特点：形式简单，容易掌握，也是基本战术形式之一。

变化形式：除"中一二"战术形式变化外，还可组织"快球掩护拉开""前交叉""围绕""快球掩护夹塞""梯次""短平快掩护拉开""掩护活点进攻"等战术。

练习方法：

(1) 熟悉球路和位置的练习。从对方场地抛球给后排队员，垫球给 2 号位队员，由 2 号位队员传起后，3 或 4 号位队员移动上前把球传过网。每个轮次抛 2~3 次然后过渡到 3 或 4 号位队员扣球。

(2) 二传手与扣球手之间的小组配合练习。本方抛球由二传手传球后，3 号位队员扣快球，4 号位队员拉开扣一般高球。

(3) 方法同上，由 4 号位队员跑动扣快球。3 号位队员绕过 4 号位队员做前交叉进攻。

(4) 4 号位队员持球并将球传给 2 号位队员，立即跑动上前扣快球，这时在 2 号位队员身后的教师抛出半高球，由 3 号位队员绕过 4 号位队员上前扣球。

(5) 本场抛球，4 号位队员扣快球，3 号位队员绕至二传背后扣快球。

(6) 发、垫、传、扣的整体配合。

(7) 增加队员拦网的整体配合防守。

(三) "插上" 进攻战术

特点：保持前排 3 人进攻，能充分利用网的全长，发挥每个队员的特点，组成快速多变的各种战术变化。进攻的突破点多，突然性大，使对方难以有效地组织集体拦网和防守。

三、防守战术

(一) "心跟进" 防守形式

此战术多在本方拦网能力强、对方采取打吊结合时采用。当甲方 4 号位队员进攻时，乙方 2、3 号位队员拦网，后排中心的 6 号位队员在本方拦网时跟在拦网队员之后进行保护，其余 3 名队员组成后排弧形防守。其优点是加强了前区的防守能力，缺点是后排防守队员之间的空档较大。

(二) "边跟进" 防守形式

此战术多在对方进攻较强、吊球较少时采用。当甲方 4 号位队员进攻时，乙方 2、3 号位队员拦网，其他 4 个队员组成半圆弧形防守。若遇甲方吊前区，则由边上 1 号位队员跟进防守。其优点是加强了拦网；缺点是边上的队员既要防直线，又要跟进防前区，比较困难。

(三) 练习方法

(1) 6 个队员在场上站在 1～6 号位置上,教师在对方场区 2 号、4 号位持球高举网上(不掷球)。当教师在 4 号位持球时,2、3 号位队员立即移动拦网,其他队员迅速组织"双人拦网防守"徒手跑动变换到位。

(2) 教师在 2 或 4 号位高台上扣球结合吊球,队员做"双人拦网防守"和组织反攻战术练习。

(3) 结合教学比赛,提高在实战中运用防反战术的能力。

参 考 文 献

[1] 董海鹰,李卫国. 大学生体育与健康[M]. 北京:北京邮电大学出版社,2014.

[2] 丛明礼. 排球竞赛规则[M]. 北京:人民体育出版社,2013.

[3] [美]贝基·施密特. 排球运动从入门到精通[M]. 高旦满,译. 北京:人民邮电出版社, 2018.

[4] 张五平. 排球速成教学[M]. 成都:西南交通大学出版社,2011.

[5] 赵子建. 排球[M]. 北京:化学工业出版社,2012.

[6] 杨娅男. 排球教学与训练[M]. 厦门:厦门大学出版社,2018.

第十一章　足　　球

第一节　足球运动概述

现代足球运动经过一百多年的发展变化，早已风靡世界，成为世界上最受人们喜爱、开展最广泛、影响最大的体育运动项目之一，被誉为"世界第一运动"。

现代足球起源于英国，当时的足球运动没有人数和时间限制，也没有场地范围，更没有位置分工。人们往往是以一个村庄或一个街区为单位，在狭窄的街道上进行比赛，尽力把球攻进对方的村庄或街区。大约在 15 世纪末，人们才称这项运动为足球，即 football。1863 年 10 月 26 日，英国的 11 个足球俱乐部的代表在伦敦举行会议，成立了世界上第一个足球运动组织——英格兰足球协会，并制定了全国统一的比赛规则。国际上将这一天作为现代足球诞生日，英国被认为现代足球的发源地。

第二节　足球运动的基本技术

足球技术，是运动员在足球比赛中所采用的合理动作的总称。足球技术可分为有球技术和无球技术两大类。锋卫队员的有球技术包括颠球、踢球、接球、运球、抢断球、头顶球、掷界外球；守门员有球技术包括接球、扑球、拳击球、托球、发球。无球技术包括起动、快跑、跳跃、急停、转身、步法、假动作等。限于篇幅，本章主要介绍有球技术。

一、颠球

初学足球，熟悉球性是必经的重要环节。其中，颠球是熟悉球性最基本的方法之一。颠球是指运动员用身体的各个有效部位连续地触击球，并加以控制，尽量使球不落地的技术动作。

(一) 基本技术

颠球技术大致可分为：拉挑球、脚背正面颠球、脚内侧颠球、脚外侧颠球、大腿颠球、头颠球、肩颠球等。

1. 拉球、挑球

支撑脚踏地在球的后侧方约 30 厘米处，膝关节微屈，身体重心移到支撑脚上。拉球、挑球的脚前掌踏在球的上方并向后轻拉，在球开始向后滚动的同时，脚尖、脚掌迅速着地，当球滚上脚背的同时，脚尖稍翘起，向前上方轻轻用力将球挑起(见图 11-1)。

2. 脚背正面颠球

支撑腿的膝关节微屈，身体重心移到支撑脚上，当球落至低于膝关节以下时，颠球脚的膝、踝关节适当放松，并柔和地向前上方甩动小腿，脚尖稍翘起，用脚背轻击球的底部，将球向上颠起(见图11-2)。

图 11-1　拉球、挑球

图 11-2　脚背正面颠球

3. 脚内侧颠球

支撑腿的膝关节微屈，身体重心移到支撑脚上，当球下落到膝关节高度时，颠球脚屈膝盘腿，脚内侧向上摆脚内翻成水平状态，轻击球的底部，将球向上颠起(见图11-3)。

4. 大腿颠球

支撑腿的膝关节微屈，身体重心移到支撑脚上，当球落至接近髋关节高度时，颠球的大腿屈膝上摆，当大腿摆成水平状态时，击球的底部，将球向上颠起(见图11-4)。

图 11-3　脚内侧颠球

图 11-4　大腿颠球

5. 头颠球

两脚开立，膝关节微屈，用前额部位连续顶球的下部。顶球时，两眼注视球，两臂自然张开，以维持身体平衡(见图11-5)。

图 11-5　头颠球

(二) 练习方法

(1) 一人一球颠球：体会触球的时间、触球的部位、触球的力量和整个动作的协调配合。

(2) 两人一球颠球：用脚背、大腿、头部以及身体各部位触球，掌握好触球的力量，尽量不让球落地。每人可触球一次颠给对方，也可触球多次互颠。

(3) 四五人一组，围圈用两球颠球。可规定每人触球的次数与部位，也可自由掌握触球的次数与部位。颠传时要注意观察，防止两个球同时颠传给同一伙伴。

二、踢球

踢球是运动员有目的地用脚的某一部位将球击向预定目标的技术动作。踢球的脚法有很多种，动作要领和方法也不尽相同。但是不论哪一种踢球技术，其完整的动作过程都包括助跑、支撑脚站位、踢球腿摆动、脚击球、随前动作五个技术环节。

(一) 基本技术

1. 脚内侧踢球(又称脚弓踢球)

技术特点：脚内侧触球的面积比其他部位都大，这使得在踢球时可以更容易地控制球，出球平稳准确。因此，脚内侧踢球是进行短距离准确传球和射门的最佳选择(见图 11-6)。

动作要领：采取直线助跑，支撑脚踏在球侧约 10～15 厘米处，膝关节微屈，脚趾向出球方向。踢球腿以髋关节为轴由后向前摆动，膝、踝关节外展，脚尖稍翘起，以脚内侧对准球，当膝关节摆至接近球体上方时，小腿加速前摆，击球刹那，脚跟前顶，脚形固定，用脚内侧击球的后中部(见图 11-7)。

图 11-6　脚内侧踢球

图 11-7　脚内侧踢球动作

2. 脚背正面踢球

技术特点：脚背正面踢球时，大腿带动小腿的摆幅相对较大，摆腿踢球的动作顺畅且快速，便于发力踢球，但出球路线或性能比较单一，缺乏变化，这种踢球方法适用于远距离的大力射门(见图 11-8)。

动作要领：直线助跑，支撑脚踏在球侧，脚趾指向出球方向，膝关节微屈。在支撑脚前跨的同时，踢球腿大腿顺势后摆，小腿后屈。前摆时，大腿以髋关节为轴带动小腿前摆，当膝关节摆至接近球体上方时，小腿加速前摆，脚背绷直，脚趾扣紧，以脚背正面击球的后中部。击球后，踢球腿顺势前摆落地(见图 11-9)。

图 11-8　脚背正面踢球

图 11-9　脚背正面踢球动作

3. 脚背内侧踢球

技术特点：摆踢动作顺畅、幅度大，脚触球面积大，出球平稳有力，且性能和路线富于变化，适应于中远距离传球和射门(见图 11-10)。

动作要领：斜线助跑，助跑方向与出球方向约成 45°，支撑脚踏在球侧后，脚趾指向出球方向，膝关节微屈，眼睛看球，重心稍倾向支撑脚一侧。在支撑脚踏地的同时，踢球腿以髋关节为轴，大腿带动小腿由外后向前内略呈弧线摆动，膝、踝关节稍外旋，当膝关节摆至接近球体的内侧上方时，小腿加速前摆。击球时，膝关节向前顶送，脚背绷直，脚趾扣紧并斜下指，以脚背内侧击球的后中下部。击球后踢球腿顺势前摆落地(见图 11-11)。

图 11-10　脚背内侧踢球　　　　　　　　　　　图 11-11　脚背内侧踢球动作

4. 脚背外侧踢球

技术特点：预摆动作较小，出脚相对较快，能利用膝、踝关节的灵活变化改变出球方向和性质，具有一定的隐蔽性，是一种具有较强实用性的技术，同时也是一种较难掌握的踢球技术。

动作要领：脚背外侧踢球的动作方法类似于脚背正面，只是摆踢时，脚面绷直，脚趾向内扣紧并斜下指，用脚背外侧击球的后中部，击球后踢球腿顺势前摆着地(见图 11-12)。

图 11-12　脚背外侧踢球

(二) 练习方法

(1) 各种踢球技术动作的模仿练习：在地面设想有一目标(足球)，跨步上前做踢球动作，逐渐过渡到慢速助跑的踢球模仿动作练习，最后做快速助跑踢球的模仿动作练习。

(2) 一人用脚底挡球，另一人踢球：此方法应注意踢球腿摆动与触球部位的正确与否，同时还要检查其支撑阶段的状况。

(3) 距足球墙 5 米左右进行踢球技术的练习：此种方法主要强调小腿的摆动(仍以大腿带动小腿进行摆动，只是由于距离墙近而用力较小)、脚与球接触面、支撑环节是否正确。练习一段时间后，可将距离增加到 25 米左右，再进行中等力量的练习，此时大腿的摆动更应引起重视。当踢静止球有一定基础后，可逐步增加练习踢个人控制的活动球及球墙所弹回来的活动球。

(4) 利用足球墙和标杆做踢旋转球的练习：可将标杆插在踢球者与墙之间，标杆与人及墙的距离视需要而定，开始可稍远一些，当技术掌握后再逐步缩小。

(5) 各种脚法的两人练习：不论是传球还是射门练习，都可在两人之间进行。若两人练习踢定位球，则辅以接球练习；若进行踢活动球练习，则可相隔一定的距离进行不停顿的连续传球练习。两人进行射门练习时，可采取一人传球一人射门，可根据需要传出各种性能和各种类型的球。两人一组的练习还可以进行有对抗的传射练习。

三、接球

接球是指运动员运用身体的有效部位，将运行中的球有目的接控在所需位置上的动作方法，是运动员获得球的主要手段。

(一) 基本技术

1. 脚内侧接球

技术特点：脚内侧接球用途广泛，接球平稳，可靠性强，运用灵活多变。

动作要领：

(1) 接地滚球：判断来球的速度和方向，及时调整身体正对来球，观察周围情况，选好支撑脚位置，膝关节微屈。接球脚根据来球的状态相应提起，膝、踝关节旋外，脚趾稍翘，用脚内侧对准来球，触球刹那，接球部位做相应的引撤或变向接球，将球控制在所需要的位置上(见图 11-13)。

(2) 接反弹球：选择最佳支撑脚的位置，同时身体要跟上，接球脚小腿应与地面形成一定的夹角，向下做压推动作时，膝关节要在前，小腿停留在后(见图 11-14)。

图 11-13　接地滚球动作　　　　　　　　图 11-14　接反弹球动作

2. 脚背正面接球

技术特点：脚背正面接球的部位是穿系鞋带的部位。其特点是迎撤动作自如，关节自由度大，接球稳定，但变化较少，适用于接下落球。

动作要领：身体正对来球，判断来球路线和速度，支撑脚稳固支撑，接球腿屈膝提起，以脚背正面对球迎出，触球刹那，接球脚引撤下放，膝、踝关节相应放松，以增强缓冲效果(见图 11-15)。

图 11-15　脚背正面接球动作

脚背正面接球

3. 脚底接球

技术特点：脚底接球的部位是以前脚掌为主。其特点是动作简单，控球稳定可靠，适用于接迎面地滚球或反弹球。

动作要领：判断来球路线或落点，选好接球位置并稳固支撑，接球腿微屈提起，脚尖勾翘，使脚掌和地面形成一定的仰角，球临近或落地刹那，接球腿有控制地下放，用脚前掌部位触压球的后中部，将球控制在脚下(见图11-16)。

图 11-16　脚底接球

4. 胸部接球

技术特点：胸部接球技术的特点是触球点高、面积大，适用于接胸部以上的高空球。

动作要领：

(1) 挺胸式接球：要判断来球的落点，选择适当的接应位置，接球时，身体正对来球，两腿自然开立，膝微屈，两臂自然放置在体侧，上体稍后仰与来球形成一定的角度。触球刹那，胸部主动挺送，使球触胸后向前上方弹起落于体前(见图11-17)。

(2) 缩胸式接球：适用于接齐胸的平直球。缩胸接球与挺胸接球的动作差异在于触球刹那。当球接近时，将手臂向后放并张开胸部。当球触胸瞬间，迅速收腹、缩胸，缓冲来球的力量，使球落于体前。胸部接球的触点高，接球后下落反弹(见图11-18)。因此，做完胸部动作后，需及时将球控制在脚下。如果要将球接向身体两侧时，在接球的刹那要突然转动身体，带动球变向。

图 11-17　挺胸式接球动作　　　　　图 11-18　缩胸式接球动作

(二) 练习方法

1. 个人接球技术练习

(1) 利用足球墙进行练习：采用足球墙练习各种方法接地滚球。由开始原地接逐渐过渡到迎上去接；或开始接在脚下，逐渐过渡到接至所设想的适宜的位置上去。另外，也可练习接反弹球与空中球。

(2) 个人将球踢高，然后进行接反弹球的各种练习(也可以用手抛起后再进行练习)。

2. 多人接球技术练习

(1) 正面接地滚球：两人对面站立，相距1米左右，一人踢地滚球，另一人迎上去接球。

(2) 两人在跑动中进行传接球练习。两人一组使用一球，在一定范围内的跑动中练习，距离近时以接地滚球为主，距离远时以接空中球为主，以提高接球能力。

(3) 两人对面站立，相距5米左右，一人用手抛球，另一人接各种空中球，可逐渐加大距离、加大力量(或增加旋转)，以适应各种变化的来球。

(4) 三人一组进行接球转身的练习，每人相距 10 米站成一条直线，甲传球给中间的乙，乙迎上来接球再转身传给另一端的丙，丙迎上接球然后再回传给乙，乙接球后转身传给甲，如此循环往复。中间位置的人可轮流交换。采用这种方法也可练习接反弹球与空中球，注意要适当地加大距离。

四、运球

运球是运动员在跑动中将球控制在自身范围内，连续推拨球的动作。运球技术包括跑动与触球两个要素。运球的跑动具有步幅小、频率快、重心低的基本特点。完成一次运球动作往往包含多种触球的动作方法，但是都要经历支撑脚踏地蹬送、运球脚前摆触球、运球脚踏地支撑三个阶段。

(一) 基本技术

运球技术按脚的部位分为脚背正面运球、脚内侧运球、脚背外侧运球、脚背内侧运球四种。

1. 脚背正面运球

技术特点：直线推拨，速度快，但路线单一，多用在前方纵深距离较长的情况下。

动作要领：运球时身体自然放松，上体稍前倾，步幅稍小，两臂屈肘自然摆动。在运球脚提起时，膝关节微屈，脚跟提起，脚背绷紧，脚尖向下，在迈步前伸着向前时，用脚背正面推拨球前进。

2. 脚内侧运球

技术特点：与其他运球技术相比，速度最慢，容易控制，多用于掩护性运球或运球变向。

动作要领：运球时，支撑脚稍向前跨，踏在球的前侧方，膝关节稍弯曲，上体前倾向里转。随着身体向前移动，运球脚提起，用脚内侧推拨球的侧后中部(见图11-19)。

脚内侧运球

图 11-19　脚内侧运球

3. 脚背外侧运球

技术特点：易于变化运球方向和发挥奔跑速度，还具有掩护球的作用；运用时灵活、可变性强。

动作要领：运球跑动时身体自然放松，上体稍前倾，两臂屈肘自然摆动，步幅稍小。运球脚提起，膝关节弯曲，脚跟提起，脚尖稍内转，用脚外侧推拨球(见图11-20)。

图 11-20　脚背外侧运球动作

4. 脚背内侧运球

技术特点：运球动作幅度大，控球稳，虽不能加快速度，但是左右转换方向都很容易。该技术主要适用于掩护性运球或运球变向，它是比赛中使用得最多的运球方法。

动作要领(以右脚为例)：左脚向前跨出一大步，在球的前侧方落地，膝关节稍屈；上体前倾并稍向右转，右脚顺势收腿，屈膝，脚尖稍外转，以脚背内侧推拨球的后中部，使球向前滚动；当球出现明显滚动时，右脚立即着地，并使身体重心落在脚掌内侧，左脚迅速向前迈步成运球前的姿势。

(二) 练习方法

(1) 在慢跑中分别用单脚脚内侧、脚背正面、脚背外侧运球，运球方向沿直线进行。

(2) 在慢跑中沿弧线运球。用脚内侧、脚背内侧、脚背外侧沿中圈线做顺时针、逆时针运球练习。

(3) 在慢跑中单脚交替，用脚背内侧和脚背外侧运球，沿折线运行。

(4) 在慢跑中双脚交替，用脚背内侧运球，沿折线运行。

(5) 拉球转身 180° 运球练习。在一定范围内自由运球，听哨音后用一只脚支撑，另一只脚拉球至身后，沿拉球脚一方转体 180° 继续运球。

(6) 运球绕杆练习。队员排成一路纵队，第一人过杆后传球给后人，后人重复第一人的动作，依次进行。若每人一球，则可在前一人运球后，次一人即开始，依次运球绕杆到队尾。

五、抢球

抢球是指防守队员将进攻队员控制的球直接争夺过来或破坏掉的动作方法。断球是指用规则所允许的动作，把对方队员间的传球截获或破坏掉的动作方法。抢球和断球虽然是两个动作，但从其动作过程分析，都是由判断与选位、上步抢断、衔接动作三个环节构成的。

(一) 基本技术

抢球是比赛中经常使用的动作，将对手脚下控制的球抢过来或破坏掉。抢球技术的运用较为复杂，主要是无球技术和有球技术的合理结合。其运用方式包括正面抢球、侧面抢球和侧后方抢球三类动作。

1. 正面抢球

动作要领：

(1) 正面跨步抢球：两脚前后开立，两膝微屈，身体重心下降并放在两脚之间，面向对手，在对手运球脚触球即将着地或刚着地时，支撑脚用力后蹬，抢球脚以脚内侧对着球跨出，膝关节弯曲，上体前倾，身体重心移至抢球脚上，另一脚立即前跨。如果双方的脚同时触球，则要顺势提拉，使球从对方脚背滚动。同时重心要迅速跟上，把球控制好。在离球稍远抢不到的情况下，则可用脚尖捅抢(见图 11-21)。

(2) 正面倒地铲抢：两脚前后开立，两膝弯曲，身体重心下降并落在两脚间，面向对手。在对手运球脚触球即将着地或

图 11-21 正面跨步抢球

刚着地时，一脚立即用力后蹬，另一脚沿地面向前滑铲，同时上体侧转后仰倒地，接着蹬地脚迅速沿地面呈弧形扫踢球，屈肘用手扶地或接着侧滚。

2. 侧面抢球

技术特点：侧面抢球是与运球者平行跑动或从后面追成平行位时所实施的抢球动作。主要包括合理冲撞抢球、异侧脚铲球和同侧脚铲球三种情况。

动作要领：

(1) 合理冲撞抢球：当与对手并肩跑动时，身体重心稍下降，同对手接触一侧的臂紧贴自己的身体。当对手靠近自己一侧的脚离地时，用肘关节以上部位冲撞对手相应部位，使其失去平衡而乘机将球抢过来(见图11-22)。

(2) 异侧脚铲球：当控球者拨出球的一刹那，抢球者后脚(同侧脚)用力后蹬地成跨步，前脚(异侧脚)以脚外侧沿地面向前内侧滑出，用脚底蹬球。然后，小腿外侧、大腿外侧和臀部依次着地(见图11-23)。

图 11-22　合理冲撞抢球动作　　　　　　　图 11-23　异侧脚铲球动作

(3) 同侧脚铲球：当控球者拨出球的一刹那，抢球者后脚(异侧脚)用力后蹬地成跨步，前脚(同侧脚)以脚外侧沿地面向前外侧滑出，用脚背或脚尖将球踢或捅出。然后，小腿外侧、大腿外侧和臀部依次着地。

3. 侧后抢球

侧后抢球多是在对手突破的情境下，防守队员进行的回追反抢技术。由于位置上的劣势，因此必须靠铲抢动作争取主动，分为同侧铲球和异侧铲球。其铲球动作同侧面铲球，只是要特别注意铲球的时机与动作，不能先铲到人而造成犯规。

(二) 练习方法

(1) 两人一球练习正面跨步抢球。将球放在队员甲脚前，队员乙与其相距 2 米，队员乙上步做正面跨步抢球练习。两人可轮换抢球，体会正面跨步抢球动作要领。

(2) 铲球练习。一人一球将球放在前面某一位置，练习者选择适当位置站立，原地蹬出练习铲球动作。当基本掌握铲球动作后，练习者可将球沿地面缓慢抛出，自己追球将球铲掉，以体会如何对滚动的球实施铲球动作。待较熟练地掌握铲球动作后，再用以上方法进行铲控、短传的练习。

(3) 一人直线运球前进，另一人由后追赶至适当位置并抓住时机进行铲球练习。要求运球者给予适当的配合，使铲球者能在对手运球过程中实施铲球动作。

(4) 将抢球技术的练习与射门或传球等练习结合起来进行，根据训练任务，对攻守方分别提出不同的要求。

六、头顶球

头顶球是指运动员有目的地用前额将球击向预定目标的动作。头顶球是一个自下而上全身协调发力的动作过程，它的动作结构主要包括以下四个环节：判断与选位、蹬地与摆动、头触球、触球后身体的控制。

(一) 基本技术

头顶球的方法很多，但按头顶球的部位可分为额头正面顶球和额头侧面顶球两种。

1. 额正面顶球

技术特点：额正面顶球是头顶球技术中最为常见的方式，其特点是触球部位平坦，动作发力顺畅，容易控制出球方向，准确性强，出球平稳有力。

动作要领：原地顶球时，身体正对来球，两脚前后站立或成平行站立，膝关节微屈，两眼注视来球，上体稍后仰，两臂自然张开，挺胸展腹，下颌收紧，顶球时，蹬地、收腹、摆体、顶送发力，当头摆至身体垂直部位时，用前额正面(见图 11-24)顶击球的后中部，顶击瞬间，颈部肌肉保持紧张，顶球后继续前送，以便于控制出球的方向(见图 11-25)。

图 11-24　额正面位置　　　　　　　图 11-25　额正面顶球动作

2. 前额侧面顶球

技术特点：击球动作快捷，变换方向突然，顶出球的运行路线难以预测。但该动作难度较大，侧摆发力和出球方向较难控制，适用于应急时破坏球和门前的头球攻门。

动作要领：原地顶球时，选择好击球方向，身体稍侧对来球，两脚自然前后站立，击球一侧的支撑腿在前，身体稍向侧后微屈，重心落在后腿上，两臂自然张开，眼睛注视来球。顶击球时，后脚向击球方向猛力蹬伸，身体随之向出球方向转动侧摆，同时颈部侧甩发力，用额侧部(见图 11-26)将球击出。跳起顶球，类似额正面的跳顶，只是在起跳上升阶段，上体应向出球的相反方向侧屈转体。跳至最高点时，上体向出球一侧加速转动，摆体侧甩，可利用脚的侧下蹬地，加速侧摆速度，用额侧部将球顶出(见图 11-27)。

图 11-26　前额侧面位置　　　　　　图 11-27　前额侧面顶球动作

(二) 练习方法

1. 个人进行头顶球练习

(1) 做各种头顶球的模仿动作练习。

(2) 自己双手举球在头前，用前额正面或侧面去触击球，体会触球部位，培养顶球过程中注视来球的习惯。

(3) 利用吊球进行练习。改变吊球架上足球的高度，进行各种顶球的练习。

(4) 利用足球墙进行练习。自抛球由墙弹回进行各种顶球练习，这样就更进一步接近场上的实际情况，也能提高自己对来球的判断能力。

2. 多人进行头顶球练习

(1) 两人或两人以上在一起进行抛球——头顶球练习，这样可以培养对运行中球的速度、轨迹的判断力以及身体摆动协调的正确性及出球的准确性等。

(2) 顶球射门练习：顶球队员站在罚球弧附近，掷球队员站在球门内或球门侧面将球抛至罚球点附近，顶球队员跑上前顶球入门。

(3) 两人一球，相距 20 米左右，甲传过顶球飞向乙，乙顶回给甲。数次后轮换传、顶球。

(4) 争顶球练习。三人一组，一人传球，另两人与传球人相距 20 米以外，传球人传出高球，两人争顶(一人防守，一人进攻)。这种对抗性的练习，更接近比赛实际情况。可将上述练习移至球门前，一人在侧面传高球(或踢角球)，另两人在罚球点附近，其中一人向外顶球，另一人向球门里顶球。

七、掷界外球

掷界外球是指运动员按规则用双手将球掷入场内预定目标的动作。掷球时，掷球队员必须面向球场，用双手将球从头后经头顶用一个连续动作掷入场内，脚可以踩在边线上，但不得越过边线(见图 11-28)。

图 11-28　掷界外球动作

(一) 原地掷界外球

技术特点：在掷界外球时，可直接将球掷于同伴。该技术稳定性和准确性较强，但掷球的距离较近，多用于将球掷出后，再由同伴组织下一步的进攻。

动作要领：面对场内出球方向，两脚前后或左右开立，膝关节弯曲，上体后仰呈背弓，重心移到后脚上(左右开立时，重心在两脚间)，两手自然张开拇指相对，持球的侧后部，屈肘将球置于头后。掷球时，后脚用力蹬地，两腿迅速伸直快速摆体，同时两臂急速前摆。当球摆到头上时，用力甩腕将球掷入场内。掷球时，脚可沿地面向前滑动，但不得离地或踏入场内。

(二) 助跑掷界外球

技术特点：在掷界外球时，可以通过助跑的前冲速度，快速将球掷向同伴，使同伴直接射门得分。该技术具有突然性和直接性，掷出的距离较远，但掷球的时机和落点的准确性较难掌握。

动作要领：助跑时，双手持球于胸前，在迈出最后一步时，上体后仰或背弓，同时两手持球，两脚前后开立。若助跑速度较快，在最后两步也可采用垫步的方法加以控制身体向前的冲力。掷球动作同原地掷界外球。

八、守门员技术

守门员的有球技术主要包括接球、扑球、拳击球、托球和发球等动作方法。以下主要介绍前两种。

下手接球

(一) 接球

技术特点：接球是守门员技术的重点，也是最为常见的技术。其特点是简单、容易掌握、运用范围广泛、稳定性要求高，是守门员必须熟练掌握的基本能力。从手形上可以分为下手接球和上手接球。

动作要领：

(1) 下手接球。基本手形为"簸箕"状，手指张开，掌心向上，小拇指靠拢。下手接球适用于接地滚球、低平球、低弧度的反弹球和高弧度的落降球。接球的基本姿势有跪式(见图 11-29、图 11-30)、俯背式(见图 11-31)和站立式(见图 11-32)三种。

图 11-29　跪式一　　　图 11-30　跪式二

图 11-31　俯背式　　　图 11-32　站立式

(2) 上手接球。基本手形为"球窝"状，掌心向前稍内倾，手指向上，拇指靠拢(见图 11-33)，适用于接胸部以上的各种高球。上手接球的基本姿势有原地站立接球和跳起接球(见图 11-34)两种。原地接球时，身体正对来球，当球临近时，两臂举起迎球，控制好接球的手形。触球刹那，掌心要空，手腕、手指用力接球，手臂顺势下引缓冲收球，手腕扣紧，前臂旋外夹肘，两手贴紧球体表面翻转滑动，将球牢牢抱于胸前。跳起接球时，首先观察来球的路线，判断来球的旋转方式和落点，然后选定起跳点，掌握好起跳时机，保持身体在空中的平衡，跳至最高点时，伸臂展体将球接住或一腿提膝内扣做自我保护，并顺势收于胸前。落地时，注意屈膝缓冲。

图 11-33　上手接球基本手形　　　图 11-34　跳起接球动作

(二) 扑球

技术特点：扑球是守门员技术的难点，也是守门员技术中最具观赏性的动作。这是在守门员重心无法移动的情况下，利用直接倒地或腾空倒地，加速重心向球侧移动的一种动作方法。该技术具有较强的专业能力，可分为倒地侧扑和跃起侧扑(鱼跃扑球)两种，下面介绍倒地侧扑接球。

动作要领：扑两侧球时，首先做好准备姿势，两眼注视来球，身体重心置于两腿之间，两脚时刻准备蹬地，精力集中。扑球时，异侧脚内侧侧蹬发力，同侧脚屈膝迎球跨出，上体顺势压扑以加速重心的前移倒地，双臂同时迎出接球，腕关节稍内扣，用手掌挡压控球。触球后屈臂收球于胸前，并快速抱球起身。侧倒过程以小腿、大腿、臀部、肩和手臂外侧顺序缓冲着地(见图 11-35)。

图 11-35　倒地侧扑接球动作

第三节　足球运动的基本战术

足球战术就是将球队集体的力量组织和调动起来，充分发挥每一个队员的特长，并根据对手和自己的情况，成功地组织队员和巧妙地运用战术以取得比赛的主动权，最终赢得比赛。

足球比赛是由攻守矛盾组成的，攻和守不断地转换组成了比赛的全过程。因此，足球战术可分为进攻和防守两大系统。进攻和防守中又分别包含着个人战术、集体战术。

一、足球比赛常态阵形

比赛阵形是指场上队员的位置排列、攻守力量搭配和职责分工的形式。阵形的序列一般是从后卫排向前锋。守门员的人数、职责固定，一般不予计算。现代常用的足球比赛阵形有"四三三""四四二""四五一""三五二"等。

(一) "四三三"

"四三三"主要特点是有利于攻防力量的组织,攻防的机动性大,进攻突然、隐蔽性强,是一种攻守相对平衡的阵形,前、中、后三个区域的人员比较平衡。但对于中场三名前卫的能力要求甚高,是球队为了加强边路进攻而常常采用的阵形(见图11-36)。

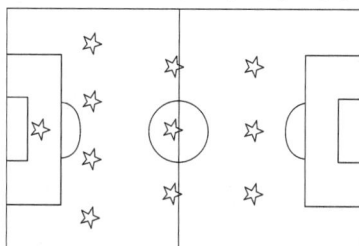

图 11-36 "四三三"

(二) "四四二"

"四四二"阵形是足球运动的常见阵形,它的特点在于攻守平衡,无论从人员排列到职责分工,各条线和位置之间都能相互进行补位,并能进行保护。一般而言,中场四人站法比较常用的主要有四人平行站位(见图11-37)和菱形站位(见图11-38)。此外,根据比赛目的,还有"1+3站位""3+1站位"和"2+2站位"。

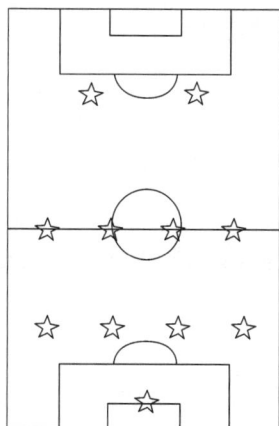

图 11-37 四人平行站位

图 11-38 菱形站位

(三) "四五一"

"四五一"阵形安排四名球员在后场,五名球员在中场,只留一人在前场担当前锋,因中后场的球员密集,无疑也具有密集型防守反击的特点。不过,"四五一"阵形在中场安排了 5 名球员,在稳固防守的基础上,仍可采取积极、大胆的进攻,所以并不能说这是一种保守的阵形。"四五一"阵形中,中场有单后腰站位(见图11-39)和双后腰站位(见图11-40)两种。

(四) "三五二"

"三五二"阵形是在中场放了五名球员,中场人员相对占优。采用这种阵形的球队,一般是实力强于对手,运用压迫式打法向对手施加压力。"三五二"阵形中,中场球员站位方式有单后腰站位(见图 11-41)和双后腰站位(见图 11-42)两种。

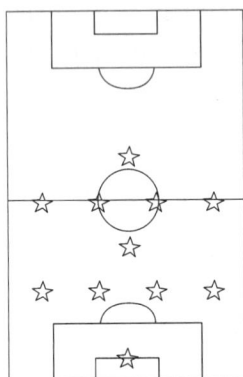

图 11-39　单后腰站位　　图 11-40　双后腰站位　　图 11-41　单后腰站位　　图 11-42　双后腰站位

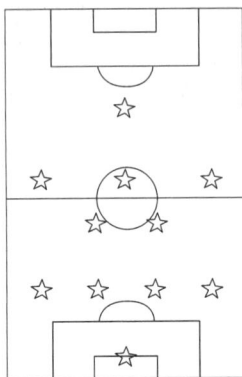

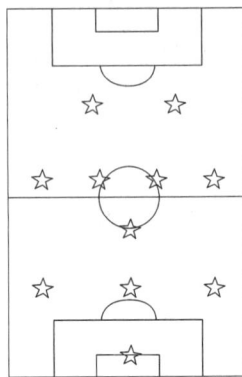

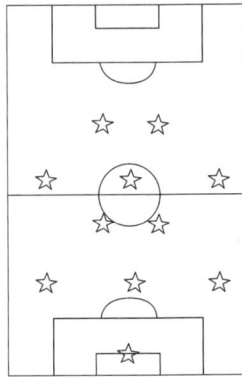

二、足球进攻战术

(一) 局部进攻战术

局部进攻战术是指进攻中两个或几个队员之间的配合方法。它是集体配合的基础。局部进攻战术的基本配合形式有：传切配合、交叉掩护配合和二过一配合。

1. 传切配合

传切配合是指控球队员将球传给切入的进攻队员的配合方法，是局部进攻战术中运用最多的方法。传切配合的形式有局部传切配合和转移长传切入配合。

2. 交叉掩护配合

交叉掩护配合是指在局部地区两名进攻队员在运球交叉换位时，以自己身体掩护同伴越过防守队员的配合方法。

3. 二过一配合

二过一配合是指在局部地区两名进攻队员通过再次连续传球配合，越过一名防守队员的配合方法。常用的配合方法有：直插斜传二过一(见图 11-43)，斜插直传二过一(见图 11-44)，斜传斜插二过一(见图 11-45)，回传反切直传二过一(见图 11-46)。

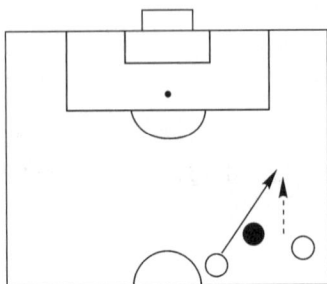

图 11-43　直插斜传二过一　　　　图 11-44　斜插直传二过一

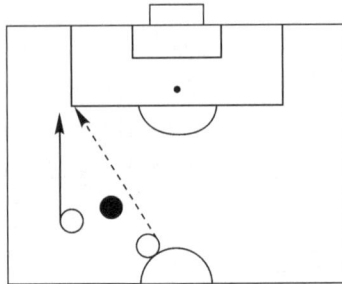

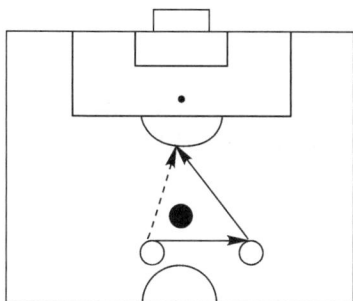

图 11-45　斜传斜插二过一　　　图 11-46　回传反切直传二过一

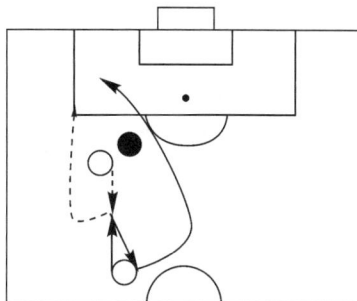

(二) 整体进攻战术

整体进攻战术是指为了完成进攻战术任务所采用的全局性的配合方法。整体进攻战术涉及的人员比较多，是全队协调一致的行动，体现了一个队伍的进攻实力和配合能力。一次完整的整体进攻是由发动、发展和结束三个阶段组织的。发动阶段是获得球、控制球、传球的进攻阶段；发展阶段是通过整体的无球跑动和有球配合迅速展开的全面进攻阶段；结束阶段是通过传中、运球突破、传切配合等形式创造的攻击对方球门的进攻阶段。整体进攻包括边路进攻、中路进攻和快速反击等。

1. 边路进攻

边路进攻的特点是充分利用场地的宽度，拉开对方的防线。当由守转攻时，可由边卫或者边锋发动边路进攻。经过局部配合突破后，将球传到中央，由其他进攻者包抄射门。比赛中，中间地区防守队员比较集中，边路地区防守队员相对少些，因此从边路进攻比较容易突破对方防线。

2. 中路进攻

中路进攻是指在对方半场中部发展与结束的进攻。中路进攻主要运用的战术有运球突破、踢墙式二过一配合、运球交叉掩护配合、回撤反切突破、横扯插上突破等。中路进攻主要是通过中锋和内切的边锋或插上的前卫之间的配合或个人运球过人等方法突破对方防线，达到进攻的目的。

3. 快速反击

快速反击是指防守的一方获得控球权后，在对方尚未形成防守状态时，快速攻击对方，创造射门机会。

三、足球防守战术

(一) 局部防守战术

局部防守战术是指两个或两个以上防守队员之间的配合方法。它是集体防守战术的基础。其基本配合形式有：保护、补位和围抢。

(二) 整体防守战术

整体防守战术是指全队所采取的防守配合。整体防守战术按形式分为人盯人防守、区域盯人防守和混合盯人防守；按打法分为向前逼压式打法、层次回撤式打法和快速密集式打法。

第四节　足球运动的基本规则

一、球场

球场必须是长方形，在长 90～120 米、宽 45～90 米范围内均可。国际足球比赛的场地范围为长 100～110 米，宽 64～75 米。基层比赛场地可因地制宜，但边线必须长于球门线。场地各区域尺寸固定不变(见图 11-47)。

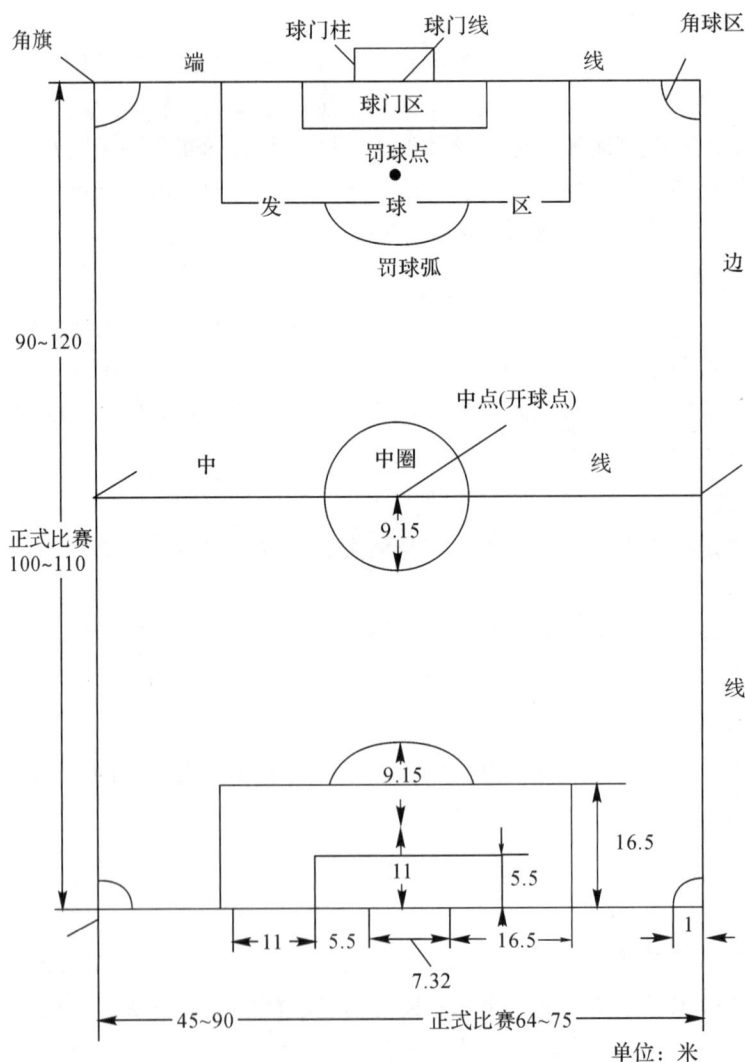

图 11-47　足球场

二、球门

门框直径不超过 12 厘米，两立柱内沿相距 7.32 米，横梁下沿与地面的垂直距离为 2.44 米，立柱与横梁宽度应相等。

三、比赛开始和重新开始

将球放在中点上准备开球，当球被踢并向前移动时，即比赛开始。开球队员不得连踢。开球直接射入对方球门时得分。比赛由于规则没有提到的原因而终止，应采用坠球恢复比赛。

四、比赛进行及死球

(一) 比赛进行

(1) 球从球门柱、横梁或角旗弹回场内。

(2) 球从比赛场地上的裁判员或助理裁判员身上弹回场内。

(3) 队员有犯规，而裁判未予判罚。

(二) 死球

(1) 当球在地面或空中全部越过球门线或边线时，包括球被大风刮回。

(2) 当比赛已经被裁判员停止时。

五、计胜方法

当球的整体从球门柱间及横梁下越过球门线，而此前未违反竞赛规则，即为进球得分。

六、越位

越位位置的条件是在对方半场内，比球更接近于对方球门线，在该队员与对方球门线之间，对方队员不足两人。判断是否处于越位位置的时间是同队队员踢或触球的瞬间，而不是该队员接得球的瞬间。有下列行为之一，裁判员可判罚越位：干扰比赛、干扰对方、利用越位位置获得利益。

七、犯规与不正当行为

(一) 直接任意球和罚球点球的判罚

这包括以下行为：踢或企图踢对方队员；绊摔或企图绊摔对方队员；跳向对方队员；冲撞对方队员；打或者企图打对方队员；推对方队员；为了得到对球的控制而抢截对方队员时，于触球前触到对方队员；拉扯对方队员；向对方队员吐口水；故意手球。

(二) 间接任意球的判罚

这包括以下行为：守门员拖延时间(持球超过 6 秒)；守门员在发出球后，未经其他队员触及，再次用手触球；守门员用手触及同队队员故意踢给他的球；守门员用手触及同队队员直接掷入的界外球；动作具有危险性；阻挡对方队员；阻挡对方守门员从其手中发球；队员在比赛中被判罚有开球、球门球、角球、界外球、任意、罚球点球连踢。

(三) 纪律制裁

纪律制裁包括：可警告的犯规(黄牌)和罚令出场的犯规(红牌)。

八、任意球

(一) 直接任意球

直接任意球可以直接射入对方球门得分(直接射入本方球门，不算进球，应由对方踢角球)。

(二) 间接任意球

间接任意球不能直接射门得分，必须经场上其他队员触及后进入球门内才算进球有效(直接射入对方球门，由对方踢球门球)。

九、掷界外球

在比赛进行中，当球的整体从地面或空中越过边线时即为球出界。应由出界前最后触球队员的对方队员在球出界处边线外站立，将球掷向场内任何方向。球一进场，比赛即为恢复。

十、球门球

队员将球的整体从空中或地面踢出对方球门线(不属于进球得分)时，由对方在球门区任何一点踢球门球。踢球门球时，对方队员应退出罚球区。当球直接踢出罚球区进入场内时比赛即为恢复，在出区之前被任何人触及，均应重踢球门球，可以直接射入对方球门得分。

十一、角球

比赛中，队员将球的整体由地面或空中踢出本方球门线(不属于进球得分)时，由对方在出界的一侧的角球区内踢角球。角球可以直接射入对方球门得分。

参 考 文 献

[1] 中国足球协会. 足球竞赛规则[M]. 北京：人民体育出版社，2015.

[2] 麻雪田. 现代足球运动高级教程[M]. 北京：高等教育出版社，2012.

[3] 曹西文，郭守康. 高校足球教学中强化学生体能训练的措施[J]. 田径，2019(10):28-29.

[4] [荷]Bert Van Lingen. 足球训练：荷兰足球协会青少年足球训练指定教材[M]. 杨一民，李飞宇，李连胜，译. 北京：人民体育出版社，2002.

[5] 全国体育院校教材委员会.现代足球[M]. 北京：人民体育出版社，2001.

[6] 耿建华，毛杰. 足球运动员损伤的分析与研究[J]. 中国体育科技，2014，40 (6).

[7] 时卫东，等，现代足球教学与体育教育展望[M]. 上海：华东师范大学出版社，2017.

第十二章 乒 乓 球

第一节 乒乓球运动概述

乒乓球运动起源于 19 世纪的英格兰，是从网球运动中演变过来的。乒乓球因声得名，是体育项目中最形象的叫法，而国际乒联一直沿用"桌上网球"的名称，英文译为"table tennis"。20 世纪初期，运动员使用的球拍虽形状各异，但都是木制的，球弹出后速度慢、力量小，没有什么旋转技巧，打法也很简单，就是两者之间推来推去。后来有人在球拍上贴层羊皮。随着现代工业的发展，欧洲人把带有胶粒的橡皮贴在球拍上。20 世纪 50 年代初，奥地利人发明了海绵球拍，最初是一种类似网球的橡胶球。1890 年，英国运动员吉布从美国带回作为玩具的赛璐珞球，用于乒乓球运动。

第二节 乒乓球运动的基本技术

一、握拍技术

(一) 直握拍法

1. 快攻型直握拍法

乒乓球运动基本技术

拍柄贴在虎口上，拇指的第一指节压住球拍左肩，食指的第二指节压住球拍右肩，拇指第一指节和食指第一、二指节位于球拍前面呈钳形，两指尖距离 1～2 厘米，其他三指自然弯曲叠置于拍后(见图 12-1)。

图 12-1　快攻型直握拍法

2. 弧圈型直握拍法

食指扣住拍柄与拇指共同形成环状，其他三指自然微伸叠置于拍后(见图 12-2)。

图 12-2　弧圈型直握拍法

(二) 横握拍法

1. 攻击型横握拍法

拇指自然斜伸，贴于拍面。食指自然斜伸，贴于球拍背后，用第一指节顶住球拍，顶点略偏上(见图 12-3)。

图 12-3　攻击型横握拍法

2. 削攻型横握拍法

拇指在前自然弯曲贴于拍柄，食指在拍后自然斜伸贴于拍面，其他各指自然握住拍柄(见图 12-4)。

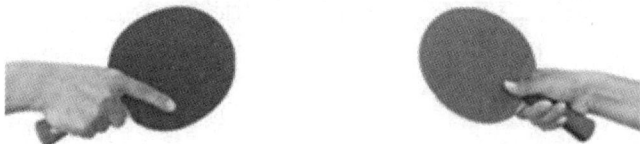

图 12-4　削攻型横握拍法

二、站位技术

(一) 基本站位

基本站位所指的是一个大概范围，并不是固定的一点。各种类型打法的基本站位不仅不一样，而且它们所指的范围大小亦不相同。直拍近台快攻打法的基本站位所指范围较小，弧圈球打法就大些，而削球打法则更大。

(二) 基本姿势

两脚开立，略宽于肩，左脚稍前，右脚稍后，前脚掌内侧着地，脚后跟略提起，两膝自然微屈，重心在两脚之间，含胸收腹，身体略前倾，肩关节放松，执拍手位于身前偏右处，球拍略高于台面。另外，每个选手的基本姿势还要依其身体条件及技术特点略有变化。

三、基本移动步法

球类运动中基本移动步法是十分重要的，乒乓球亦不例外。本书主要

基本移动步法

介绍单步、跨步、并步和交叉步。

(一) 单步

以一只脚为轴，另一只脚向前、后、左、右不同方向移动，身体重心随之落在移动脚上。

(二) 跨步

一脚蹬地，另一只脚向移动方向跨一大步，蹬地脚随后跟上半步或一小步，身体重心即移到跨步脚上。

(三) 并步

一脚先向另一脚并半步或一小步，另一脚在并步脚落地后随即向来球方向移动一步。

(四) 交叉步

以靠近来球方向的脚为支撑脚，该脚的脚尖高速指向移动方向，远离来球方向的脚在体前交叉，向来球方向跨出一大步，身体随之向来球方向转动，支撑脚跟着向来球方向再迈一步，此为前交叉步；在体后完成交叉动作，为后交叉步。

(五) 基本移动步法常用练习方法

(1) 听口令或看信号原地做基本步法移动练习。
(2) 站于乒乓球台前进行左右移动练习。
(3) 结合握拍法进行组合练习。

四、发球技术

发球是乒乓球运动中非常重要的技术，是比赛的开始，它不受对方来球的制约和限制。在比赛中，发球可以直接得分，也可以为发球抢攻创造条件，有利于选手充分发挥自己的技术风格和特点，限制对方技术特长的发挥，破坏对方战术，造成对方心理恐惧，从而使自己增强比赛的信心。

发球技术

(一) 正手发急(奔)球

左脚稍前，身体略向右转，执拍手向右手方引拍。球拍稍竖，拍面垂直，待球从上向下回落时，上臂带动前臂由右后方向左前方快速挥拍，在球降落至比网高的位置时触球的中上部。第一落点在本方台区端线附近。

(二) 低抛正手发左侧上、下旋球

站位在左半台，左脚在前，右脚在后，身体向右倾。持球手自然放在腹前约20厘米处，持拍手放在持球手后面。

持球手将球向上轻轻抛起的同时，持拍手迅速向后上方引拍，拍形向右前上方，身体向右转，然后迎前击球。发左侧下旋球时，持拍手由右上方向左前下方挥摆，接触球时手腕发力从球的右侧中下部向左下方摩擦，击球后手腕自然向右下方放松还原。发左侧上旋球时，持拍手由右上方向左前下方挥摆，触球时手腕发力从球的右中下部向左上方上勾、摩擦，击球后手腕自然向右下方放松还原(见图12-5)。

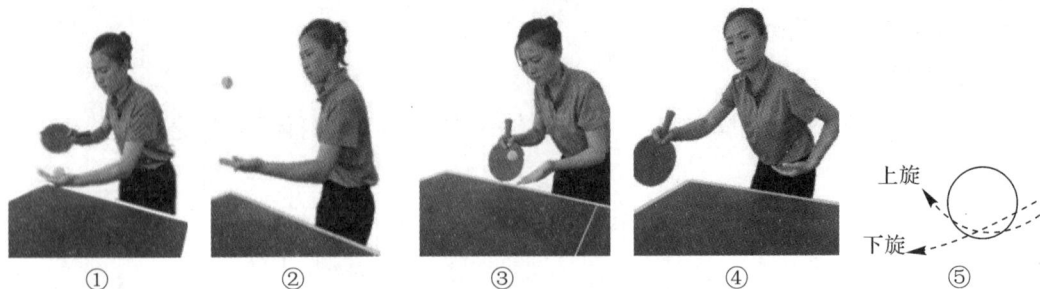

图 12-5　低抛正手发左侧上、下旋球

(三) 低抛正手发加转下旋球与不转球

站位同低抛正手发左侧上、下旋球。

持球手将球轻抛起后，持拍手向后上方引拍，拍形稍立或微前倾。发加转下旋球时，持拍手向前下方挥摆，击球前，拍面稍平，击球时手腕发力摩擦球的底部。发不转球时，持拍手向前下方挥摆，击球前，拍面不要太平，击球时，不是摩擦球体而是推打球的中下部(见图 12-6)。

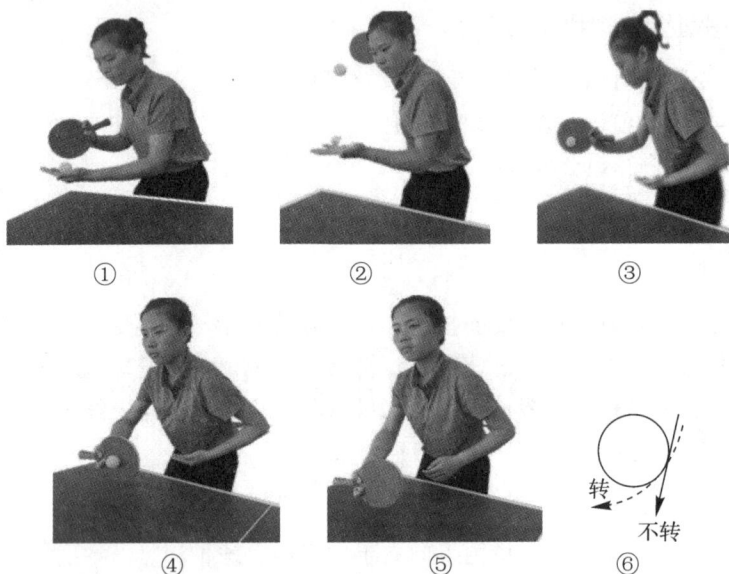

图 12-6　低抛正手发加转下旋球与不转球

(四) 正手高抛发左侧上、下旋球

站位在左半台，左脚在前，右脚在后，身体向右倾。持球手自然放在腹前约 20 厘米处，持拍手放在持球手后面。

抛球时，抛球手的肘部要贴近身体的左侧部。前臂向上用力抛球的同时，腰和腿顺势向上稍挺伸，重心在左脚。当球从最高点下降时，持拍手向右上方引拍，拍面稍平。待球下降到接近头部高度时，持拍手由右上方向左下方挥摆。球降到右腰前 15 厘米处为击球时间。发左侧上旋球，当球拍与球接触时，手腕迅速上勾，由球的右侧中下部向左下方摩擦，摩擦后自然向右下方放松手腕。若发左侧下旋球，则当球拍与球接触时，球拍由球的右侧中下部向左下方摩擦，摩擦后自然向右下方放松手腕。完成动作后身体重心从左脚移到右脚(见图 12-7)。

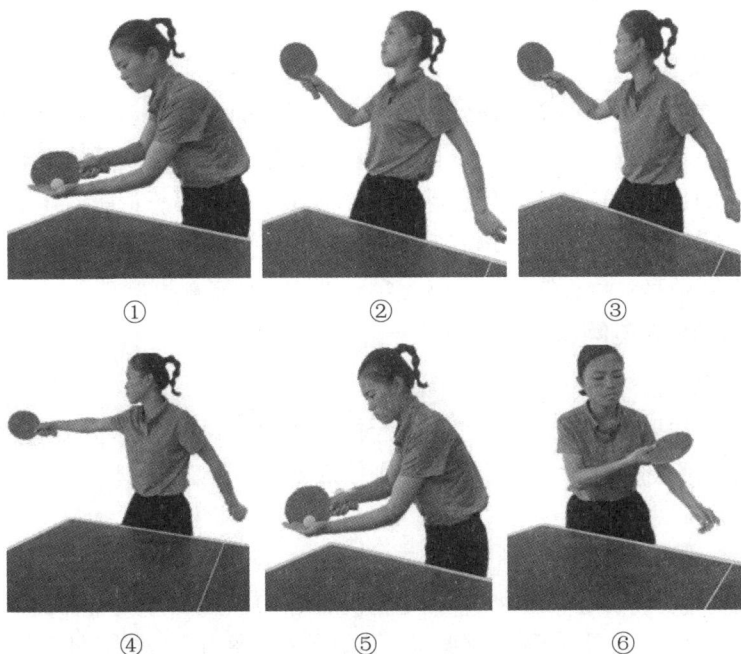

图 12-7　正手高抛发左侧上、下旋球

(五) 反手发右侧上、下旋球

站位一般在左半台，身体和球台的距离约为 30 厘米。两脚与肩同宽，右脚稍前，身体略向左偏斜，持拍手位于身体左前方，球放在掌心上，手掌置于端线外(不能进球台)，在边线延长线之内，并略高于台面(见图 12-8)。

持球手将球抛起时，持拍手快速向左后方引拍，以球拍引至左肘下方外侧为宜，手腕适当内屈，拍面向左上方，待球在高点下降时，即向前击球。向前击球分两部分动作完成。从左后上方向右前下方挥摆为第一部分；从右前下方向右前上方挥摆为第二部分。这样，当发右侧下旋球时，用第一部分动作做最后阶段的击球，拍面从球的中下部向右侧下摩擦(见图 12-8)，触球后仍做第二部分动作，也称假动作。当发右侧上旋球时，第一部分动作作为假动作，不击球，用第二部分动作击球。触球时球拍从球的中下部向右上方摩擦(见图 12-8)。

图 12-8　反手发右侧上、下旋球

五、接发球技术

(一) 接发球技术

接发球时选手处于被动地位。接发球的难度主要是通过判断和分析对手的发球意图及球的旋转、速度、落点等因素，来决定自己的回接方法。接发球既受控于对手的发球，又要有反控于对手的一板抢攻。接发球技术的优劣对比赛胜负起着重要的作用。若能有效地接好对方发球，遏制或瓦解对方发抢的主动优势，那么在比赛中就有了一半以上的取胜可能。接发球技术包括点、拨、搓、拉、攻、推、削、摆短、撇侧旋球等。

(二) 接发球应注意的问题

1. 站位的选择

一般情况下，如果对方准备用正手在球台的右角发球，则按发球的站位在中间偏右。如果对方用反手或侧身在球台的左角发球，则接发球的站位应在中间偏左一些。

2. 准确判断

看清楚触球瞬间的触拍部位、触球部位、用力方向，不被对方的假动作所迷惑。一般情况下，球落台后向前走得慢的是下旋球，向前走得快的是上旋球或不转球。下蹲发的左、右侧旋球，从对方的发球动作上很难判断清楚旋转，而用这种看球落台后弹跳情况的方法就比较容易。

3. 果断还击

对方的发球一旦出手，必须尽快决定接发球的还击方法。能攻则攻，能拉则拉，点一板或撇一板都是有效的接发球方法；遵循"低拉高打"的原则。

4. 重视基本技术的练习

接发球的方法基本上由拉、点、攻、挡、搓、撇等各种技术综合组成。在教练或是同伴的配合下进行连续练习，加强基本技术的掌握。

5. 接发球技术的学练方法

(1) 接好台内短球。可采用快搓摆短、快捅底线长球、快挑多种落点、撇大角、拧搓左右侧旋、拧挑左右侧旋、推送下沉球等技术手段。

(2) 突出"快"和"变"。以快为主，如点球快、拉球快、挑球快，运用搓球、推挡球也要快。变就是落点、速度、旋转的变化。落点和速度的变化包括拉、挑、拨斜直线，推两角，压中路和快搓短球，以及快捅底线长球等。旋转变化包括撇侧旋、拉小弧圈、拧挑左右侧旋、拧搓左右侧旋、搓转与不转球等。

(3) 接发球要力争做到有拉、有攻、有点、快摆、快捅、时长时短、忽左忽右和多种旋转变化的主动意识，给对方制造难度，不能随心所欲，变被动为相持，甚至转为主动，为第四板创造进攻机会。

六、推挡技术

推挡是直拍左推右攻打法的一项重要技术，也是初学者入门的一种基本技术。推挡是争取主动的助攻手段，亦是积极防御的技术。掌握推挡技术要求速度快、力量大、变化多、有韧性。

推挡技术

技术分析：站位近台，击球前持拍手上臂和肘关节内收，前臂略向外旋。击球时手臂快速迎前，手腕外旋，食指压拍，在来球反弹的上升期击球，触球中上部，向前并稍向上发力。击球后，手臂继续前送一段距离再还原。推挡技术可分为平挡、反手快推、加力推挡、推挤、下旋推挡、减力推挡和正手推挡等。

(一) 平挡

特点：借力还击，力量轻、速度慢、线路短。

要点提示：拍面接近垂直，略高于台面，手指手腕控制拍形，上升前期触球中部靠上，借助来球反弹力，前臂和手腕向前上方挥动。

(二) 快推

特点：速度快、变化多、灵活，一般运用于相持、接弧圈球、拉球和中等力量的突击来球。

要点提示：上臂、前臂向后下方稍引拍(动作要小)，手臂迅速迎前，在来球的上升期击球，击球瞬间手腕外旋用力，触球中上部，手臂向前并稍微向上辅助用力快推。

七、攻球技术

攻球技术在各类打法中占据重要的地位，具有站位近、判断快、动作小、击球速度快、变化多，以及击球还原快、动作放松快、步法移动快等特点。

攻球技术

技术分析：站位近台，左脚在前，右脚在后，向右转体引拍，重心落在右脚上。当球从台面弹起，前臂和手腕以肘关节为中心向左前上方挥拍，在来球的上升期或高点期击球中部偏上，发力击球的同时，略微蹬腿转腰，重心移至左脚，以辅助发力。球击出后，要迅速还原成基本姿势，准备下一板击球。攻球技术分为正手攻球、反手攻球和侧身攻球三大部分，包括快攻、快点、快拉、突击、扣杀、快带、杀高球、中远台攻球、攻打弧圈球等各种技术。

(一) 正手攻球技术

1. 正手快攻(亦称正手快抽)

特点：站位近、动作小、速度快、进攻性强。

要点提示：右脚稍用力蹬地，膝髋稍向前挺，腰向右转，带动手臂向前挥动迎球。击球点在体前右侧，触球瞬间前臂快速用力收缩，以向前打为主，略有摩擦。在来球的上升期或高点期击球，触球的中上部，手腕、手指调节好拍形辅助发力，触球瞬间有一摩擦球的动作。

2. 正手快拉(通常也叫提拉、拉抽)

特点：速度较快，动作较小，路线较灵活并与突击动作较接近，用它快拉不同落点，配合拉轻重力量和旋转变化等，伺机进行突击、扣杀。

要点提示：以前臂发力为主，在来球高点期或下降前期击球，手腕同时向前向上用力转动球拍摩擦球，以便制造弧线。应注意判断来球下旋的强弱，若来球下旋强，则球拍向上摩擦球的力量要大些，弧线要高些；反之，向上摩擦球的力量要小些，弧线应低些。拍面角度和触球部位也要根据来球下旋的强弱来调节。

3. 正手扣杀

特点：力量大、球速快、威力大、攻击性强，常用于还击各种机会球。

要点提示：主要靠腰髋的转动及腿的蹬力，带动手臂向前发力；手腕、手指除控制落点外，还应辅助手臂一起向前下爆发用力，在来球的高点期击球，亦可在上升期击球。扣杀一般来球，拍面稍前倾，击球中上部；扣杀强烈下旋球，拍形与台面垂直，在来球的高点期击球中部，发力以撞击为主，略带摩擦。若来球高且近网，可直接将球向下稍前扣杀。

4. 正手攻打弧圈球

特点：速度快、力量大、威胁性强。

要点提示：高手引拍，拍形稍前倾，相对固定。发力以大臂和腰髋的转动为主，触球瞬间前臂有一收缩动作，击球点一定要在身前，发力方向为向前、向下，击球时间在来球上升后期。

(二) 反手攻球技术

特点：出手快、突然性强。

1. 直拍反手攻球

要点提示：右髋和腰右侧略向左后方压转重心，前臂稍向后摆，引拍稍高。髋关节略向右转，前臂向右前方用力，肘部内收，左肩稍向后拉，击球中部稍偏左侧，手腕辅助发力，稍带摩擦球，食指掌握好拍形，拍后中指决定发力方向。

2. 横拍反手攻球

要点提示：腰髋部略向左转的同时，带动前臂略向后引拍，手腕稍后屈。在腰髋部略向右转的同时，前臂和手腕向前右方发力，触球的中部或中上部，前臂和手掌背部的运行方向决定击球的方向，拇指控制拍形和击球弧线。

八、弧圈球技术

(一) 正手加转弧圈球

弧圈球技术

要点提示：左脚在前，右脚稍后，两膝微屈，重心落在右脚上。手臂自然下垂伸直，拍形略前倾，当来球从台面弹起时，右脚蹬地，腰部向左上方转动，上臂带动前臂向左前上方加速挥动，击球瞬间，整个身体的动量传递到手腕，加速度达到最大。在来球的下降初期摩擦球的中部或中上部。击球后身体重心移至左脚(见图 12-9)。

图 12-9　正手加转弧圈球

(二) 正手前冲弧圈球

要点提示：站位与加转弧圈球相同。手臂的引拍要比加转弧圈球高一些，球拍与地面大约成 80° 角。当球从台面弹起时，腿、腰、上臂、前臂依次进行动量传递，击球瞬间手腕向内向前略微转动，加速度达到最大，在来球的上升期或高点期摩擦球的中上部。击球后，重心移至左脚(见图 12-10)。

① ② ③ ④ ⑤ ⑥

图 12-10 正手前冲弧圈球

(三) 横拍反手弧圈球

要点提示：两脚平行或左脚稍后站立，两膝微屈。击球前，将球拍引至腹部下方。当球从台面弹起时，以肘关节为轴，前臂迅速向上挥动，结合手腕向上转动的力量，在来球的下降过程中击球，同时两脚向上蹬伸(见图 12-11)。

① ② ③ ④

图 12-11 横拍反手弧圈球

九、搓球技术

(一) 反手搓球

要点提示：站位近台，右脚稍前，重心在两脚之间，持拍手臂向后上方引拍，球拍呈半横状，拍面后仰，前臂和手腕由外旋向前下方迎球，身体同时迎前，在来球下降或上升期击球的中下部。击球后，前臂顺势前送一段距离(见图 12-12)。

搓球技术

① ② ③ ④ ⑤

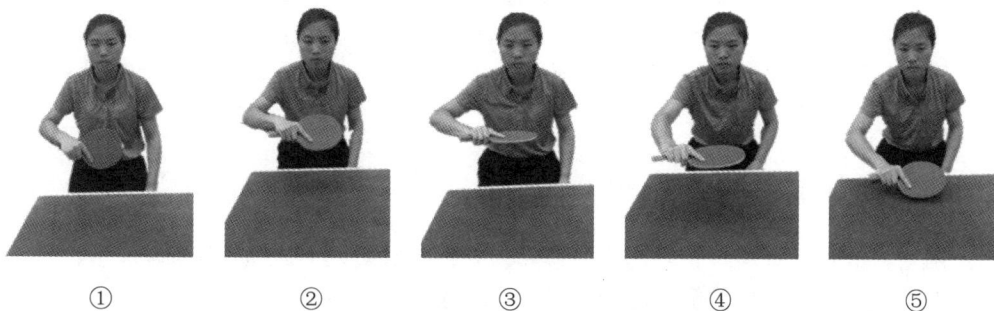

图 12-12 反手搓球

(二) 正手搓球

要点提示：站位近台，左脚在前，重心稍向右脚偏移，向右后上方引拍，球拍呈半横状，拍面稍后仰，前臂和手腕向前下挥动，身体同时前移，在来球的下降或上升期摩擦击球后中下部。击球后，手臂顺势前送一段距离(见图 12-13)。

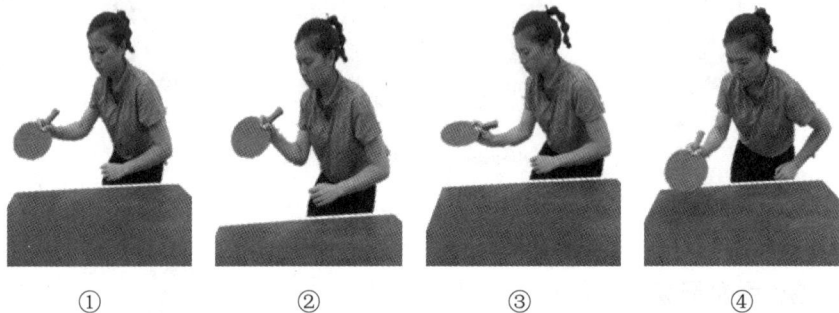

①　　　　　　②　　　　　　③　　　　　　④

图 12-13　正手搓球

第三节　乒乓球运动的基本战术

战术是一种综合运用技术、心理和身体素质的方法，也是在比赛中为战胜对手采取的计谋和行动。乒乓球战术的综合运用是技术比赛中的完美体现。战术以基本技术和技术实力为基础，技术掌握越全面、越纯熟、越实用、越有质量，就越能更好地完成战术实施，并取得良好的效果。乒乓球运动的基本战术有发球抢攻、接发球战术、对攻、拉攻、搓攻和双打等战术。

一、发球抢攻战术

发球抢攻战术是各种类型打法的重要战术之一，需要注意发球与抢攻的配合、发球与自己技术特点的结合、发球抢攻与其他战术的配合，并不断提高发球质量。所有技术中，只有发球是选手可以自己掌控的技术，具有主动性、隐蔽性和威胁性等特点，是比赛的重要得分手段，特别是在关键时刻，果断运用发球抢攻战术可以为对方制造障碍，为自己创造得分机会。发球抢攻战术一般包括以下几种：

(1) 以反手发急下旋球为主，配合发短球和急上旋球后抢攻或推挡。

(2) 反手发右侧上、下旋球至对方中间偏右近网处，配合发大角度长球，伺机抢攻。

(3) 正手发下旋转与不转短球至对方右角或中路为主，配合发长球至对手左方，伺机抢攻。

二、接发球战术

对对方发出的球可以抢攻为主，结合抢拉或抢冲。对方发侧下旋球时，只要落点较长即可抢位；对对方发来的侧上旋球，多采用抢攻方式迎击。

三、对攻战术

对攻是进攻型选手相互对抗时，双方利用速度、旋转、落点变化和轻重力量来控制与反控制对方，力争主动的重要手段。它主要是发挥快速多变的特点来调动对方，以达到攻击的目的。快攻对付以弧圈球为主的打法，主要是用速度、落点和轻重力量的变化，迫使对方难以发挥速度和力量、旋转的作用，拉不出高质量的弧圈球。各种具体对攻战术，主要是依靠左推右攻或正反手攻球结合变化落点和轻重力量组成。

(一) 紧压反手，伺机正手攻或侧身攻

一般用于对付反手较弱或进攻能力不强的对手。压住对方反手时，可用推挡、反手攻等主动制造机会。

(二) 压反手变正手

加大推攻力量，在对方大力反手球出现回球不当时，立即侧身拉攻或打对方中路、左角。

(三) 打追身

回球至对方持拍手手腕或前臂上端时，可用追身结合杀左右两大角或先两大角再追身的打法，让对方措手不及。

(四) 攻防结合

进攻过程中可采取挡板、带板、削板技术，打空当、变换落点和节奏，以破坏对方的战术。

四、拉攻战术

当对手进攻能力较强时，可进行拉攻。运用此战术时，力争主动拉扣或连续拉冲。

(一) 变化落点，伺机突击

运用落点的变化，结合球力量的变化，打乱对方步法，使对方在奔波中消耗体能。在其回球过程中等待机会，大力扣杀。

(二) 变化节奏，伺机待发

利用节奏的变化给对方制造困难。可在击球力量、时间上不断变化，打乱对方击球节奏，降低回球质量以求突击。

五、搓攻战术

搓攻战术是削中反攻和攻守结合类打法的主要进攻战术，又是快攻类打法对付攻球和削球打法的辅助战术。它主要是利用旋转和落点的变化来控制对方，为进攻创造机会。

(一) 搓不同落点

如搓两角、搓同线长短、搓异线长短、搓追身，伺机突击。

(二) 搓转不转结合落点变化

如快搓转不转，快、慢搓结合，下旋和侧旋结合等，伺机突击。

(三) 搓拉结合

如先搓后拉，先拉后搓，搓中变推等，伺机突击。

六、双打战术

双打比赛是一个十分活跃且很有趣味的项目，它要求两名选手紧密配合、相互了解、相互信任、共同合作、发扬集体主义精神，这样才能取得好的成绩。

(一) 双打的配对

(1) 一名快攻与一名弧圈球选手配对，即一快一转、一前一后。

(2) 一名快攻左手与一名快攻右手配对，形成一左一右移动走位。

(3) 一名快攻正胶与一名快攻反胶配对，形成环形移动走位。

(4) 两名削球选手配对，最好是一个站位稍前、一个站位稍远。

(二) 双打的走位

1. 八字形走位

该走位适用于一左手和一右手执拍进攻型选手配对(见图 12-14)。

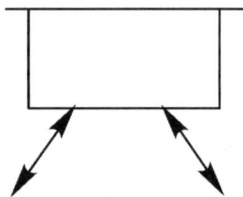

2. 环形移动

该走位适用于两名右手执拍选手配对时的走位(见图 12-15)。

图 12-14　八字形走位　　　　　图 12-15　环形移动

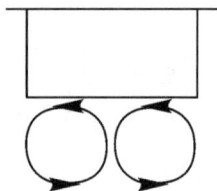

3. T 字形移动

该走位适用于一近台与一中远台选手配对时的走位(见图 12-16)。

4. 横字形移动

该走位适用于对方对本方一名选手交叉打两角时的走位(见图 12-17)。

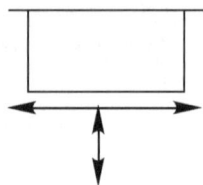

图 12-16　T 字形移动　　　　　图 12-17　横字形移动

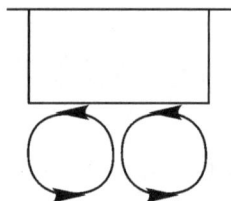

(三) 发球和接发球时的站位

1. 发球员与同伴站位

(1) 平行站位：发球点站位偏右，让出 3/4 的位置给同伴居中近台站立。

(2) 前后站位：发球站位偏右稍前，其同伴站位居中略后。

2. 接球员与同伴站位

(1) 平行站位：多为一左一右执拍快攻型选手和快攻型选手采用反手接发球时采用。

(2) 前后站位：快攻型选手用正手接发球时采用，接球员站近台偏中位置，同伴稍后错位站立。

第四节 乒乓球运动的基本规则

一、球台

球台的上层表面叫作比赛台面，应为与水平面平行的长方形，长 2.74 米，宽 1.525 米，离地面高 0.76 米。双打时，台面由一条 3 毫米宽的白色中线划分为两个相等的半区，中线与边线平行，并视为右半区的一部分。

二、球网

整个球网的顶端距离比赛台面 15.25 厘米，整个球网的底边应尽量贴近比赛台面，其两端应尽量贴近网柱。

三、赛制及计分

(一) 赛制

比赛采用每球得分制，先得 11 分的一方为胜方，若比分为 10∶10，则一方须净胜 2 分才可结束本局比赛。单项比赛采用七局四胜制，团体赛中的单项比赛采用五局三胜制。

(二) 计分

乒乓球比赛包括男女单打、男女双打和混合双打。双打比赛以两名运动员为一方，单打比赛以一名运动员为一方。有发球权的一方叫发球方，对方叫接发球方。

1. 本方运动员得 1 分(除被判重发球的回合)

(1) 对方运动员未能合法发球。

(2) 对方运动员未能合法还击。

(3) 对方运动员在击球前，球触及了除球网装置以外的任何东西。

(4) 对方击球后，该球越过本方端线而没有触及本方台区。

(5) 对方阻挡。

(6) 对方连击。

(7) 对方用不符合规定的球拍拍面击球。

(8) 对方运动员或其穿戴的任何东西使球台移动。

(9) 对方运动员或其穿戴的任何东西触及球网装置。

(10) 对方运动员不执拍，手触及比赛台面。

(11) 双打时，对方运动员击球次序错误。

(12) 执行轮换发球法时，接发球运动员或其双打同伴，包括接发球一击，完成了 13 次合法还击。

2. 比赛获胜

(1) 在一局比赛中，先得 11 分的一方为胜方，10∶10 平局后，先多得 2 分的一方为胜方。

(2) 奥运会乒乓球比赛采用五局三胜制，但双打预选赛采用三局两胜制。

四、比赛规则及说明

(一) 比赛次序和方位

在单打中，首先由发球员合法发球，再由接发球员合法还击，然后两者交替合法还击。在双打中首先由发球员合法发球，再由接发球员合法还击，然后由发球员的同伴合法还击，再由接发球员的同伴合法还击，此后运动员按此次序轮流合法还击。

在一局比赛中首先发球的一方，在该场比赛的下一局中应首先接发球。在双打比赛的决胜局中，当一方先得 5 分后，接发球一方必须交换接发球次序。一局中，在某一方位比赛的一方，在该场比赛的下一局应换到另一方位。在决胜局中，一方先得 5 分时，双方应交换方位。

(二) 发球和击球

1. 合法发球

(1) 发球时，球应放在不执拍手的手掌上，手掌张开和伸平，球应是静止的，在发球方的端线之后和台面之上。

(2) 发球员须用手把球几乎垂直地向上抛起，不得使球旋转，并使球在离开不执拍手的手掌之后上升不少于 16 厘米。

(3) 当球从抛起的最高点下降时，发球员方可击球，使球首先触及本方台区，然后越过或绕过球网装置，再触及接发球员的台区。在双打中，球应先后触及发球员和接发球员的右半区。

(4) 从抛球前球静止的最后一瞬间到击球时，球和球拍应在比赛台面的水平面之上。

(5) 击球时，球应在发球方的端线之后，但不能超过发球员身体(臂、头或腿除外)离端线最远的部分。

(6) 运动员发球时，有责任让裁判员或副裁判员看清自己是否按照合法发球的规定发球。当裁判员怀疑发球员某个发球动作的正确性，并且副裁判员不能确定该发球动作是否合法时，如果一场比赛中此现象只出现 1 次，裁判员可以警告发球员而不予判分；在同一场比赛中，运动员发球动作的正确性再次受到怀疑，不管是否出于同样的原因，不再警告而判失 1 分。此外，无论任何时候，只要发球员明显没有按照合法发球的规定发球，便将被判失 1 分，无须警告。

(7) 运动员因身体伤病而不能严格遵守合法发球的某些规定时，可由裁判员做出决定免予执行，但须在赛前向裁判员说明。

2. 合法还击

对方发球或击球后，本方运动员必须击球，使球直接越过或绕过球网装置，或触及球网装置后，再触及对方台区。

3. 重发球

比赛中如果出现下列情况应判重发球：

(1) 发球员发出的球在越过球网装置时触及球网装置，此后成为合法发球或被接发球员或其同伴阻挡。

(2) 接发球员或其同伴未准备好时，球已发出，并且接发球员或其同伴均没有企图击球。

(3) 由于发生了无法控制的干扰而使运动员未能合法发球、还击或正常进行比赛。

(4) 裁判员或副裁判员暂停比赛。

(5) 在双打时，运动员错发、错接。

4. 暂停比赛

在下列情况下可以暂停比赛：

(1) 纠正发球、接发球次序或方位错误。

(2) 实行轮换发球法。

(3) 警告或处罚运动员。

(4) 比赛环境受到干扰，以致该回合结果有可能受到影响。

5. 失分

以下情况判失分：

(1) 两次接触本方的台区。

(2) 用不合规定的拍面击球。

(3) 球处于比赛状态时，运动员或其穿戴的任何物品移动台面或触及球网装置以及用不持拍手触及台面；双打时击球次序错误。

参 考 文 献

[1] 董海鹰，李卫国. 大学生体育与健康[M]. 北京：北京邮电大学出版社，2014.

[2] 蒋凯，周刚. 大学生体育与健康[M]. 上海：华东师范大学出版社，2010.

[3] 颜鸿填，赵双云. 大学生体育与健康[M]. 武汉：武汉大学出版社，2011.

[4] 姚亚中，康少春. 大学生体育与健康[M]. 北京：北京师范大学出版社，2011.

[5] 孙麒麟，顾圣益. 体育与健康教程[M]. 大连：大连理工大学出版社，2008.

第十三章　羽　毛　球

第一节　羽毛球运动概述

现代羽毛球运动一般认为源于英国。相传，1873 年，在英格兰格拉斯哥郡的伯明顿镇，鲍费特公爵举办的社交聚会上，有位从印度退役的军官向大家介绍了一种用拍子隔网来回击打毽球的游戏。这项活动极具趣味性，很快在上层社会社交场上流行开来，并逐步发展成为当今人们所熟悉和喜爱的羽毛球运动。伯明顿庄园的英文名称 Badminton 也成了羽毛球的英文名称。

第二节　羽毛球运动的基本技术

握拍

一、握拍

羽毛球的握拍一般分为正手握拍法和反手握拍法。

(1) 正手握拍法：右手虎口对准拍柄窄面内侧斜棱，小指、无名指、中指自然并拢，食指和中指稍分开，大拇指的内侧和食指贴在拍柄的两个宽面上将球拍柄握住。握拍时掌心不要贴紧拍柄，要使掌心与拍柄保持一定的空隙。

(2) 反手握拍法：在正手握拍法的基础上，将大拇指伸直用其第一指节内侧顶贴在拍柄内侧的宽面上，食指收回，与拇指同高(或比拇指略高)，用大拇指和食指将球拍稍向外转，中指、无名指、小指紧握拍柄，拍柄端靠近小指根部。握拍时手心与拍柄之间留有空隙，以便能充分利用手腕力量和大拇指的内侧压力击球。

二、发球

羽毛球运动的发球技术，按其动作分为正手发球和反手发球两种，按球在空中飞行的弧线可分为高远球、平高球、平射球和网前球等 4 种(见图 13-1)。

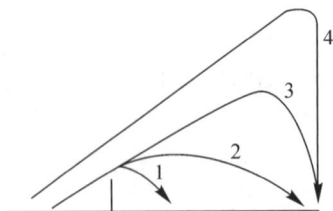

1—发网前球；
2—发后场平射球；
3—发后场平高球；
4—发后场高远球

图 13-1　发球技术

(一) 正手发后场高远球

正手发后场高远球技术多用正拍面将球击得又高又远，当球飞行至最高点(位于对方端线附近上空)后改变方向，掉头呈垂直状态下落至端线(底线)附近(见图 13-1)。由于此种发球的落点处于对方端线附近，可有效地调动对方远离中心位置，并削弱其进攻的威力，同时也增大对方接下一拍球的难度，因此在单打中，这种发球被普遍采用。

如图 13-2 所示，发球时，重心由后脚前移至前脚，带动转腰，同时右手持拍沿着自下而上的弧线自然地向身体前上方挥摆。球拍触球前刹那，小臂带动手腕向前上方闪动发力，手紧握拍柄，利用手腕、手指的爆发力以及拍面的前半部击球。击球瞬间，拍面正对出球方向，击球点在发球员的右前下方。出球飞行弧度与地面仰角一般大于45°。

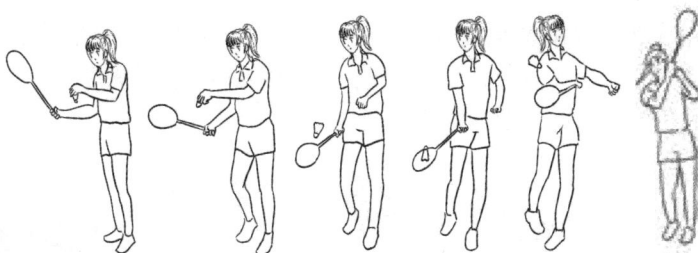

正手发后场高远球

图 13-2　正手发高远球

(二) 正手发网前球(见图 13-3)

正手发网前球指把球发至对方发球区内前发球线附近。球的飞行速度较慢，飞行弧度较低，使球"贴网"而过。这种发球技术是双打比赛中最常用的发球方法。在单打比赛中，用于对付接网前球水平较差的对手，有时也可以作为过渡性的发球手段或发球抢攻战术的手段。在发球时，挥拍幅度较小，击球瞬间不需紧握拍柄，而是利用手腕和手指的力量从右向左横切推送，将球轻轻发出，使球贴网而过。

图 13-3　正手发网前球

(三) 发后场平高球

发后场平高球是可用正拍面或反拍面击出，飞行弧度较发后场高远球低的一种发球技术。其落点视单双打的发球规则要求不同有远近之分，落点分别位于对方单、双打发球区域的端线附近。球飞行的高度以对方跳起无法拦截为佳。平高球由于飞行弧度不高和球速相对于高远球快一些，有一定的威胁性，因此常与网前小球配合使用，以增加对方接发球的难度。平高球的突袭性强，往往能使对手措手不及而造成被动或失误。发平高球的准备姿势同发高远球，站位稍靠后些，击球瞬间紧握拍柄，利用小臂挥动力量带动手腕快速向前击球，球的飞行路线与地面形成的仰角小于 30°。

(四) 发后场平射球

发后场平射球是用正拍面或反拍面击出，飞行弧度较后场平高球还要低的一种发球技术。这种球的飞行弧度低，几乎是擦网而过，直射对方后场端线附近区域，具有球速快、突击性强的特点，是单、双打发球抢攻战术中常用的一种形式。在实战中，在发球方有准备而接发球方无准备的情况下，或是对手站位出现空档的情况下，这种发球可以它的快速、突变发挥威力，迫使接发球方陷于被动或是接发球直接失误。

(五) 反手发网前球

反手发网前球如图 13-4 所示，准备击球时手腕内屈，击球瞬间利用小臂带动手腕、手指力量向前横切推送，将球击出。发球时，挥拍较慢，力量较轻，球的落点靠近球网，当球"贴"网而过后，即往下坠落在对方发球区内前发球线附近。

反手发网前球

图 13-4　反手发网前球

(六) 发球站位方法

单打时发球站位选择距前发球线约 1 米的位置。选择场地中部位置发球，在单打中有利于迎击对方前、后、左、右任何距离和落点的来球。

双打中的发球站位则可选择稍前一点的位置，有利于下一拍抢网前小球。

三、接发球

(一) 接发球准备姿势

单打接发球的准备姿势(以右手持拍者为例)：左脚(以整个脚掌着地)在前，右脚(以前脚掌触地)在后，身体重心落在左脚上，双膝稍微弯曲，右手持拍自然举放在胸前，左臂自然屈肘于左侧，保持身体平衡。眼睛注视对方，准备接发球。

双打接发球的准备姿势(以右手持拍者为例)：与单打基本相同，但由于双打速度快，所以接发球时可将球拍适当抬高一些，举至头前上方的位置，以便于迅速抢网。

(二) 接发球基本站位方法

单打接发球站位方法：距离发球线约 1.5 米处。如果是在左发球区接球，一般选择有效发球区域的中心位置站位；如果是在右发球区接球，则在有效发球区域中心稍微偏靠中线的位置站位。

双打接发球站位方法：由于双打后发球线比单打短 0.75 米，发高球易被扣杀，所以双打中多以发小球为主。因此，双打接发球的站位一般都前移，选择靠近前发球线的位置，目的是在网前争取高的击球点。

(三) 接发球技巧

1. 接平高/高远球

对于平高/高远球，可以用平高球、吊球或扣杀球进行回击(见图 13-5)。一般来说，接高远球是一次进攻的机会，回击得好就能掌握主动权。因此，初学羽毛球者必须努力提高后场进攻的能力。

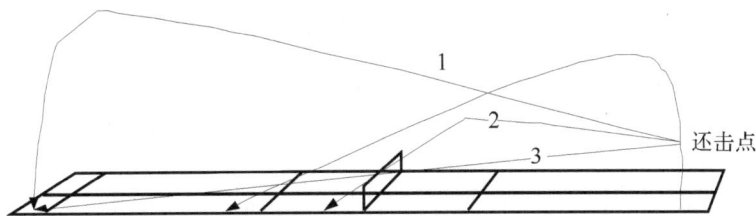

1—平高球；2—吊球；3—杀球

图 13-5　接平高/高远球

2. 接网前球

对于网前球，可以用平高球、高远球、放网前球或平球进行回击(见图 13-6)。如果对方发球的质量不高，或球离网顶较高过网，则可采用扑球进攻。若对方企图发球抢攻，而自己防守能力较差，则以放网前球或平推球为宜，落点要远离对方站位，控制住球，不让对方进攻。

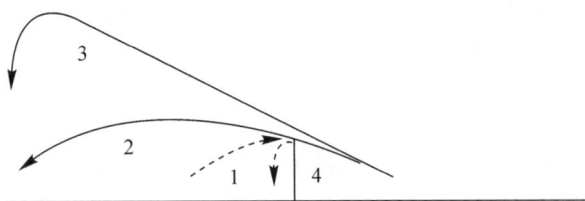

1—发网前球；2—平球；3—平高/高远球；4—网前球

图 13-6　接网前球

四、后场击球

后场击球技术主要包括后场高远球、平高球、吊球、杀球和劈球。各项击球技术又分正手、反手和头顶 3 种击球方法。比赛中击球方根据对方的站位、回球力量和回球落点等实际情况，在有效的区域内，依据战术的需要，运用不同的击球技术有效地击出飞行距离长短不一、飞行弧度高低不同、飞行速度快慢不等以及飞行路线有直有斜等变幻莫测的球。

(一) 高远球

后场高远球是将对方击至我方后场端线附近的球回击得又高又远、落至对方端线附近的一种球，一般采用中低手位置击球。由于高远球的飞行弧度高，速度慢，因此在被动的情况下常用此种击球方式进行过渡。双打中运用守中反攻战术时，也可利用击后场高远球来调动对方至两底线，消耗其体力。

1. 正手击高远球

正手击高远球时，如图13-7所示，用后场退步法迅速向来球方向移动，调整好身体与来球间的位置，使球恰好在右肩稍前方上空。当球落到一定的高度时，右手肘上抬，手臂后倒引拍，以肩为轴做回环动作，同时身体左转，前臂充分向后下方摆动并外旋，手腕充分伸展。击球时，前臂迅速内旋带动手腕加速向前方挥动，手腕屈收，手指屈指发力，将球击出。

正手击高远球

图 13-7　正手击高远球

2. 反手击高远球

反手击高远球时，准备击球前，右脚在前(先不着地，在击球动作完成的瞬间着地)，身体背向球网，持拍臂向上抬举，身体稍向左转，含胸收腹，左腿微屈，同时手臂回环内旋引拍，握拍手尽量放松，手腕稍向外展。当球下落至右肩前上方一定高度时，以上臂、前臂迅速外旋带动手腕加速，由左下方经胸前向右前上挥动。击球时手腕由伸展至屈收并快速屈指发力，用反拍面将球击出。

(二) 平高球

后场平高球的飞行弧度比高远球的弧度低，其高度以对方起跳拦击不了球为宜。平高球一般采用高手位位置击球。这是一项在主动情况下采用的后场进攻技术，普遍运用于单双打比赛中。后场平高球的速度快，击球动作突击性强，在适当的时机运用并攻击对方后场底线两角，再配合前场小球调动，效果极佳。在实战运用中，出球弧度的高低是平高球技术的关键。如出球弧度太高，则速度慢，达不到突击进攻的目的；如出球弧度太低，则易被对手在半场起跳拦击，反而使自己陷入被动。为此，在实战中要根据不同的对手而选用不同弧度的平高球，才能达到有效攻击对方的目的。

击平高球与击高远球一样，也可分为正手、头顶和反手三种击球技术，是一种进攻性的击球技术。其技术动作与击高远球基本相同，所不同的是引拍、击球动作较高远球小而快，击球的瞬间运用前臂内旋带动手腕，向前快速发力击球。

(三) 杀球

杀球是在后场或中场区域，争取尽量高的击球点，全力将球由高到低往对方场区扣压下去的一种球。杀球一般采用高手位位置击球。杀球技术的击球力量最大，速度最快，威力也最大，在比赛中通常是进攻直接得分的重要手段。但是，现代羽毛球运动水平发展迅速，竞赛选手双方的攻防技术水平日趋提高，在实战中如果杀球技术运用不当，盲目简单地大力杀球，则不但不能得分，反而常常会使自己陷入被动。因此，杀球技术必须同平高球、吊球、劈球等各项进攻技术有机地结合起来运用，并在击球的力量上、落点上、时机上和时间差上合理变化，才能收到良好的效果。后场杀球技术，根据出球角度的不同，可以击出直、斜两种线路；根据击球力量的不同，可分为重杀和点杀；根据出球距离和落点的不同，可分为长杀(落点在双打后发球线附近)和短杀(落点在中场附近)；根据击球时间差的变化，可采用突击杀等多种方式。

正手扣杀球如图 13-8 所示，准备姿势、击球动作与正手击高球大致相同，不同的是在击球瞬间需用全力，充分利用右腿的蹬力、腰腹力、手臂腕力及重心的转移，快速将球向前下方击出。球拍触球时拍面前倾向前下方用力，手握紧球拍，击球点在右肩稍前上方。

图 13-8 正手扣杀球

(四) 吊球

从后场将球回击到对方网前区域(前发球线附近与球网之间)紧靠边线两角的近网小球为后场吊球，球的飞行弧度以球过网后迅速下落为宜。根据不同的来球弧度和自己当时所处的击球位置，吊球又可采用高手位的主动吊球和低手位的过渡吊球两种。

吊球虽然是后场的主要进攻技术之一，但是如果我们在比赛中一味地吊球，进攻效果并不会太好。只有适时地同其他后场击球技术结合运用，才能达到有效地调动对方、伺机突击进攻的战术目的。

吊球的准备姿势与击高球、扣杀球相似，只是击球时用力不同。击球瞬间前臂突然减速，快速"闪"动手腕击球托的偏右侧(头顶吊球及反手吊球击球托的偏左侧)。打对角吊球时，当对方来球较高时，手腕向下切削的角度要大一些，力量稍大一些；当对方来球较平时，手腕向前推的动作要大一些，向下切削的力量要小一些。吊直线球时，拍面正对前方，向前下压。

五、前场击球

按羽毛球场地划分，前场击球技术的击球位置一般在前发球线附近至球网的这部分区域。前场击球技术主要包括前场搓(放)小球、推球、勾球、挑球和扑球几种。各种击球技术又分正手和反手两种击球方法。在前场要将各项击球技术相互联系，密切配合运用，以形成一套完整的网前击球体系。

(一) 放网前球

1. 正手放网前球

正手放网前球时，如图 13-9 所示，准确判断来球路线和落点，快速上网，最后一步右脚在前，左脚在后，成弓箭步，上体前倾，重心在右脚，侧身对网。右手正手握拍向前下方伸臂，小臂外旋展腕，左臂自然后伸，起平衡作用，拍面几乎朝上迎击来球。击球瞬间，手腕稍内屈轻轻闪动，食指和大拇指控制拍面角度和用力大小，球拍向前上方轻轻一托，把球轻击送过球网。

图 13-9　正手放网前球

2. 反手放网前球

反手放网前球时，快速向前左侧上网，右脚前跨成弓箭步，侧背对网，上体前倾，重心在右脚。右手反手握拍向前下方伸臂，小臂内旋展腕，左臂自然后伸，起平衡作用，拍面几乎朝上迎击来球。击球瞬间，伸腕并轻轻闪动，食指和拇指控制拍面角度和用力大小，球拍向前上方轻轻一托，把球轻击送过球网。

(二) 搓球

网前搓球是羽毛球技术中动作较细腻的一种，是网前技术中的高难度击球动作。

1. 正手搓球

正手搓球时，用正手上网步法迅速向来球方向移动，当右脚向前跨出时，持拍手向来球方向伸出，争取高的击球点。左手于身后拉举与右手对称，以保持身体的平衡。挥拍时，手腕动作由展腕至收腕发力，由右向左以斜拍面切击球托的右后侧部位，此时球下旋翻滚过网；或者手腕动作由收腕至展腕发力，由左向右以斜拍面切击球托的左后侧部位，球则上旋翻滚过网。

2. 反手搓球(见图 13-10)

反手搓球时，用反手上网步法迅速向来球方向移动，其余动作与正手网前搓球相同。反手网前搓球也有两种击球方式：一种是手腕动作由展腕至收腕发力，由左至右切击球托左后侧部位；另一种是手腕动作由收腕至展腕发力，由右向左切击球托的右后侧部位。

图 13-10 反手搓球

(三) 扑球

扑球是在对方回球刚越过网顶上空时，运用跨步或蹬跳步迅速上前，利用前臂、手腕和手指的力量，快速地由高向下将球击回对方场区的击球方法。

1. 正手扑球

正手扑球时，如图 13-11 所示，对方来球距网较高时，快速蹬步上网，身体向右前倾，手臂充分伸展，同时迅速变换握拍手法，使拍面与球网平行正对来球。击球时，主要利用中指、无名指、小指突然紧握拍柄和手腕闪动，将球向前下方击出。击球后，随前动作甚微，右脚落地制动。

图 13-11 正手扑球

2. 反手扑球

反手扑球时，反手握拍于左侧前，当身体向左侧前方跃起时，持拍手小臂前伸上举，手腕外展，拍面正对来球。击球时，手臂伸直，手腕由外展到内收闪动，手握紧拍柄，拇指顶压，加速挥拍扑击球。击球后即刻屈肘，将球拍回收，以免球拍触网违例。

(四) 挑球

挑球是指将对方击来的网前区域低手位的球以较高的弧线向上击至对方端线附近上空的一种击球技术。它是在被动情况下运用的一种过渡球。

挑球

1. 正手挑球

正手挑球时，右脚向网前跨出一大步，左脚在后，侧身向网，重心在右脚上。同时右臂向后摆，自然伸腕，使球拍后引。以肘关节为轴，屈臂内旋，并捏紧球拍。用食指及手腕的力量，从右下向右前方至左上方挥拍击球，将球向前上方击出。

2. 反手挑球

反手挑球时，如图 13-12 所示，右脚跨步向前成弓箭步，重心在右脚，侧身背对网。

反手握拍，手臂向左前方伸出，小臂内旋屈肘屈腕，左臂自然后伸起平衡作用。击球时，以肘关节为轴，小臂带动手腕、手指快速由左下方向前上方成半圆形挥拍击球。

图 13-12　反手挑球

六、中场击球

中场击球技术主要包括接杀球、平抽平挡两种。平抽平挡分为正手、头顶和反手 3 种击法。接杀球有接杀挑高球、接杀平抽球、接杀放网前小球和接杀勾对角线小球等几种击球技术。其中，每一项击球技术又可以分别采用正、反手两种击法。由于平抽平挡球和杀球的弧度较平，速度较快，所以中场击球技术要求判断反应快，出手击球动作快。强调击球前的引拍预摆动作弧度小，防转攻或攻转防的意识要强。

(一) 接杀球

把对方扣杀过来的球还击回去，称为接杀球。接杀球主要由挡网前、挑后场和平抽球 3 种技术组成。

接杀球的站位一般在中场，两脚屈膝平行站立。右侧来球用正手挡，身体重心移向右脚。右手向右侧伸出，放松握拍，拍面略后仰对准来球；左侧来球用反手挡，身体重心移向左脚，右脚向左前方跨出一步，换成反手握拍，拍面略向后仰对准来球回击。

(二) 平抽平挡球

平抽球是指击球点在肩以下，以较平的弧度、较快的球速、接近球网的高度还击到对方场区的一种进攻性技术。击球时，应借助腰部的转体带动前臂、手腕和手指的力量快速协调地发力。击球点尽可能地在身体的侧前方，这样有利于转动腰部和前臂内旋、外旋发力。当来球正对自己而又来不及闪让时，一般不要用正手击球。因为当来球靠近自己身体时，即使击球点在自己右侧腋下，反手也比正手容易发力还击。

平挡球和平抽球的动作基本相同，其区别主要在于：平挡球发力较小，通常无须身体部位发力，当对方来球力量较大时，还应有所缓冲；由于发力较小，通常击球时不要握紧球拍，以免影响击球时对力量和出球方向的精确控制；羽毛球的飞行路线较短，一般落在对方前半场。

七、基本步法

羽毛球步法一般分为起动、移动、到位配合击球和回位四个环节。根据场上移动的方向和场区的位置，可以将羽毛球步法划分为上网步法、后退步法和两侧移动步法。

基本步法

(一) 上网步法

从中心位置移动到网前击球的步法，称为上网步法。上网步法可根据各人习惯采用交叉步、并步、垫步或蹬跨步。不论正手或反手，根据来球远近，上网步法可采用三步、两步或一步上网击球。

1. 右边上网步法

右边上网步法可采用两步或三步交叉步加蹬跨步移动的方法，也可采用垫一步再跨一大步移动的方法上网(见图 13-13)。

2. 左边上网步法

左边上网步法同右边上网步法，只是移动方网是朝左边网前，如两步跨步上网(见图 13-14)。

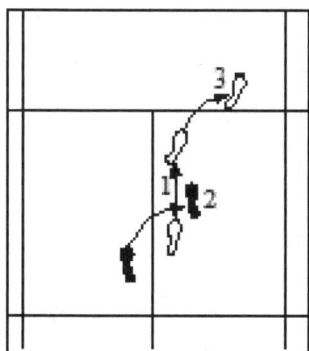

图 13-13　右边上网步法　　　　图 13-14　左边上网步法

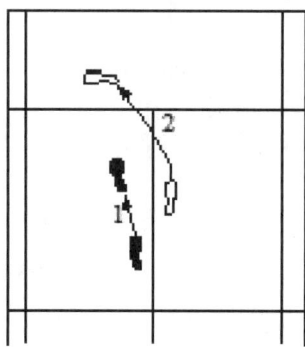

(二) 后退步法

从中心移动到后场各个击球点的位置上击球的步法，称为后退步法。

1. 正手击球后退步法(见图 13-15)

正手击球后退分为侧身并步后退和交叉步后退两种，主要动作是：在对方击球刹那间判断来球，迅速调整重心至右脚，接着右脚蹬地快速向右后撤一小步，上体右转侧身对网，以交叉步或并步移动到接近击球点的位置。

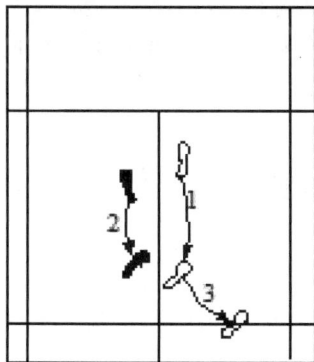

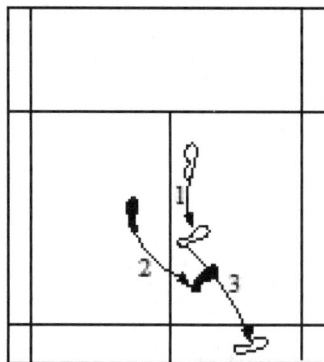

(a) 三步并步后退　　　　(b) 三步交叉步后退

图 13-15　正手击球后退步法

2. 反手击球后退步法(见图 13-16)

反手击球后退时，调整重心后，右脚后撤一步，接着上体左转，左脚随即向左后退一步，右脚再跨出一步，背对网，作底线反手击球。反手击球后退步法应根据来球距离的远近调整步法。如离来球较近，可采用两步后退步法，上体向左后转，左脚同时后撤一步，右脚再向左后跨一步，作底线反手击球。如距来球较远，则采用三步或五步后退步法，右脚先垫一步，而后左脚向后方跨一步，再按右、左、右向后退。但无论几步，反手击球后退步法最后一步应右脚在后，重心在右脚上。

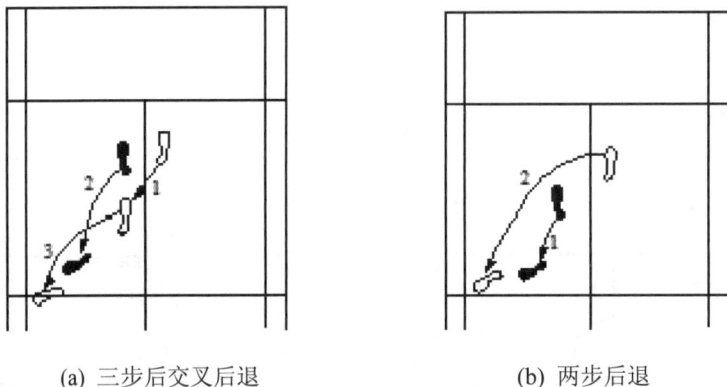

(a) 三步后交叉后退　　　　　　　　(b) 两步后退

图 13-16　反手击球后退步法

(三) 两侧移动步法

两侧移动步法多用于接对方的扣杀球和打来的半场低平球，其站位和准备姿势与上网步法基本相同。

1. 向右侧移动步法

向右侧移动时，两脚左右开立脚跟稍提起根据来球调整重心，上体稍倒向左侧，左脚掌内侧用力起蹬，右脚同时向右侧转跨大步。如距来球较远，则左脚向右垫一小步再起蹬，右脚同时向右侧转跨大步。

2. 向左侧移动步法

向左侧移动时，根据来球调整重心，上体稍倒向右侧，右脚掌内侧用力起蹬，左脚同时向左侧转跨大步。来球较远时，左脚先向左侧移半步，上体向左转身的同时右脚向左前交叉跨大步。

第三节　羽毛球运动的基本战术

一、单打战术

(一) 发球抢攻战术

发球抢攻战术是运动员利用发球使对方被动、为自己创造进攻的一种战术。这种战术一般用发网前球结合平快球、平高球，争取第三拍的主动进攻。运动员使用这一战术，可以打乱对方的整个战略部署，使对方措手不及。运用此战术时，要求运动员具有高质量的发球，否则难以成功。

(二) 攻前击后战术

这种战术是先以吊球、放网前球、搓球吸引对方到网前，然后用推球、平高球或杀球突击对方的后场底线。它一般用于对付上网步法较慢或网前球技术较差的对手。采用此战术，要求运动员首先具有较好的网前击球技术。

(三) 打四方球战术

这种战术是以快速、准确的落点攻击对方场区的四个角落，逼迫对方前后奔跑、被动应付，并在其回球质量下降或露出破绽时乘虚而攻之。它用于对付体力差、反应和步法移动慢的对手。

(四) 打对角线战术

这种战术无论是进攻还是防守均以打对角线为主，从而迫使对方在移动中多做转体，多走曲线。它用于对付身体灵活性差、转体较慢的对手。

二、双打战术

(一) 攻人战术

攻人战术是双打比赛中常用的一种战术。攻人战术即"二打一"或避强击弱战术。对方两个队员的技术水平一般是不均衡的，集中力量攻击对方较弱的队员，尽量使对方的特长得不到发挥，充分暴露对方的弱点，是此战术的目的。两个人对付对方的强者，消耗其体力，减弱其进攻威力，伺机突击空当，这也是"二打一"。

(二) 攻中路战术

当对方队员分边站位时，要尽可能将球攻到对方两个人之间的空隙区，以造成对方争夺回击或相互让球而出现失误。这种战术对于配合较差的对手比较有效。当对方成前后站位时，可将球还击到两人之间靠边线的位置上。

(三) 软硬兼施战术

软硬兼施战术是先用吊网前球或推半场球迫使对方被动防守，而后大力扣杀进攻。若硬攻不下，则重吊网前球，待对方挑球欠佳时，再度强攻。此时，攻击对象最好是选择对方刚后退而立足未稳者。

(四) 后压前封战术

当本方取得主动欲采取攻势时，站在后场者见高球则强攻杀球或吊网前球，迫使对方被动还击，站在前场者则应立即积极移位，准备封网扑杀。这种战术要求打法比较积极，前半场技术要好，步法移动要快，配合要默契。

第四节　羽毛球运动的基本规则

一、挑边

赛前采用挑边的方法(抛硬币)来决定发球方和场区。挑边赢者将优先选择是发球或接发球，以及在一个半场区或另一个半场区比赛。输者在余下的一项中选择。

二、计分方法

羽毛球世界联合会于 2006 年 5 月在日本东京举行的年度代表大会上，正式决定实行 21 分的新赛制。2006 年 5 月在日本东京举行的汤姆斯杯和尤伯杯赛上率先试行三局 21 分的赛制。这一赛制成为后来所有羽毛球国际大赛的通用赛制，第 29 届奥运会也采用了这一赛制。21 分的赛制在提高运动员的积极性、减少运动员受伤以及电视转播等方面较 15 分制有更大的优势。

世界羽联 21 分制实行每球得分制，所有单项的每局获胜分皆为 21 分，最高不超过 30 分。每场比赛采取三局两胜制，先到 21 分的一方赢得当局比赛。当双方比分为 20∶20 时，获胜一方需超过对手 2 分才算取胜；直至双方比分打成 29∶29 时，先到第 30 分的一方获胜。首局获胜方在接下来的一局比赛中先发球。

三、站位方式

(一) 单打

当发球方得分为 0 或偶数时，双方运动员均在各自的右发球区发球或接发球；当发球方的分数为奇数时，双方运动员均在各自的左发球区发球或接发球。

(二) 双打

比赛中，当比分为 0 或偶数时，球由右发球区对角发向对方场地的右接发球区；当比分为奇数时，球由左发球区对角发向对方场地的左接发球区。比赛中，当一方连续得分时，发球者必须在右或左发球区交替发球，而接发球方队员的位置不变。其他情况下，选手应站在上一回合的各自发球区不变，以此保证发球者的交替。

双打比赛无论是在开始还是在赛中，皆为单发球权。也就是说，每次一方只有一次发球权。发球方失误不仅丢失发球权，也将丢失 1 分，如果这时得发球权的一方得分为奇数，则必须位于左发球区的选手发球，如果此时得发球权的一方得分为偶数，则必须位于右发球区的选手发球。

双打比赛中，只有接发球队员才能接发球，若其同伴接发球或被球触及，则算违例，判发球方得分；当发球被回击后，球可由二人中任一人击回，不得连击，如此往返，直至死球。双打比赛中，发球时，发球队员和接发球队员必须站在规定的发球区和接发球区内发球和接发球，他们的同伴的站位可以不受限制，但不得妨碍对方。当运动员发球和接发球顺序有误时，已得比分有效，纠正方位或顺序。

四、赛中间歇方式

每场比赛均采用三局两胜制。当任一方在比赛中得到 11 分后，比赛将间歇 1 分钟；两局比赛之间的间歇时间为 2 分钟。

五、比赛中常见的违例

(1) 发球时，在击球的瞬间，发球员的拍杆应指向下方；否则，将判违例。

(2) 发球时，在击球的瞬间，整个球距离地面应低于 1.15 米；否则，将判违例。

(3) 发球开始后，挥拍动作不连贯，将判违例。

(4) 自发球开始至发球结束，发球员或接发球员的两脚都必须有一部分与球场地面接触，不得移动，且都必须站在斜对面的发球区内，脚不得触及发球区或接发球区的界线；否则，将判违例。

(5) 最初击球点不在球托上或发球时未能击中球，将判违例。最初击球点不在球托上是指发球时球拍先触及羽毛或同时击中羽毛和球托。

(6) 发球时，球没有落在规定的接发球区内，将判违例。例如，发出的球没有落于对角的场区内、不过网、挂在网上或停在网顶，球从网下或网孔穿过，球触及天花板或运动员的身体或衣服，将判违例。

(7) 球触及球场或其他物体或人，将判违例。击球点超过网的向上延伸面，即在对方场区上空击球，将判违例。

(8) 运动员的球拍从网上、网下侵入对方场区导致妨碍对方，分散对方注意力，阻挡对方靠近球网的合法击球，将判违例。

(9) 同一运动员连续两次挥拍击中球，或双打中同方两名队员连续各击中球一次，将判违例。

(10) 球停在球拍上，紧接着被拖带抛出，将判违例。

(11) 运动员严重违反或屡次违反比赛的连续性规定或运动员行为不端，将判违例。例如，擅自离开比赛场地喝水，擦汗，换球拍，接受场外指导等，或故意改变球型，破坏羽毛球或举止无礼等。

六、重发球

(1) 重发球时，原回合无效，由原发球员重新发球。

(2) 除发球外，球过网后，挂在网上或停在网顶，判重发球。

(3) 发球时，发球方和接发球方同时被判违例，将重发球。

(4) 发球方在接发球方未做好准备时将球发出，判重发球。

(5) 球在飞行时，球托与球的其他部分完全分离，判重发球。

(6) 裁判员对该回合不能做出判决时，将判重发球。

(7) 出现意外情况，判重发球。

七、交换场区

(1) 第一局比赛结束时，双方应交换场地。

(2) 若局数为 1∶1，则在第三局比赛开始前，双方应交换场地。

(3) 在第三局比赛中，领先一方比分达到 11 分时，双方应交换场地。

(4) 当应交换场地而未交换时，一旦发现应立即交换，已得分数有效。

参 考 文 献

[1]　王琳. 青少年羽毛球运动从入门到精通[M]. 北京：人民邮电出版社，2019.

[2]　刘冉. 羽毛球运动教学体系构建与创新研究[M]. 北京：中国书籍出版社，2018.

[3]　贝恩德·沃克尔·勃拉姆斯. 羽毛球全攻略[M]. 谢俊，译. 北京：人民邮电出版社，
　　　2016.

[4]　林建成. 羽毛球技、战术训练与运用[M]. 北京：人民体育出版社，2009.

[5]　中国羽毛球协会. 羽毛球竞赛规则[M]. 北京：北京体育大学出版社，2017.

[6]　肖杰. 羽毛球实战技巧技战术图解[M]. 北京：北京体育大学出版社，2004.

[7]　王建国. 羽毛球指南[M]. 安徽：安徽师范大学出版社，2012.

[8]　杨敏丽. 羽毛球教学与训练[M]. 北京：北京体育大学出版社，2012.

第十四章 气 排 球

第一节 气排球运动概述

气排球运动是排球运动的一个衍生项目，最早是在 1984 年，呼和浩特铁路局集宁分局的离退休人员为了丰富他们的晚年生活，在受春节联欢晚会上吹气球游艺活动的启发后，开展的一项用气球进行隔网对打的游戏。参与者以身体任何部位(手、手臂为主)击球，使球不落地，既可隔网进行集体的攻防对抗比赛，也可不设球网相互进行击球游戏。它作为排球运动家族成员，既具有排球运动的相关特性，也具有自身的一些特性。

第二节 气排球运动的基本技术

一、气排球技术概述

气排球技术是指在规则允许的条件下，气排球活动参与者采用的各种合理的击球动作和为相互配合所做动作的总称，它是气排球运动的基础和重要组成部分。气排球技术主要由步法和手法两部分组成。步法是指快速灵活的脚步移动和助跑起跳的动作方法。手法是指击球时手指、手腕、手臂用力和控球的动作方法。气排球活动参与者在长期的运动中创造出了"捧""抱""托"等具有特色的技术动作。

二、气排球技术分类

(一) 气排球技术总体分类

气排球技术总体分为有球技术和无球技术。无球技术包括准备姿势与移动。

(二) 气排球各项有球技术分类

有球技术包括发球、接球、传球、扣球、拦网等。

1. 接球

接球按接球轻重分为双手插托球、抱球、捧球、单手托球等接轻球技术，以及双手插托球、抱球、正面双手垫球等接重球技术。

2. 传球

传球按动作可分为双手传球、双手插托传球、单手传球，按传球方向可分为正面传球、侧面传球、背面传球，按有无支撑可分为原地传球和跳传球。

3. 发球

发球按动作可分为正面下手发球、侧面下手发球、正面上手大力发球、正面上手飘球、勾手大力发球、跳发大力球和跳发飘球；按性能可分为大力旋转发球、飘球和轻发球。

4. 扣球

扣球按动作可分为正面扣球、勾手扣球；按区域分为后排左扣球、后排右扣球、后排中扣球；按起跳动作分为原地起跳扣球、双脚助跑起跳扣球、单脚起跳扣球和冲跳扣球。

5. 拦网

拦网按参与人数可分为单人拦网、双人拦网和三人拦网；按运用与变化可分为原地拦网、移动拦网、拦高球、拦低球和拦拉开球等。

三、气排球基本技术的动作方法

人体在起动、移动和击球前所采用的合理的身体姿势，称为准备姿势。合理的准备姿势是指既使身体重心处于相对稳定的状态，又便于移动和完成多项击球动作，为迅速起动、快速移动及击球创造最好条件的动作。依据比赛中(或练习中)完成各项技术动作的需要，按身体重心的高低，准备姿势可分为稍蹲准备姿势、半蹲准备姿势和深蹲准备姿势。

(一) 稍蹲准备姿势动作方法(见图 14-1)

稍蹲准备姿势动作方法：两脚左右开立，与肩同宽，一脚在前，两膝微屈，身体重心位于两脚之间，且稍靠近前脚，后脚跟稍提起，上体稍前倾，两臂放松，自然弯曲置于体前。两眼注视球并兼顾场上各种情况，两脚保持微动状态。

图 14-1　稍蹲准备姿势

1. 技术分析

稍蹲准备姿势身体重心比半蹲、深蹲准备姿势高，便于进行距离较长的移动，不便于接低球。双手比其他准备姿势靠近身体，以便于快速移动。两膝不宜过多弯曲，上体前倾亦不要太大，注意省力。

2. 动作要领

脚开立，膝稍屈，脚跟离地，重心偏前，体前倾，臂弯曲，眼视来球，人处微动。

(二) 半蹲准备姿势动作方法(见图 14-2)

半蹲准备姿势动作方法：两脚开立，稍比肩宽，两膝弯曲成半蹲。脚跟自然提起，上体稍前倾，两臂放松自然弯曲置于腹前。身体适当放松，两眼注视来球，两脚始终保持微动。

图 14-2 半蹲准备姿势

1. 技术分析

采用半蹲准备姿势时，膝部的垂直投影线应在脚尖前面，身体重心稍前倾，有利于向前和斜前方快速移动、移步和倒地救球。

2. 动作要领

重心低于稍蹲准备姿势，膝部超过脚尖，精力高度集中，身体适当放松，双脚保持微动。

(三) 深蹲准备姿势动作方法(见图 14-3)

深蹲准备姿势动作方法：两脚左右、前后开立的距离比半蹲准备姿势更宽一些，两腿弯曲的程度更大一些，身体重心更低、更靠前，膝部的垂直投影线超过脚尖，两手臂置于胸腹之间。

图 14-3 深蹲准备姿势

1. 技术分析

由于在场上防守位置不同，因此在保护球时要求上体基本直立，重心平稳，便于在气排球运动全程中观察和快速伸臂靠近落点。

2. 移动的动作分析

在起动后，应根据临场技、战术的需要，灵活地采用多种步法进行移动。移动的主要步法和动作方法如下：

（1）并步(见图 14-4、图 14-5)：两脚前后站立，与肩同宽；两膝微屈，上体稍前倾，两手自然放松置于腰腹。并步时，前脚向来球方向跨出一步，后脚迅速蹬地跟上，并做好击球前的姿势。并步的特点是容易保持身体平衡，便于做击球动作。并步可向前、后、左、右各方向移动，适用于短距离移动。

图 14-4　并步准备　　　　　　　　　图 14-5　并步

（2）交叉步(见图 14-6、图 14-7)：两脚左右开立，向右侧交叉步移动时上体向右转，左脚从右脚前向右交叉迈出一步，然后右脚再向右侧方向跨出一大步，同时重心移至右脚，身体转向来球方向，保持击球前的姿势。交叉步的特点是步子大，动作快，便于制动。

图 14-6　交叉步准备　　　　　　　　图 14-7　交叉步

（3）跨步(见图 14-8、图 14-9)：跨步时，一脚用力蹬地，另一脚向来球方跨出一大步，上体前倾，身体重心移至前脚上，后腿随重心前移自然跟上，两臂做好迎球动作。跨步的特点是跨距大，便于向前方或向斜前方降低重心进行低点击球。

图 14-8　跨步准备　　　　　　　　　图 14-9　跨步

（4）后退步：移动时，视来球情况，身体保持适宜的准备姿势，两脚交替快速向后退步，注意保持好重心。

（5）跑步：一脚蹬地起动，另一脚迅速向前迈出，两脚交替进行，两臂配合摆动，不要过早做击球动作的准备，以免影响跑步速度。球在侧方或后方时，应一边转身观察球一边跑。

四、气排球运动发球技术

队员在发球区内，用手或手臂将自己抛起的球直接击入对方场区的技术动作称为发球。发球是比赛的开始，也是进攻的开始。比赛开局的第一个球就是发球，开局的好坏对于取得比赛胜利有至关重要的作用。

(一) 正面下手发球(见图 14-10)

正面下手发球是指发球队员面对球网，手臂由后下方向前摆动，在体前腹部高度击球过网的一种发球方法。其特点是动作简单，容易掌握，准确性高，但球速慢，攻击性不强，适合于初学者。

图 14-10　正面下手发球

1. 动作方法

(1) 准备姿势：面对球网，两脚前后开立，左脚在前，两膝弯曲，上体前倾，左手持球于腹前。

(2) 抛球：左手将球轻轻抛在身体右侧前方，球离手约 30 厘米高度，同时右臂伸直，以肩为轴向后摆。

(3) 击球：右脚蹬地，身体重心随着右臂由后向前摆动而前移，在腹前以全手掌击球后下部。击球后，随击球动作重心前移，迅速进场比赛。

2. 技术分析

(1) 击球手臂应以肩为轴向后摆动，再以肩为轴直臂向前摆动，在击球前手臂不应有屈肘动作，这样有利于加快挥臂速度，控制击球出手角度和路线，并提高准确性。

(2) 手触球时，五指张开或拇指张开，其他四指并拢呈勺形，手指、手腕要有准确性和攻击性，并适当紧张，以全掌击球后下部。

3. 动作要领

左手抛球低出手，右臂摆动肩为轴，击球刹那肘不屈，掌根部位击准球。

(二) 侧面下手发球

1. 动作方法

(1) 准备姿势：左肩对网，两脚左右开立，约与肩同宽，两膝微屈，上体稍前倾，重心落在两脚之间，左手持球置于腹前。

(2) 抛球：左手将球平稳上抛于胸前，距身体约一臂远，球离手高度约一个半球。抛球的同时，右臂摆至右侧后下方。

(3) 挥臂击球：利用右脚蹬地向左转体的力量，带动右臂向前上方摆动，手指、手腕适当紧张，五指张开或拇指张开，其他四指并拢呈勺形，以全掌击球，在腹前击球后下方。击球后，身体转向球网，并顺势进场。

2. 技术分析

(1) 利用蹬地转体运动带动手臂挥摆，可增加发球的力量，击球手臂应由体侧右下方向斜前上方挥动。

(2) 击球点不应超过肩的高度，并注意控制击球出手的角度和路线。击球出手时若仰角大，则球飞行得高；若仰角太小，则不易过网。

(3) 击球手法是全手掌、掌根或虎口处击球的后下部。

3. 动作要领

腹前低抛球，转体带摆臂，击球后下部，控制球线路。

(三) 正面上手大力发球(见图 14-11)

正面上手发球是指发球队员面对球网站立，利用收腹转体动作带动手臂加速向前鞭打、在体前右肩上方用全手掌击球过网的发球方法。这种发球击球点高，可以充分利用胸腹和上肢的爆发力，加之运用手掌的推压动作使球上旋飞行，不易出界，因此这种发球具有较大的攻击性和较高的准确性。目前在高水平青年男队中广泛使用这种发球技术。

图 14-11　正面上手发球

1. 动作方法

(1) 准备姿势：面对球网，两脚自然开立，左脚在前，左手托球于体前，重心落在后脚上。

(2) 抛球与引臂：左手将球平稳地抛于右肩前上方约一臂高度，同时右臂抬起，屈肘后引，肘与肩平，上体稍向右侧转动，抬头、挺胸、展腹，手掌自然张开。

(3) 挥臂击球：利用蹬地使上体向左前转动，同时收腹，带动手臂向前上方快速挥动。在右肩前上方伸直手臂的最高点处，用全掌击球的后中下部。击球时，手指和手掌要张开与球吻合，手腕要迅速做推压动作，使击出的球上旋飞行。击球后，随着重心前移，迅速入场。

2. 技术分析

(1) 准备姿势和发球的取位。准备姿势：应把左脚置前，这样便于引臂和身体自然右转。发球的取位应根据对方接发球布阵情况和攻击目标以及发球队员自身的特点来选定，在端线后 6 米宽的区域内均可。

(2) 抛球与引臂。抛球时，应以手臂上抬、手掌平托上送的动作将球抛在身前 30 厘米处，球离手约 1 米左右高度为宜。球一定要平稳上抛，不要屈腕，以免球体旋转和偏离上抛垂直线，造成击球不准。抛球过前，会造成手臂推球而不易过网；抛球过后，不能充分发挥转体收腹的力量；抛球过高，不易掌握动作节奏和击球时机；抛球过低，不能充分发挥击球的力量和提高击球点。右臂后引时，应有屈肘上拍的动作，要充分拉长胸和肩关节前侧的肌肉，便于增加工作距离和击球力量。

(3) 臂击球。挥臂时，发力是从两足蹬地开始的，上体迅速向左侧旋转，同时收，以腰胸带动肩，肩带动大臂，大臂带动前臂，前臂带动手腕，最后将力量传送到手上。击球时，前臂和手腕动作要稳定，不要左右转动。手腕推压动作的大小，应根据击球点的位置进行调整，击球点离身体近时，手腕向前推压的动作要稍大，击球点偏前或较远时，手腕向前推压的动作要稍小，以免击球出界或下网。

3. 动作要领

抛球稳，击球准，手法正确，用力恰当。

五、接球技术动作分析

接球技术种类主要有双手插托击球、抱球、捧球、单手托球、正面双手垫球、体侧双手垫球、背向双手垫球以及其他辅助击球技术。

(一) 双手插托击球(见图 14-12)

双手插托击球是指面对来球，在胸腹前的左(右)侧或中部托送的一种击球动作。它的明显特征是：一手掌心朝上，五指朝前，另一只手掌心朝前，五指朝侧，两手在球的后下方形成一个与球相吻合的弧形。这种接球技术用于发球和接各种攻击过网的球。它是气排球中特有的一项技术动作。

图 14-12 双手插托击球

1. 动作方法

(1) 准备姿势：根据来球的方向、速度、弧度和落点，采用不同的准备姿势。

(2) 迎球动作：

① 左托球：球从左边来，右脚内侧蹬地；左脚向左跨出一步，重心移至左脚上，左膝弯曲。上身稍向左倾斜，左肩略低于右肩；左手五指张开，掌心向前，迅速将手插到球的下部，手掌呈勺形，手指指根触球的下部承受球的重量，同时右手五指张开，在来球的后上方顶压着球体并掌握球的方向，也称为护球。

② 中托球：球从中部来，即为中托球，左手或右手在上，另一只手在下，两肘关节适当内收，两手呈勺形，以确保将球托送到位。

③ 右托球：与左托球的动作相同，手、脚的动作方向相反。

(3) 击球动作：在正确迎球的基础上，在手和球接触瞬间，手腕和手指要有顺势向下展的缓冲动作。击球时，托球手手掌、手指给球体以撩拨动作，手掌、手指的撩拨用力从球体重心的后下方通过，使球在向前上方送起的同时产生上旋。护在球后上方的手根据球的重力与方向，利用上下产生的合力将球传出。

2. 技术分析

(1) 准备姿势要根据不同情况而有变化。对于一般的轻球或处理球，身体重心可稍高，采用稍蹲准备姿势。接重发球、重扣球和吊球时，应采用半蹲或深蹲准备姿势，重心适当降低，便于接球。

(2) 托球的击球点位置应使托球手保持大小臂自然弯曲于体侧为宜，尽量保持在腰腹高度，控制好球与身体的适当距离，充分保证手臂运动的幅度和角度，将球送向预定目标。总体而言，如何接球，采用何种姿势接球，应根据来球的力量、速度、角度和高度而定。要求在不影响起动的前提下，适当降低重心，有利于快速插入球下，接起低球。在接左托球或右托球时，两个肘关节与前臂呈一字形。

3. 动作要领

判断清，对准球，下插托，上顶包，手球相吻，托护相应，双手合力，抬送出球。

(二) 捧球(见图 14-13)

捧球是指队员用双手在腹前将离身体较远的来球或追身球用双手将球捧起的技术动作。其明显的动作特征是：双手掌心朝上，十指微张，形成一个弧形。捧球主要用于处理速度较快的追身球、大力球和低远球。

图 14-13　捧球

1. 动作方法

(1) 准备姿势：面对来球，两脚开立，与肩同宽；根据来球的速度和力量，呈半蹲或全蹲姿势站立；两肘弯曲，上臂与前臂夹角为90°左右，分别位于腰部两侧。

(2) 迎球动作：来球时，双手掌心向上，十指微张，朝前呈弧形；手腕、手腕与前臂基本形呈一个平面。

(3) 击球动作：双手形成一个弧形，以全手掌触击球的下部。双手捧球击球时，上臂夹紧身体，手指、手腕与前臂在一个平面上，靠抖腕、手指弹力和前臂上托的瞬间发力动作将球击出，其动作幅度较小。

2. 技术分析

(1) 准备姿势应采用半蹲或深蹲准备姿势，要求在不影响快速起动的前提下使重心适当降低，这样有利于快速插入球下。

(2) 击球瞬间，两掌心插到球后下部捧住来球，上臂要夹紧身体，手指、手腕与前臂要保持一定的紧张度，靠前臂、手腕、手指力量击出来球，击出点一般在身体腹部前下方。

3. 动作要领

两臂前伸插球下，双手掌心面朝上，手指前臂适度紧，抱拳弹臂瞬间力，抬臂缓冲往上送。

(三) 正面双手垫球(见图 14-14)

用除手指(弹击动作)外的身体任何部分击球的动作称为垫球。垫球是气排球的基本接球技术之一，可用手、臂、头、肩、大腿、脚背、脚弓及其他身体任何部位来完成。相比其他技术，垫球的种类更加多样，实用性、应变性更强，控制范围更大，便于接各种困难球。其中，最常用的是前臂垫球。垫球在比赛中用于接发球、接扣球、接拦回球以及防守和处理各种困难球。有时还可用垫球来组织进攻，以弥补二传球不足，辅助进攻。

图 14-14 正面双手垫球

1. 动作方法

(1) 准备姿势：面对来球，成半蹲或稍蹲姿势站立。

(2) 垫击球手形：常用手形有叠指式、抱拳式和互靠式(见图 14-15)。其中，叠指式最为稳定，可用来接各种力量的球，所以运用非常普遍。方法是：两手掌根相靠，两手手指重叠，手掌互握，两拇指平行向前，手腕下压，两前臂外翻成一个平面。

叠至式　　　　　　　　抱拳式　　　　　　　互靠式

图 14-15　垫击球手形

(3) 击球空间位置：保持在腹前高度。

(4) 整套击球动作：当球飞到腹前约一臂距离时，两臂夹紧前伸，插入球下，同时配合蹬地、跟腰、提肩、顶肘、压腕等全身协调动作迎向来球，身体重心随着击球动作向前上方移动。

(5) 球触手臂部位和击球部位：用前臂的手腕关节以上 10 厘米左右的两小臂骨内侧所构成的平面击球的后下部(见图 14-16)。

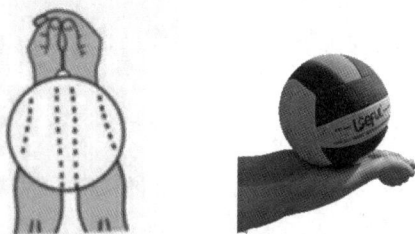

图 14-16　垫球位置

(6) 击球后动作：在击球瞬间，两臂要保持稳定，耸肩往前送，身体重心继续协调地向抬臂方向送球。垫击动作结束后，立即松开双臂做好下一动作的准备。

2. 技术分析

(1) 准备姿势要根据不同情况而有所变化。接扣球和吊球时，应采用半蹲或深蹲准备姿势，两膝的弯曲度和重心的高低应根据来球的高度和角度以及腿部力量大小而定，要求在不影响快速起动的前提下，重心适当降低，这样有利于快速插入球下垫低球，也便于高点挡球。

(2) 正面双手垫球的击球点位置应尽量保持在腹前高度，离身体不宜太远或太近，手臂触球的瞬间，耸一下肩往前送即可，这样便于调整手臂角度和垫出球的方向、落点。如果来球高于腰部以上，则可用高位正垫，在垫击球时利用蹬地伸膝提高身体重心，必要时还可跳起在腰前用前臂垫出。

(3) 要注意根据来球的情况不同采用不同的击球动作，垫轻球时，靠手臂上抬力量来增加反弹力，同时还要靠蹬地、送腰、提肩动作协调配合；在垫中等力量来球时，主要靠球的反弹力，动作幅度要小，以免球的反弹力过大而将球击过网；在垫大力量来球时，手臂要随球后撤，以此缓冲来球。

3. 动作要领

夹臂、前伸、下插、蹬地、抬腰、提肩、顶肘、压腕、抬臂、送球。

(四) 单手托球(见图 14-17)

单手托球用于处理离身体低远的球，主要在来不及运用双手插托球、抱球、捧球和正面双手垫球时采用。基本手形：掌心朝上，五指张开且朝前或向左(右)伸出，形成一个勺形。

图 14-17 单手托球

1. 动作方法

眼睛注视来球，一只手向前或向左(右)伸出，插入接近地面球的下方，用手腕、手指的抖动和前臂上抬的力量将球托起。

2. 技术分析

击球瞬间，手快速插入球下部，手指、手腕与前臂要保持一定的紧张度，手臂、手腕的动作用力大小和动作幅度都应根据来球力量的大小和目标点的位置来控制。

3. 动作要领

掌心朝上勺形伸，腕指前臂适度紧，协调用力击球出。

(五) 接球技术运用分析

接球技术运用于比赛的全过程，防守过程中不论是接发球还是接扣球抑或是接其他来球，都会因为击球者的击球力量、击球手法以及采用击球技术的不同而出现不同的特点，或轻，或重，或下沉，或晃动，因此运用的接球技术就有区别。下面我们就按接来球的特点进行技术分析。

1. 脚背垫球

动作方法：以一脚为支撑，另一脚迅速向来球方向伸去，利用伸大腿、摆小腿的动作，使脚背插入球下。击球时，利用小腿继续上摆、脚踝上挑的动作，以脚背上部触球的下部(或侧下部)将球垫起。脚背垫球后，若身体失去平衡，则可采用侧倒坐地或后倒坐地等动作进行自我保护。

2. 脚内侧垫球

动作方法：与脚背垫球相似，但在击球时，脚尖要上翘，脚踝紧张，以脚内侧部位垫球的后下部。

六、传球技术

队员利用全身协调力量，并通过手指、手腕的力量，将球传至一定目标的击球动作叫传球。传球是气排球运动中最基本、最重要的技术之一，是各项战术的基础，主要用于二传，也用于接对方推攻球、被拦回球的高球及扣球，还可用于二传吊球和处理球。

传球技术按姿势可分为站立传球、稍蹲传球、半蹲传球、全蹲传球、跳传、倒地传球、单手传球和抱传球；按传球的方向可分为正面传球、侧面传球、背向传球；按传出距离可分为远传球和近传球；按传出弧度高低可分为集中传球、拉开传球和平拉开传球；按用途可分为一传、二传、第三次传球过网、吊球、传快球、调整传球和扒球。传球动作见图 14-18。

图 14-18　传球动作

(一) 正面双手传球

正面双手传球的持球姿势如图 14-19 所示。

图 14-19　正面双手传球的持球姿势

1. 动作方法

(1) 准备姿势：稍蹲，上体稍挺起，抬头注视来球，两脚前后左右自然开立约与肩同宽，后脚跟提起，重心落在两脚之间。两手屈肘自然下垂，两手掌成半球状置于胸前，全身放松。

(2) 迎球动作：当来球接近额前时，开始蹬地、伸膝、伸臂，手指微张，经脸前向前上方迎出。全身各部位动作应协调一致(见图 14-20)。

图 14-20　正面双手传球迎球动作

(3) 击球点：在额前上方约一球距离处。

(4) 手形与触球部位：手触球时，十指应自然张开，使两手成半球状；手腕稍后仰，两拇指相对近似呈"一"字形，十指与球吻合，触球体的后下部。以拇指内侧、食指全部、中指的二、三指节触球的后下部负担球的压力，无名指和小指在球两侧辅助控制球的方向。

(5) 用力方法：在迎球动作的基础上，当手和球即将接触时，手腕和手指要有前屈迎球的动作；当手和球接触时，手腕应稍向后仰，以缓冲来球的力量。一般情况下，短距离的传球是靠手指、手腕的弹力将球传出的；而长距离的传球，则要全身用力由下而上，首先两脚蹬地，膝关节近于伸直，髋关节稍屈，含胸直立，最后用手指、手腕的力量将球传出。手离球后，两臂要伸直，送球出手，整个动作协调自然。

2. 技术分析

(1) 击球点：要求尽量保持在额前上方约一球距离。原因有三：一是便于观察来球，看清手和传球的目标，有利于对准和控制传球方向；二是便于全身协调，有利于提高传球的准确性、稳定性；三是肘关节有一定的弯曲度，便于继续伸臂用力，有利于变化传球方向。

(2) 腕、指的击球动作：触球前，腕、指应有一个前屈的迎球动作；传球时，腕、指应根据来球的速度和传球的距离保持适当的紧张度。前屈迎球动作要小而及时，由手腕的前屈带动手指的前屈。接轻球时，迎球动作要柔和；接重球时，指腕稍紧张些，用力稍大些。

(3) 全身的协调用力：传球的动作从下肢蹬地到手指击球，由下而上要连贯协调，一气呵成。

3. 动作要领

两眼视球快取位，蹬地伸臂额前迎，正确手形协调力，一气呵成击球出。

(二) 传球技术的应用(二传)

传球在组织进攻中一般是第二次击球，故称为二传。二传是从防守转入进攻的桥梁和纽带，二传的好坏直接影响着进攻技术和战术的发挥。二传质量好，可以弥补一传和防守的不足。二传可以用假动作迷惑、牵制对方，达到助攻的目的，有时还可直接吊球，起到出其不意、攻其不备的作用。

1. 正面二传

正面二传是二传中最简单、常用的技术。当一传来球时，二传队员要适当控制传出方向，尽量保持正面传球，使球飞向最佳区域。正面二传可根据扣球手的需要和对方的拦网情况将球传高或传低、拉开或集中。

2. 调整二传

将一传不到位或离网太远的球调整成便于扣球队员进攻的球，称为调整二传。在比赛中，场上每个队员都有做调整二传的任务。调整二传以传高球、远球为主，所以要充分利用蹬地伸膝、伸臂及屈指腕的全身协调力量将球平稳传出。调整二传应根据扣球队员的位置来调整传球的角度、弧度和落点。传球路线与球网形成的夹角越小，越有利于进攻球员扣球。一般来说，调整二传时，传球的落点应在扣球队员的前方，约在进攻线附近为宜。

3. 背向二传

背向二传可利用球网全长增加进攻点，使进攻战术更丰富，具有一定的隐蔽性和突发性。传球时，主要靠手感来控制球的方向、速度和落点。背传拉开高球时，要充分利用蹬地、挺胸、展腹和向后上方提肩、伸臂等动作将球平稳传出。

4. 侧向二传

侧向传球适应于一传来球近网或平冲飞向球网的球。侧向二传可增加进攻的隐蔽性，有时还可用作二传吊球。侧向二传球的难度较大，准确性较差。

七、扣球技术

队员在进攻线后跳起，在空中用一只手在本方场区上空将高于球上沿的球击入对方场区的击球方法叫扣球。

扣球(见图 14-21)是气排球技术中攻击性最强的一项技术。一个球队的攻击力强弱，往往取决于该队的扣球技术水平。一场比赛中扣球得分一般占整队得分的 60%～70%，是取胜的关键，也是一个队争取主动、摆脱被动、鼓舞士气、抑制对方的最积极有效的武器，可使本方顺利夺得发球权和得分。

图 14-21　正面扣球

扣球技术按动作可分为正面扣球、勾手扣球、单脚起跳扣球，按区域可分为原地起跳扣球、后排扣球、调整扣球，按运用可分为转体扣球、转腕扣球、打手出界扣球、超手扣球、轻扣球、吊球、冲跳扣球、后撤扣球、扣探空球。

正面扣球是气排球扣球技术中最基本的一种方法。由于面对球网，便于观察，准确性较高，加之正面扣球挥臂动作灵活，能根据对方防守情况改变扣球的路线和力量，控制落点，因此进攻效果较好。初学者必须掌握好正面扣球后，才能学习其他扣球技术。

(一) 动作方法

(1) 准备姿势：扣球助跑前采用稍蹲姿势，两臂自然下垂，站在离网两米左右处，身体转向来球方向，眼观来球，做好向各个方向助跑起跳的准备。

(2) 助跑：开始时，左脚先向前迈出一步，紧接着右脚再快速跨出一大步，左脚及时并上，踏在右脚之前，两脚稍向右转，两臂绕体侧向上引摆。

(3) 起跳：在助跑最后一步(即第二步)、左脚并上踏地制动的同时，两臂自后积极向前摆动，随着双脚蹬地向上起跳，两臂配合起跳用力地向上摆动，同时带动身体腾空而起。

(4) 空中击球：起跳后，挺胸展腹，上体稍向后仰并稍向右转，右臂向后上方抬起，肘高过耳部，身体成反弓形。挥臂时，迅速转体，收腹发力，以此带动肩、肘、腕各部位关节向前上方成鞭打动作挥出。击球时五指微张，以掌心击球为主，全掌包满球(见图 14-22)，在手臂伸直的最高点的前上方击球的后中部，同时上臂发力，用手指控制住球，并向前下方推压，使扣出的球随推压动作上旋。

图 14-22　全掌包满球

(5) 落地：落地时两脚前脚掌先着地，再迅速过渡到全脚掌着地，同时顺势屈肘、收腹，以缓冲下落的力量，做好下一个动作的准备。

(二) 动作要领

一小二大三制动，助跑节奏方向清，挥臂抬肘要过肩，收胸振臂腰腹力，带动臂腕鞭形甩，全掌包压高点击。

八、拦网技术

队员靠近球网，在高于球网处(老年组不能过网)阻挡对方来球的行动并触及球，称为拦网。拦网是防御，也是进攻。拦网不仅可以将对手的扣球拦回、拦起，减轻后排防守的压力，而且可以直接将球拦死，是得分的重要手段。此外，它还能干扰和破坏对方进攻战术的组织，削弱对方进攻的锐气，动摇对方的信心，给对方造成心理上的威胁。"拦网不好，后排难保"，因此，拦网水平的高低直接影响着比赛的胜负。

拦网技术(见图 14-23)按人数分为单人拦网、双人拦网、三人拦网；按运用与变化分为原地拦网、移动拦网、拦强攻、拦快球、拦远网攻等。

图 14-23　拦网动作

（一）单人拦网动作方法(见图 14-24)

1. 准备姿势

队员面对球网，两脚左右开立，约与肩同宽，距网 20～30 厘米，两膝微屈，两臂屈肘于胸前。

2. 移动

常用的步伐有一步、并步、交叉步、跑步等。无论采用哪种移动步法，都要做好制动动作，以保证向上起跳，避免触网和冲撞同队队员。移动时应根据对方扣球队员的位置及时向左或向右移动。

图 14-24　单人拦网

3. 起跳

起跳有移动起跳和原地起跳两种。原地起跳时，两腿屈，重心降，随即用力蹬地，两臂以肩发力，在体侧近身处，作画弧前后摆动，帮助身体迅速跳起。移动起跳时，其起跳动作与原地起跳一样，但要注意制动并使移动与起跳动作紧密衔接。

4. 空中击球

起跳时，两手从额前沿球网向上方伸出，两臂向上伸直并保持平行，两肩上提。拦网时，两臂应伸过网去接近球，两手自然张开，屈指、屈腕呈半球状。当手触球时，两手要突然紧张，手腕适度下压盖在球的前上方(老年组)。在中青年组和大学生组比赛中，拦网时双手应主动用力"盖帽"，使球的反弹角度小，对方难以保护。在拦远网球时，对方击球点高，可采用手腕后仰方法，堵截扣球路线，将球向上拦起。

5. 落地

拦球后，要做含胸动作，以保持身体平衡。手臂从网上收回至本方上空，再屈肘向下，以免触网。与此同时，屈膝缓冲，双脚落地，随即转身面向后场，准备接应来球或做下一个动作准备。

6. 动作要领

判断准，移动快，制动稳，及时跳，伸臂捂。

(二) 集体拦网

由前排两个或三个队员互相靠近，同时起跳组成的拦网，称为集体拦网。集体拦网是比赛中最常用的一种拦网形式，主要在对方大力扣球时采用。集体拦网的技术动作与单人拦网相同。

1. 双人拦网

双人拦网是集体拦网的主要形式，主要由 2、3 号位队员或 3、4 号位(五人制)队员所组成。

2. 三人拦网

在五人制比赛中，多在对方高点强攻的情况下运用三人拦网。在组成三人拦网时，不论对方从哪一个位置进攻，都应以本方 3 号位队员为主，两边 2、4 号位队员为辅进行配合。

第三节　气排球运动的基本战术

一、气排球战术的概念

气排球战术是指运动员在比赛中，根据气排球竞赛规则、气排球运动的规律、比赛双方的具体情况和临场竞赛的发展变化，合理运用个人技术及集体配合所采取的有意识、有组织的行动。

(一) 气排球战术的分类

根据不同的分类方式，气排球可演化出不同的战术体系。

1. 按战术的参与人数分类

根据参与战术体系人数的多少及配合的差异性，气排球战术可以分为个人战术与集体战术两大类。个人战术包括发球个人战术、一传个人战术、二传个人战术、扣球个人战术、拦网个人战术、防守个人战术。集体战术包括接发球及其进攻战术、接扣球及其进攻战术、接拦回球及其进攻战术、接传垫球及其进攻战术。

2. 按战术的组织形式分类

根据对抗过程中所采取的不同组织形式，气排球战术可分为进攻战术与防守战术两大类。在相应过程中有目的地变化各种战术阵形与打法，可形成相对完整的战术体系。

(1) 进攻阵形：

五人制：中二二进攻、边二二进攻、后排插上进攻。

四人制：中三进攻、边三进攻、插三进攻。

(2) 进攻打法：包括强攻、快攻、两次球及转移进攻、立体进攻。

(二) 气排球战术指导思想

气排球战术指导思想是一个球队在训练和比赛中指导战术行动的主导思想和基本原则。正确、先进的指导思想应符合气排球运动的客观规律和本队的实际情况，也应适应气排球运动的发展趋势。制订战术的指导思想是：针对队伍在不同时期的不同对手进行考虑，从实际出发，全面分析，扬长避短，从而形成自身独特的风格。随着战术变革和不断创新，不同地区间也逐渐形成了各自的打法体系，目前已呈现出"个人全面，攻防均衡，全攻全守，高快立体，灵活多变，简练实效"的战术发展趋势。

二、气排球战术组成的基本方法

(一) 阵容配备的概念和目的

阵容配备是参赛队根据比赛的任务、本队战术组织的特点及队员的身体情况，有针对性、合理地安排出场队员及位置分工，充分地调配力量，科学地组合人员的筹划过程。阵容配备要将全队的力量有效地组织起来，扬长避短，最大限度地发挥每一个队员的作用和特长，充分调动队员的精神力量和技战术水平，使队员更加积极主动地投入到比赛中。

(二) 阵容配备原则

1. 择优原则

选择作风顽强、心理素质好、体能强、技术与临场应变能力强的成员组成主阵容，同时考虑到每个位置上替补队员的安排。

2. 攻手均衡原则

努力使各轮次间的攻守力量趋于均衡，尽量避免弱轮次的出现，以保证整体战术效应的稳定性和成效性。

3. 相邻默契原则

将平时合作默契的二传与攻手安排在相邻的位置上，使之能娴熟配合，产生良好的战术效应。

4. 轮次针对原则

根据对方队员的位置，轮次安排要有针对性。例如，拦网能力强的队员对准对方攻击力强的队员，以遏制对方的进攻；遇对方进攻强的轮次时，可安排发球攻击性强的队员发球，以破坏对方的一传，使对方难以组成进攻战术，取得先发制人的效果。轮次的安排要注意发挥本队的优势，如把攻击性强的队员安排在最得力的位置上。

(三) 阵容配备的基本形式

1. 五人制阵容配备的基本形式

(1) "四一"配备(见图 14-25)：由四名进攻队员和一名二传队员组成。其特点是二传与攻手分工明确,进攻点较多,进攻战术富于变化,全队只需要适应一名二传队员的技术特点,相互间的配合更为默契,有利于教练员对比赛进行指挥与控制,队员领会与执行战术意图。

(2) "三二"配备:由三名进攻队员和两名二传队员组成。又可根据二传的站位分为两种阵形,其一为二传站于前排 3 号位和后排 5 号位(见图 14-26),其二为二传站于前排 3 号位和后排 1 号位(见图 14-27)。

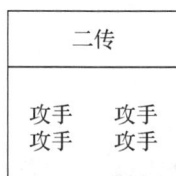

二传
攻手　攻手 攻手　攻手

二传
攻手　攻手 二传　攻手

二传
攻手　攻手 攻手　二传

图 14-25 "四一"配备　　图 14-26 "三二"配备①　　图 14-27 "三二"配备②

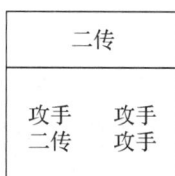

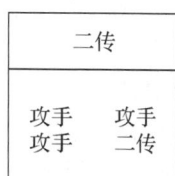

2. 四人制阵容配备的基本形式

(1) "三一"配备(见图 14-28):由三名攻手和一名二传队员组成,攻手中有一名为接应二传。这种阵形的特点与五人制的"四一"配备比较接近,不过场上人数减少使队员间的跑动换位相对容易。

(2) "二二"配备(见图 14-29):该阵形由两名二传队员与两名攻手组成,各轮次二传与攻手配置均衡,在两名二传具备一定的扣球、拦网实力的前提下,可以打出多点进攻战术。这种配备形式较容易掌握与应用,在高水平的气排球比赛中经常采用。

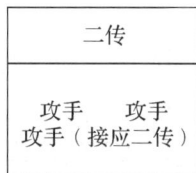

二传
攻手　攻手 攻手(接应二传)

二传
攻手　攻手 二传

图 14-28 "三一"配备　　　图 14-29 "二二"配备

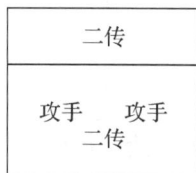

(四) 交换位置

1. 交换位置的概念、目的与方法

交换位置指在规则允许下,通过交换场上队员的位置来实现专位攻防的布局。交换位置的目的是积极主动地弥补阵容配备上的某些缺陷,便于攻防战术组织,发挥攻防优势,实现专位攻防,从而扬长避短,最大限度地发挥每个队员的特长,保障与提高攻、防战术的质量。

2. 交换位置时应注意的事项

(1) 换位前的站位,既要防止"位置错误"犯规,又要考虑缩短换位距离。

(2) 在发球队员击球后,即开始换位,应力求迅速地换到预定位置,立即准备下个动作。

(3) 在对方发球时,应首先准备接对方的来球,然后换位,避免造成接发球混乱。

(4) 换位时,队员之间要注意配合行动,防止互相干扰,做到互相弥补。

(5) 换位后,当该球成为死球时,应立即返回原位,各自做好下次接球或进攻的准备。

第四节　气排球运动的基本规则

一、比赛方法

　　气排球运动的比赛方法是多种多样的。基本方法是由两支人数相等的球队在被球网隔开的两块均等的场区内站成前后两排,根据规则以身体任何部位将球从网上击入对方场区。比赛开始时,由后排 1 号位队员在发球区发球过网后,每方最多击球 3 次(拦网除外)使球过网,不能"持球"或"连击",必须在两米线后扣球过网,在前场区进行进攻性击球或击球过网时球必须有明显向上的弧度。比赛应不间断地进行,直至球落地、出界或某队犯规。发球队获得发球权或获得一分后,必须按顺时针方向轮转一个位置,由轮转到 1 号位的队员发球。比赛采用每球得分制和三局两胜制。

　　如图 14-30 所示,球场长 12 米,宽 6 米(沙排 16 米 × 8 米;软排 A 制 18 米 × 8 米,B 制 18 米 × 9 米;硬排 18 米 × 9 米)。传、扣或防守时,不需大范围助跑和移动;为避免出界,也不需大力量发、扣球。场地还可套用羽毛球场地(长 13.4 米,宽 6.10 米)。

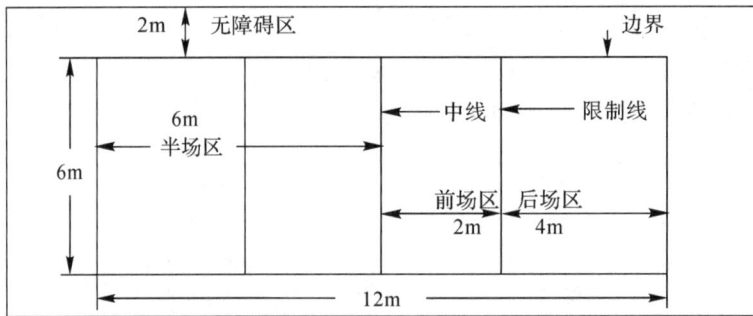

图 14-30　球场

二、比赛规则

(一) 队员在场上的位置

　　(1) 双方队员均为前排三名,后排两名。前排左边为 4 号位,中间为 3 号位,右边为 2 号位,后排左边为 5 号位,右边为 1 号位。每局比赛开始时,场上队员必须按照位置表排定的次序站位,在该局中不得调换。发球时场上队员位置不能调整,前排队员可以占到限制线以外,但后排队员不能站在前排队员前面。

　　(2) 发球队员可在本场区端线外任意地方发球。当发球队员击球后,双方队员在场内可随意换位,即队员在本场区内任何位置不受限制。

(二) 比赛成绩的计算

　　(1) 比赛采用每球得分制和三局两胜制,胜两局的队获胜。1 : 1 平局时,进行决胜局。

　　(2) 比赛采用每球得分制,不论发球队或接发球队,胜一球即得一分,胜一局;在非决赛中，先得 21 分并超过对方 2 分的队胜一局，当比分为 22：22 时，先获得 23 分的队即获胜该局。决胜局某队先得 8 分时，两队交换场区，队员位置不得变动，由交换场前最后一次发球的队轮转发球。在决胜局，得 15 分并超对方两分即为获胜。

(三) 动作和犯规

1. 发球

(1) 发球时球必须清晰地离手抛出后用一只手或手臂击球，并使球由两标志杆内直接越过球网，球过网落到对方场地即为好球，得一分，如球未通过网或触及两标志杆，则为违例，接球方得分。

(2) 第一局和决胜局经抽签取得发球权，由一号位进行发球。

(3) 发球队胜一球或接球队取得发球权时，该队队员必须按照顺时针方向轮转一个位置，由轮转到一号位的队员发球。如没有按发球次序轮转，则为轮转错误，判失去发球权，必须立即纠正。

(4) 发球队员必须在端线发球，可以自由移动或起跳，但击球时不得踏线或超过发球区，击球后可落在场内。

(5) 发球队员必须在第一裁判员鸣哨后 5 秒内发球。若球被抛起后发球队未击球、球未触及发球队而落地，则第一裁判应再一次鸣哨继续发球，如再发生则第二次视为违例。

(6) 发球队的队员不得以任何方式阻挡对方视线、发球队员和球的飞行路线。

(7) 队员直接向对方击球即为进攻球，把球接住或把球顺势缓冲至停留后再把球送出即为持球，则判为犯规。

2. 击球

(1) 每队最多击球三次(拦网除外)并将球回击过网进入对方区域。一名队员不得连续击球两次。

(2) 队员身体的任何部位都允许触球。球可以同时触及身体的不同部位。但必须是一次发力动作。

(3) 队员采用各种动作将球击出。如把球接住或把球顺势缓冲至停留后再将球送出，则应判违例犯规。

(4) 本队二、三名队员同时去击球记一次击球，触到球的队员不能再去击球。

(5) 双方队员在球网上空同时击球，球落在某方，某方可击球三次，如球落在界外则判对方击球出界。

(6) 双方队员在球网上沿将球按住则判双方犯规，该球重新开始。

(7) 如一个队连续击球四次(拦网除外)，则应判四次击球犯规。

3. 飞向对方区域的球

(1) 发球时球触及球网后通过是允许的，一名队员将球击入球网后，球在落地前另一队员再次击球。

(2) 球触及标志杆、标志杆以外的网、网绳或网柱及外场任何物体均判为界外球。

(3) 球的整体通过过网区以外的垂直面及球网以下的垂直面都应判为界外球。但当球的整体尚未越过球网和延长垂直面时，本队员可以将球击回。

4. 过中线和触网

(1) 比赛进行中，队员身体的任何部位触及球网时，应判触网犯规。

(2) 因对方击球入网而使网触及本方队员时，不算触网犯规。

5. 进攻性击球

(1) 队员直接向对方击球即为进攻性击球(包括扣球、吊球、传球和垫球)。

(2) 任何队员在后场区可以对任何高度的球做进攻性击球。

(3) 后排两名队员在前场区不准对高于球网上的球扣球，只允许将球传入对方区域，并且必须以一定的向上弧度过网。

6. 拦网

(1) 对方进攻时前排三名队员可以进行单人或集体拦网。球可迅速而连续触及一名或多名拦网队员，拦网后的队员仍可击球。

(2) 拦网时球可以触及队员的手以及身体的任何位置。

(3) 拦网队员不得将手或手臂伸过球网进行拦网。

(4) 拦网不算一次击球，还可再击三次。

(5) 后排两名队员不准到网前进行拦网，如参加拦网并起到拦网作用，则视为犯规。

(6) 不得拦对方的发球。

参 考 文 献

[1] 黄汉升. 球类运动：排球[M]. 北京：高等教育出版社，2015.

[2] 谭洁. 气排球运动教程[M]. 湖南：湖南师范大学出版社，2017.

[3] 中国排球协会. 气排球竞赛规则[M]. 北京：北京体育大学出版社，2013.

[4] 陈铁成. 气排球[M]. 苏州：苏州大学出版社，2014.

[5] 杜伟芳，王世昶. 气排球与健身排球[R]. 北京：北京市老年人体育协会，北京中老年健身排球俱乐部，2011.

第十五章 武 术

第一节 武术运动概述

一、武术的形成和发展过程

武术又称武艺或国术，是我国劳动人民在长期生产实践过程中不断积累和丰富起来的优秀文化遗产，是一项集中体现中华民族风格和特色的传统体育项目。目前武术在运动形式上分为套路运动和格斗运动。套路运动是以踢、打、摔、拿、跌、击、劈、刺等动作，按照一定的规律组成的徒手或器械的攻防格斗的套路。格斗运动是在一定条件下，按照一定的规则进行的斗智较力的对抗性活动，包括散打、太极推手、长兵、短兵等。武术以传统哲学为理论基础，注重内外兼修。武术历史悠久，形式多样，内容丰富，流派众多，兼具竞技和健身及表演价值，具有健身、护体、防敌、制胜的作用，深受不同文化背景的广大群众喜爱。

二、武术的基本动作

(一) 手形

1. 拳

四指并拢握紧，拇指紧扣食指和中指的第二指节。要求拳握紧，拳面平，直腕。

2. 掌

四指并拢伸直，拇指弯曲紧扣于虎口处。

3. 勾

五指的第一指节捏拢在一起，屈腕。

(二) 手法

1. 冲拳

双脚左右开立，与肩同宽，拳心向上，两拳收于腰间，肘尖向后，拳心向上。右拳从腰间向前猛力冲出，转腰，顺肩，在肘关节过腰后，右前臂内旋冲出，力达拳面，臂要伸直，高与肩平。拳心向下称为平冲拳，拳眼向上称为立冲拳。练习时，左右两拳交替练习。

2. 推掌

双脚左右开立，两拳拳心向上抱于腰间。右拳变掌，前臂内旋，并以掌根为力点向前猛力推击。推击时要转腰，顺肩，臂要伸直，高与肩平。练习时，左右两掌交替进行。

3. 亮掌

双脚左右开立，两拳拳心向上抱于腰间。右拳变掌，经体侧向右、向上画弧，举至头部右前方时，抖腕亮掌，臂成弧形，掌心朝上。眼睛始终随右手动作转动，抖腕亮掌时，转头注视左方。练习时，左右两掌交替进行。

4. 架拳

双脚左右开立，两拳拳心朝上，抱于腰间。右拳沿下、左、上的顺序方向经头前向右上方画弧架起，拳眼向下，转头双眼注视左方。练习时，左右两拳交替进行。

(三) 步法

1. 弓步

两脚前后错步站立，前腿屈膝，大腿水平，膝部与脚面垂直，后脚挺直，全脚掌着地，脚尖朝向斜前 45°。右脚在前为右弓步，左脚在前为左弓步。持久练习，可作弓步桩训练。注意挺胸，塌腰，沉髋，前、后脚成一直线。

2. 马步

两脚左右开立，两脚之间的距离约为本人脚长的 3 倍，脚尖内扣正对前方，屈膝半蹲，大腿接近水平，膝部不超过脚尖，全脚着地。持久练习，可作马步桩训练。注意挺胸，塌腰，两脚跟外蹬，身体重心落于两脚之间。

3. 仆步

右腿屈膝全蹲，大腿和小腿靠紧，臀部接近右小腿，全脚着地，脚尖和膝稍外展；左腿挺直平伸，脚尖内扣，全脚着地，成左仆步；右腿平伸成右仆步。注意，要挺胸，塌腰，沉髋。

4. 虚步

两脚前后错步站立，后腿屈蹲，大腿接近水平，前脚微屈，脚尖虚点地面。左脚在前为左虚步，右脚在前为右虚步。持久练习，可作虚步桩训练。注意，要挺胸，塌腰，虚实分明。

5. 歇步

两腿交叉屈膝全蹲；左脚全脚着地，脚尖外展；右脚脚跟离地，臀部坐于小腿上，接近脚跟，成左歇步；右脚在前为右歇步。注意，要挺胸，塌腰，两腿靠拢并贴紧。

第二节　初级长拳第三路

初级长拳第三路，全套除了预备式和结束动作外，分为四段，每段八个动作，合计三十六个动作。套路内容充实，包括了拳、掌、钩三种手形，弓、马、仆、虚、歇五种步法，还包括跳跃和平衡等动作。套路编排合理，由易到难，由简到繁，有利于循序渐进地进行练习。套路布局和路线变化前后呼应，左右兼顾，均匀合理。

一、动作名称

(一) 预备动作

① 预备势；② 虚步亮掌；③ 并步对拳。

(二) 第一段

① 弓步冲拳；② 弹腿冲拳；③ 马步冲拳；④ 弓步冲拳；
⑤ 弹腿冲拳；⑥ 大跃步前穿；⑦ 弓步击掌；⑧ 马步架掌。

(三) 第二段

① 虚步栽拳；② 提膝穿掌；③ 仆步穿掌；④ 虚步挑掌；
⑤ 马步击掌；⑥ 叉步双摆掌；⑦ 弓步击掌；⑧ 转身踢腿马步盘肘。

(四) 第三段

① 歇步抡砸锤；② 仆步亮掌；③ 弓步劈拳；④ 换跳步弓步冲拳；
⑤ 马步冲拳；⑥ 弓步下冲拳；⑦ 叉步亮掌侧踹腿；⑧ 虚步挑掌。

(五) 第四段

① 弓步顶肘；② 转身左拍脚；③ 右拍脚；④ 腾空飞脚；
⑤ 歇步下冲拳；⑥ 仆步抡劈拳；⑦ 提膝挑掌；⑧ 提膝劈掌弓步冲拳。

(六) 结束动作

① 虚步亮掌；② 并步对拳；③ 还原。

二、动作说明

(一) 预备动作

1. 预备势

两脚并步站立，两臂垂于身体两侧，五指并拢贴靠腿外侧，眼向前平视。

要点：头要端正，颏微收，挺胸，塌腰，收腹(见图 15-1)。

图 15-1 预备势

2. 虚步亮掌

(1) 右脚向右后方撤步成左弓步；右掌向右、向上、向前画弧，掌心向上；左臂屈肘，左掌提至腰侧，掌心向上；目视右掌(见图 15-2)。

(2) 右腿微屈，重心后移；左掌经胸前从右臂向前穿出伸直；右臂屈肘，右掌收至腰侧，掌心向上；目视左掌(见图 15-3)。

(3) 重心继续后移，左脚稍向左移，脚尖点地，成左虚步。左臂内旋向左、向后画弧成钩手，钩尖向上；右手继续向后、向右、向前上画弧，屈肘抖腕，在头顶上方成亮掌(即横掌)，掌心向前，掌指向左方；目视左方(见图 15-4)。

要点：三个动作必须连贯；成虚步时，重心落于右腿上，右大腿与地面平行；左腿微屈，脚尖点地。

图 15-2　虚步亮掌 1　　　　图 15-3　虚步亮掌 2　　　　图 15-4　虚步亮掌 3

3. 并步对拳

(1) 右腿蹬直，左腿提膝，脚尖里扣，上肢姿势不变(见图 15-5)。

(2) 左脚向前落步，重心前移。左臂屈肘，左钩手变掌经左肋前伸；右臂外旋向前下落于左掌右侧，两掌同高，掌心均向上(见图 15-6)。

(3) 右脚向前上一步，两臂下垂后摆(见图 15-7)。

(4) 左脚向右脚并步，两臂向外向上经胸前屈肘下按，两掌变拳，拳心向下，停于小腹前；目视左侧(见图 15-8)。

要点：并步后挺胸、塌腰。对拳、并步、转头要同时完成。

图 15-5　并步对拳 1　　图 15-6　并步对拳 2　　　图 15-7　并步对拳 3　　　图 15-8　并步对拳 4

(二) 第一段

1. 弓步冲拳

(1) 左脚向左上一步，脚尖向斜前方；右腿微屈，成半马步；左臂向上向左格打，拳眼向后，拳与肩同高；右拳收至腰侧，拳心向上；目视左拳(见图 15-9)。

(2) 右腿蹬直成左弓步；左拳收至腰侧，拳心向上；右拳向前冲出，高与肩平，拳眼向上；目视右拳(见图 15-10)。

要点：成弓步时，右腿充分蹬直，脚跟不要离地。冲拳时，尽量转腰顺肩。

图 15-9　弓步冲拳 1　　　　　　　　图 15-10　弓步冲拳 2

2. 弹腿冲拳

重心前移至左腿，右腿屈膝提起，脚面绷直，猛力向前弹出伸直，高与腰平；右拳收至腰侧；左拳向前冲出；目视前方(见图 15-11)。

要点：支撑腿可微屈，弹出的腿要用爆发力，力点达于脚尖。

图 15-11　弹腿冲拳

3. 马步冲拳

右脚向前落步，脚尖里扣，上体左转；左拳收至腰侧，两腿下蹲成马步；右拳向前冲出；目视右拳(见图 15-12)。

要点：成马步时，大腿要平，两脚平行，脚跟外蹬，挺胸、塌腰。

图 15-12　马步冲拳

4. 弓步冲拳

(1) 上体右转 90°，右脚尖外撇向斜前方，成半马步；右臂屈肘向右格打，拳眼向后；目视右拳(见图 15-13)。

(2) 左腿蹬直成右弓步；右拳收至腰侧；左拳向前冲出；目视左拳(见图 15-14)。

要点：与本节的弓步冲拳相同，唯左右相反。

图 15-13　弓步冲拳 1　　　　　　　图 15-14　弓步冲拳 2

5. 弹腿冲拳

重心前移至右腿，左腿屈膝提起，脚面绷直，猛力向前弹出伸直，高与腰平；左拳收至腰侧，右拳向前冲出；目视前方(见图 15-15)。

要点：与本节的弹腿冲拳相同。

图 15-15　弹腿冲拳

6. 大跃步前穿

(1) 左腿屈膝；右拳变掌内旋，以手背向下挂至左膝外侧，上体前倾；目视右手(见图 15-16)。

(2) 左脚向前落步，两腿微屈；右掌继续向后挂，左拳变掌，向后向下伸直；目视右掌(见图 15-17)。

(3) 右腿屈膝向前提起，左腿立即猛力蹬地向前跃出；两掌向前向上画弧摆起；目视左掌(见图 15-18)。

(4) 右腿落地全蹲，左腿随即落地向前铲出成仆步；右掌变拳抱于腰侧，左掌由上向右向下画弧成立掌，停于右胸前；目视左脚(见图 15-19)。

要点：跃步要远，落地要轻，落地后立即做下一个动作。

图 15-16　大跃步前穿 1　　图 15-17　大跃步前穿 2　　图 15-18　大跃步前穿 3　　图 15-19　大跃步前穿 4

7. 弓步击掌

右腿猛力蹬直成左弓步；左掌经左脚面向后画弧至身后成钩手，左臂伸直，钩尖向上，右拳由腰侧变掌向前推出，掌指向上，掌外侧向前；目视右掌(见图15-20)。

图 15-20　弓步击掌

8. 马步架掌

(1) 重心移至两腿中间，左脚脚尖里扣成马步，上体右转；右臂向左侧平摆，稍屈肘；同时左钩手变掌由后经左腰侧从右臂内向前上穿出，掌心均朝上；目视左手(见图15-21)。

(2) 右掌立于左胸前；左臂向左上屈肘抖腕亮掌于头部左上方，掌心向前(见图15-22)。

要点：马步同前。

图 15-21　马步架掌 1

图 15-22　马步架掌 2

(三) 第二段

1. 虚步栽拳

(1) 右脚蹬地，屈膝提起；左腿伸直，以前脚掌为轴向右后转体180°；右掌由左胸前向下经右腿外侧向后画弧成钩手；左臂随体转动并外旋，使掌心朝右；目视右手(见图15-23)。

(2) 右脚向右落地，重心移至右腿上，下蹲成左虚步；左掌变拳下落于左膝上，拳眼向里，拳心向后；右钩手变拳，屈肘向上架于头右上方，拳心向前；目视左方(见图15-24)。

图 15-23　虚步栽拳 1

图 15-24　虚步栽拳 2

2. 提膝穿掌

(1) 右腿稍伸直；右拳变掌收至腰侧，掌心向上；左拳变掌由下向左向上画弧盖压于头上方，掌心向前。

(2) 右腿蹬直，左腿屈膝提起，脚尖内扣；右掌从腰侧经左臂内向右前上方穿出，掌心向上，左掌收至右胸前成立掌；目视右掌(见图 15-25)。要点：支撑腿与右臂充分伸直。

图 15-25　提膝穿掌

3. 仆步穿掌

右腿全蹲，左腿向左后方铲出成左仆步；右臂不动，左掌由右胸前向下经左腿内侧向左脚面穿出；目随左掌转视(见图 15-26)。

图 15-26　仆步穿掌

4. 虚步挑掌

(1) 右腿蹬直，重心前移至左腿，成左弓步；右掌稍下降，左掌随重心前移向前挑起(见图 15-27)。

(2) 右脚向左前方上步，左腿半蹲，成右虚步；身体随上步左转 180°；在右脚上步的同时，左掌由前向上向后画弧成立掌，右掌由后向下向前上挑起成立掌，指尖与眼平；目视右掌(见图 15-28)。

要点：上步要快，虚步要稳。

图 15-27　虚步挑掌 1

图 15-28　虚步挑掌 2

5. 马步击掌

(1) 右脚落实，脚尖外撇，重心稍升高并右移；左掌变拳收至腰侧；右掌俯掌向外捋手(见图 15-29)。

(2) 左脚向前上一步，以右脚为轴向右后转体 180°，两腿下蹲成马步；左掌从右臂上成立掌向左侧击出；右掌变拳收至腰侧；目视左掌(见图 15-30)。

要点：右手做捋手时，先使臂稍内旋，腕伸直，手掌向下向外转，接着臂外旋，掌心经下向上翻转，同时抓握成拳；收拳和击掌动作要同时进行。

图 15-29 马步击掌 1   图 15-30 马步击掌 2

6. 叉步双摆掌

(1) 重心稍右移，同时两掌向下向右摆，掌指均向上；目视右掌(见图 15-31)。

(2) 右脚向左腿后插步，前脚掌着地；两臂继续由右向上向左摆，停于身体左侧，均成立掌，右掌停于左肘窝处；目随双掌转视(见图 15-32)。

要点：两臂要画立圆，幅度要大，摆掌与后插步配合一致。

图 15-31 叉步双摆掌 1   图 15-32 叉步双摆掌 2

7. 弓步击掌

(1) 两腿不动；左掌收至腰侧，掌心向上；右掌向上向右画弧，掌心向下(见图 15-33)。

(2) 左腿后撤一步，成右弓步；右掌向下向后伸直摆动，成钩手，钩尖向上；左掌成立掌向前推出；目视左掌(见图 15-34)。

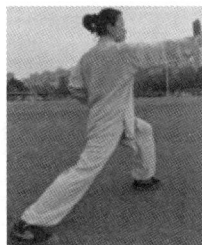

图 15-33 弓步击掌 1   图 15-34 弓步击掌 2

8. 转身踢腿马步盘肘

(1) 两脚以前脚掌为轴向左后转体 180°。在转体的同时，左臂向上向前画半立圆，右臂向下向后画半圆(见图 15-35)。

(2) 上动不停，两脚不动，右臂由后向上向前画半立圆，左臂由前向下向后画半立圆(见图 15-36)。

(3) 上动不停，右臂向下成反臂钩手，钩尖向上，左臂向上成亮掌，掌心向前上方；右腿伸直，脚尖勾起，向额前踢(见图 15-37)。

(4) 右脚向前落地，脚尖里扣；右手不动，左臂屈肘下落至胸前，左掌心向下；目视左掌(见图 15-38)。

(5) 上体左转 90°，两腿下蹲成马步；左掌向前向左平捋变拳收至腰侧，右钩手变拳，右臂伸直，由体后向右向前平摆，至体前时屈肘，肘尖向前，高与肩平，拳心向下；目视肘尖(见图 15-39)。

要点：两臂抡动时要画立圆，动作连贯；盘肘时要快速有力，右肩前顺。

图 15-35　转身踢腿马步盘肘 1　　　　图 15-36　转身踢腿马步盘肘 2

图 15-37　转身踢腿马步盘肘 3　　图 15-38　转身踢腿马步盘肘 4　　图 15-39　转身踢腿马步盘肘 5

(四) 第三段

1. 歇步抡砸拳

(1) 重心稍升高，右脚尖外撇；右臂由胸前向上向右抡直；左拳向下向左，使臂抡直；目视右拳(见图 15-40)。

(2) 上动不停，两脚以前脚掌为轴，向右后转体 180°；右臂向下向后抡摆，左臂向上向前随身体转动(见图 15-41)。

(3) 紧接上动，两腿全蹲成歇步；左臂随身体下蹲向下平砸，拳心向上，臂部微屈；右臂伸直向上举起；目视左拳(见图15-42)。

要点：抡臂动作要连贯完成，画成立圆；歇步要两腿交叉全蹲，左腿大、小腿靠紧，臀部贴于左小腿外侧，膝关节在右小腿外侧，脚跟提起，右脚尖外撇，全脚着地。

图15-40 歇步抡砸拳1   图15-41 歇步抡砸拳2   图15-42 歇步抡砸拳3

2. 仆步亮掌

(1) 左脚由右腿后抽出上前一步，左腿蹬直，右腿半蹲，成右弓步；上体微向右转；左拳收至腰侧，右拳变掌向下经胸前向右横击掌；目视右掌(见图15-43)。

(2) 右脚蹬地屈膝提起，上体右转；左拳变掌从右掌上向前穿出，掌心向上，右掌平收至左肘下(见图15-44)。

(3) 右脚向右落步，屈膝全蹲，左腿伸直，成仆步；左掌向下向后画弧成钩手，钩尖向上，右掌向右向上画弧微屈，抖腕成亮掌，掌心向前；头随右手转动，至亮掌时，目视左方(见图15-45)。

要点：仆步时，左腿充分伸直，脚尖里扣，右腿全蹲，两脚脚掌全部着地；上体挺胸塌腰，稍左转。

图15-43 仆步亮掌1   图15-44 仆步亮掌2   图15-45 仆步亮掌3

3. 弓步劈拳

(1) 右腿蹬地立起，左腿收回并向左前方上步；右掌变拳收至腰侧，左钩手变掌由下向前上经胸前向左做拐手(见图15-46)。

(2) 右腿经左腿前方向左绕上一步，左腿蹬直成右弓步；左手向左平拐后再向前挥摆，虎口朝前(见图15-47)。

(3) 在左手平拐的同时，右拳向后平摆，然后向前向上做抡劈拳，拳高与耳平，拳心向上，左掌外旋接扶右前臂；目视右拳(见图15-48)。

要点：左、右脚上步稍带弧形。

图 15-46　弓步劈拳 1　　　　图 15-47　弓步劈拳 2　　　　图 15-48　弓步劈拳 3

4. 换跳步弓步冲拳

(1) 重心后移，右脚稍向后移动；右拳变掌臂内旋以掌背向下画弧挂至右膝内侧，左掌背贴靠右肘外侧，掌指向前；目视右掌(见图 15-49)。

(2) 右腿自然上抬，上体稍向左扭转；右掌挂至体左侧，左掌伸向右腋下；目随右掌转视(见图 15-50)。

(3) 右脚以全脚掌用力向下震跺，与此同时，左脚急速离地抬起；右手由左向上向前搂盖后变拳收至腰侧，左掌伸直向下、向上、向前屈肘下按，掌心向下；上体右转；目视左掌(见图 15-51)。

(4) 左脚向前落步，右腿蹬直成左弓步；右拳向前冲出，拳高与肩平，左掌藏于右腋下，掌背贴靠腋窝；目视右拳(见图 15-52)。

要点：换跳步动作要连贯、协调；震脚时腿要弯曲，全脚掌着地，左脚离地不要高。

图 15-49　换跳步弓步冲拳 1　　　　图 15-50　换跳步弓步冲拳 2

图 15-51　换跳步弓步冲拳 3　　　　图 15-52　换跳步弓步冲拳 4

5. 马步冲拳

上体右转 90°，重心移至两腿中间，成马步；右拳收至腰侧，左掌变拳向左冲出，拳眼向上；目视左拳(见图 15-53)。

图 15-53　马步冲拳

6. 弓步下冲拳

右脚蹬直，左腿弯曲，上体稍向左转，成左弓步；左拳变掌向下经体前向上架于头左上方，掌心向上，右拳自腰侧向左前斜下方冲出；目视右拳(见图 15-54)。

图 15-54　弓步下冲拳

7. 叉步亮掌侧踹腿

(1) 上体稍右转；左掌由头上下落于右手碗上，右拳变掌，两手交叉成十字；目视双手(见图 15-55)。

(2) 右脚蹬地并向左腿后插步，以前脚掌着地；左掌由体前向下向后画弧成钩手，钩尖向上，右掌由前向右向上画弧抖腕亮掌，掌心向前；目视左侧(见图 15-56)。

(3) 重心移至右腿，左腿屈膝提起，向左上方猛力踹出；上肢姿势不变；目视左侧(见图 15-57)。

图 15-55　叉步亮掌侧踹腿 1　　图 15-56　叉步亮掌侧踹腿 2　　图 15-57　叉步亮掌侧踹腿 3

要点：插步时上体稍向右倾斜，腿、臂的动作要一致；侧踹高度不能低于腰，大腿内旋，着力点在脚跟。

8. 虚步挑掌

(1) 左脚在左侧落地；右掌变拳稍后移，左钩手变拳由体后向左上挑，拳背向上(见图 15-58)。

(2) 上体左转 180°，微含胸前俯；左拳继续向前向上画弧上挑，右拳向下向前画弧挂至右膝外侧，同时右膝提起；目视右拳(见图 15-59)。

(3) 右脚向左前方上步，脚尖点地，重心落于左脚，左腿下蹲成右虚步；左拳向后画弧收至腰侧，拳心向上，右拳向前屈臂挑出，拳眼斜向上，拳与肩同高；目视右拳(见图 15-60)。

图 15-58　虚步挑掌 1　　　图 15-59　虚步挑掌 2　　　图 15-60　虚步挑掌 3

(五) 第四段

1. 弓步顶肘

(1) 重心升高，右脚踏实；右臂内旋向下直臂画弧以拳背下挂至右膝内侧，左拳不变；目视前下方(见图 15-61)。

(2) 左腿蹬直，右腿屈膝上抬；左拳变掌，右拳不变，两臂向前向上画弧摆起；目随右拳转视(见图 15-62)。

(3) 左脚蹬地起跳，身体腾空，两臂继续画弧至头上方(见图 15-63)。

(4) 右脚先落地，右腿屈膝，左脚向前落步，以前脚掌着地；两臂向右向下屈肘停于右胸前，右拳变掌，左掌变拳，右掌心贴靠左拳面(见图 15-64)。

(5) 左脚向左上一步，左腿屈膝，右腿蹬直成左弓步；右掌推左拳，以左肘尖向左顶出，高与肩平；目视前方(见图 15-65)。

要点：交换步时不要过高，但要快；两臂抢摆时要成圆弧。

图 15-61　弓步顶肘 1　　　图 15-62　弓步顶肘 2　　　图 15-63　弓步顶肘 3

图 15-64　弓步顶肘 4　　　图 15-65　弓步顶肘 5

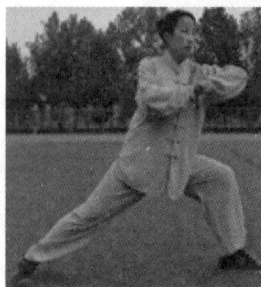

2. 转身左拍脚

(1) 以两脚前脚掌为轴向右后转体 180°。随着转体，右臂向上、向右、向下画弧抡摆，同时左拳变掌，掌心向下，经后方向前上抡摆(见图 15-66)。

(2) 左腿伸直向前上踢起，脚面绷平；左掌变拳收至腰侧，右掌由体后向上向前拍击左脚面(见图 15-67)。

要点：右掌拍脚时手掌稍横过来，拍脚要准而响亮。

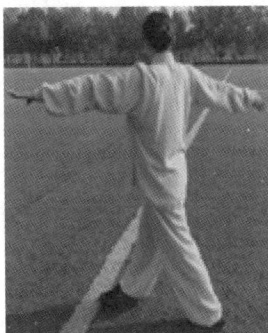

图 15-66　转身左拍脚 1　　　　　图 15-67　转身左拍脚 2

3. 右拍脚

(1) 左脚向前落地，左拳变掌向下向后摆，右掌变拳收至腰侧(见图 15-68)。

(2) 右腿伸直向前上踢起，脚面绷平；左拳变掌由后向上向前拍击右脚面(见图 15-69)。

要点：与本节的转身左拍脚相同。

图 15-68　右拍脚 1　　　　　图 15-69　右拍脚 2

4. 腾空飞脚

(1) 右脚落地(见图 15-70)。

(2) 左脚向前摆起，右脚猛力蹬地跳起，左腿屈膝继续前上摆。同时右拳变掌向前向上摆起，左掌先上摆而后下降拍击右掌背(见图 15-71)。

(3) 右腿继续上摆，脚面绷平；右手拍击右脚面，左掌由体前向后上举(见图 15-72)。

要点：蹬地要向上，不要太向前冲，左膝尽量上提；击响要在腾空时完成，右臂伸直成水平。

图 15-70　腾空飞脚 1　　　图 15-71　腾空飞脚 2　　　图 15-72　腾空飞脚 3

5. 歇步下冲拳

(1) 左、右脚先后落地；左掌变拳收至腰侧(见图 15-73)。

(2) 身体右转 90°，两腿全蹲成歇步；右掌抓握、外旋变拳收至腰侧，左拳由腰侧向前下方冲出，拳心向下；目视左拳(见图 15-74)。

图 15-73　歇步下冲拳 1　　　　　图 15-74　歇步下冲拳 2

6. 仆步抡劈拳

(1) 重心升高，右臂由腰侧向体后伸直，左臂随身体重心升高向上摆起(见图 15-75)。

(2) 以右脚前脚掌为轴，左腿屈膝提起，上体左转 270°；左拳由前向后下画立圆一周；右拳由后向下向前上画立圆一周(见图 15-76)。

(3) 左腿向后落一步，屈膝全蹲，右腿伸直，脚尖里扣成右仆步；右拳由上向下抡劈，拳眼向上，左拳后上举，拳眼向上；目视右拳(见图 15-77)。

图 15-75　仆步抡劈拳 1　　　图 15-76　仆步抡劈拳 2　　　图 15-77　仆步抡劈拳 3

要点：抡臂时一定要画立圆。

7. 提膝挑掌

(1) 重心前移成右弓步，同时右拳变掌由下向上抡摆，左拳变掌稍下落，右掌心向左，左掌心向右(见图 15-78)。

(2) 左、右臂在垂直面上由前向后各画立圆一周；右臂伸直停于头上，掌心向左，掌指向上，左臂伸直停于身后成反钩手；同时右腿屈膝提起，左腿挺膝伸直独立；目视前方(见图 15-79)。

要点：抡臂时要画立圆。

图 15-78　提膝挑掌 1　　　　　　图 15-79　提膝挑掌 2

8. 提膝劈掌弓步冲拳

(1) 下肢不动；右掌由上向下猛劈伸直，停于右小腿内侧，用力点在小指一侧；左钩手变掌，屈臂向前停于右上臂内侧，掌心向左；目视右掌(见图 15-80)。

(2) 右脚向右后落地；身体右转 90°；左掌变拳收至腰侧，右臂内旋向右画弧做劈掌(见图 15-81)。

(3) 上动不停，左腿蹬直成右弓步；右手抓握变拳收至腰侧，左拳由腰侧向左前方冲出；目视左拳(见图 15-82)。

图 15-80　提膝劈掌弓步冲拳 1　　图 15-81　提膝劈掌弓步冲拳 2　　图 15-82　提膝劈掌弓步冲拳 3

(六) 结束动作

1. 虚步亮掌

(1) 右脚扣于左膝后；两拳变掌，两臂右上左下屈肘交叉于体左前；目视右掌(见图 15-83)。

(2) 右脚向右后落步，重心后移，右腿半蹲，上体稍右转；右掌向上、向右、向下画弧停于左腋下，左掌向左、向上画弧停于右臂上与左胸前，两掌心左下右上；目视左掌(见图 15-84)。

(3) 左脚尖稍向右移，右腿下蹲成左虚步；左臂伸直向左、向后画弧成反钩手，右臂伸直向下、向右、向上画弧抖腕亮掌，掌心向前；目视左方(见图 15-85)。

图 15-83　虚步亮掌 1　　　　图 15-84　虚步亮掌 2　　　　图 15-85　虚步亮掌 3

2. 并步对拳

(1) 左腿后撤一步，同时两掌从两腰侧向前穿出伸直，掌心向上(见图 15-86)。

(2) 右腿后撤一步，同时两臂分别向体后下摆(见图 15-87)。

(3) 左脚后退半步向右脚并拢；两臂由后向上经体前屈臂下按，两掌变拳，停于腹前，拳心向下，拳面相对；目视左方(见图 15-88)。

图 15-86　并步对拳 1　　　　图 15-87　并步对拳 2　　　　图 15-88　并步对拳 3

3. 还原

两拳变掌，两臂自然下垂，目视正前方(见图 15-89)。

图 15-89　还原

第三节　简化太极拳

简化太极拳

一、太极拳概述

　　太极拳是一种缓慢、柔和的拳术健身运动。练习太极拳，对中枢神经系统、呼吸和消化系统、心脏血管系统、骨骼、肌肉等都有良好的锻炼作用。练习之后，周身血脉流通而又不气喘，身心舒适，精神焕发。

　　练习太极拳时，除全身各个关节、肌肉群需要活动外，还要配合均匀的呼吸，身体各部位要自然放松，动作变换要画弧形，不可直来直去，重心转移要稳，以腰为轴带动四肢运动，动作要连贯柔和，不可生硬转换，速度要保持均匀，不可忽快忽慢。练习太极拳是一个由生到熟的过程，初学者不可急于求成，应该在打好动作姿势基础的前提下，逐渐领悟动作和技术要领，做到动作连贯，协调自然，内外合一。

二、动作名称

　　预备势：

　　第一组：① 起势；② 左右野马分鬃；③ 白鹤亮翅。

　　第二组：④ 左右搂膝拗步；⑤ 手挥琵琶；⑥ 左右倒卷肱。

　　第三组：⑦ 左揽雀尾；⑧ 右揽雀尾。

　　第四组：⑨ 单鞭；⑩ 云手；⑪ 单鞭。

　　第五组：⑫ 高探马；⑬ 右蹬脚；⑭ 双峰贯耳；⑮ 转身左蹬脚。

　　第六组：⑯ 左下势独立；⑰ 右下势独立。

　　第七组：⑱ 左右穿梭；⑲ 海底针；⑳ 闪通臂。

　　第八组：㉑ 转身搬拦捶；㉒ 如封似闭；㉓ 十字手；㉔ 收势。

三、动作说明

预备势：身体自然站立，并脚直立，手指微曲，两手垂于大腿外侧；头部正直，胸腹放松；双眼平视前方，全身放松，精神集中(见图 15-90)。

图 15-90　预备势

(一) 第一组

1. 起势

起势：左脚开立，两臂前举，屈膝按掌(见图 15-91、图 15-92、图 15-93)。

(1) 左脚开立：身体自然直立，左脚向左开立，与肩同宽，脚尖向前。

(2) 两臂前举：两臂慢慢向前平举，两臂与肩同宽，两手与肩同高，手心向下。

(3) 屈膝按掌：身体保持正直，两腿慢慢屈膝下蹲，同时两掌轻轻下按至腹前，眼平视前方。

学习要点：起脚时先提脚跟，高不过足踝，落脚时前脚掌先着地，要做到点起点落、轻起轻落。上举两臂时，不可耸肩，不要出现指尖朝下的"折腕"。屈膝时松腰敛臀，上体保持正直，两掌下按时沉肩垂肘。

图 15-91　起势 1　　　　图 15-92　起势 2　　　　图 15-93　起势 3

2. 左右野马分鬃

(1) 左野马分鬃：稍右转体，收脚抱球，转体上步，弓步分手(见图 15-94、图 15-95)。

① 稍右转体，收脚抱球：上体稍右转，右臂屈抱于右胸前，手心向下，左臂屈抱于腹前，手心向上，两手心相对成右抱球；左脚收至右脚内侧，脚尖点地成丁步。

② 转体上步，弓步分手：上体左转，左脚向左前方迈出一步，右脚跟后蹬，右腿伸直，成左弓步；同时两掌前后分开，左手心斜向左上高与眼平，右手向右下按至右胯旁，两臂微屈。

图 15-94　左右野马分鬃 1　　　图 15-95　左右野马分鬃 2

(2) 右野马分鬃：后坐撇脚，收脚抱球，转体上步，弓步分手(见图 15-96～图 15-98)。

图 15-96　右野马分鬃 1　　　图 15-97　右野马分鬃 2　　　图 15-98　右野马分鬃 3

① 后坐撇脚，收脚抱球：重心稍向后移，左脚尖翘起外撇(大约 45° 到 60°)；上体稍左转，左手翻转向下在左胸前屈抱，右手翻转前摆手心向上，在腹前屈抱，两手心相对成左抱球；重心移至左腿，右脚收至左脚内侧，脚尖点地成丁步。

② 转体上步，弓步分手：右腿向右前方迈出一步，左脚跟后蹬，左腿伸直，成右弓步；同时上体右转，两手随转体慢慢分开，右手向右上高与眼平，左手向左下按至左胯旁，两臂微屈。

(3) 左野马分鬃：后坐撇脚，收脚抱球，转体上步，弓步分手(见图 15-99～图 15-101)。

图 15-99　左野马分鬃 1　　　图 15-100　左野马分鬃 2　　　图 15-101　左野马分鬃 3

① 后坐撇脚，收脚抱球：与右野马分鬃①相同，只是方向相反。

② 转体上步，弓步分手：与右野马分鬃②相同，只是方向相反。

学习要点：弓步时，不可将重心过早前移，造成脚掌沉猛落地，后脚应有蹬碾动作；分手与弓步要协调同步；转体撇脚时，先屈后腿，腰后坐，同时两臂自旋。

3. 白鹤亮翅

白鹤亮翅：稍左转体，跟步抱球，后坐转体，虚步分手(见图 15-102～图 15-104)。

(1) 稍左转体，跟步抱球：上体稍左转，右脚向前跟进半步，落于左脚后；同时左手翻掌向下，左臂平屈胸前，右手向左上画弧，手心转向上，两手在胸前屈臂抱球。

(2) 后坐转体，虚步分手：上体后坐，重心移至右腿，并向右转体，左脚稍向前移动，脚尖点地，成左脚虚步；同时上体再向左微转，面向前方，两手同时分开，右手分至右额前，掌心向内，左手按至左腿旁，掌心向下，上体转正；眼平视前方。

图 15-102　白鹤亮翅 1　　　　图 15-103　白鹤亮翅 2　　　　图 15-104　白鹤亮翅 3

学习要点：抱球与跟步要同时，转身时身体侧转不超过 45°，左脚前移与分手同时完成。

(二) 第二组

1. 左右搂膝拗步

(1) 左搂膝拗步：转体摆臂，摆臂收脚，上步屈肘，弓步搂推(见图 15-105～图 15-108)。

图 15-105　左搂膝拗步 1　　　　　　图 15-106　左搂膝拗步 2

图 15-107　左搂膝拗步 3

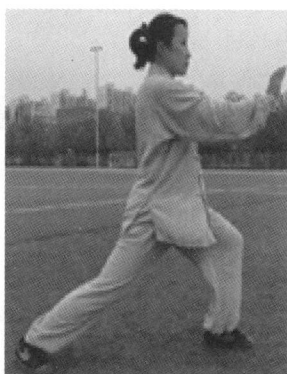

图 15-108　左搂膝拗步 4

① 转体摆臂，摆臂收脚：上体右转，右手至体前下落，经右胯侧向后方上举，与耳同高，手心向上，左手上摆，由左下向上、向右画弧落至右肩前，手心斜向下；左脚收至右脚内侧，脚尖着地成丁步；眼视右手。

② 上步屈肘，弓步搂推：上体左转，左脚向左前方迈出一步成左弓步；左手向左下经膝前上方搂过，停于左腿外侧，掌心向下，指尖向前，右手经肩上向前推出，高与鼻尖平，右臂自然伸直；眼视右手手指。

(2) 右搂膝拗步：后坐撇脚，摆臂收脚，上步屈肘，弓步搂推(见图 15-109 和图 15-110)。

① 后坐撇脚，摆臂收脚：右腿慢慢屈膝，重心稍后移至右腿，左脚尖翘起向外撇，上体左转，右腿前弓，重心移至左腿，右脚收至左脚内侧，脚尖点地成丁步；右手经头前画弧摆至左肩前，手心斜向下，左手向外翻掌由左后向上方画弧上举，与耳同高，掌心向上；眼视左手。

② 上步屈肘，弓步搂推：与左搂膝拗步②相同，只是方向相反。

图 15-109　右搂膝拗步 1

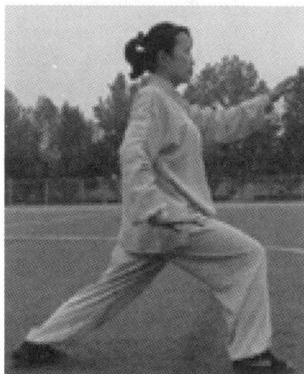

图 15-110　右搂膝拗步 2

(3) 左搂膝拗步：后坐撇脚，摆臂收脚，上步屈肘，弓步搂推(见图 15-111～图 15-113)。

① 后坐撇脚，摆臂收脚：与右搂膝拗步①相同，只是方向相反。

② 上步屈肘，弓步搂推：与右搂膝拗步②相同，只是方向相反。

学习要点：两手画弧时要以腰带动；推掌时要沉肩垂肘，坐腕舒掌；搂推协调，转身蹬地推掌。

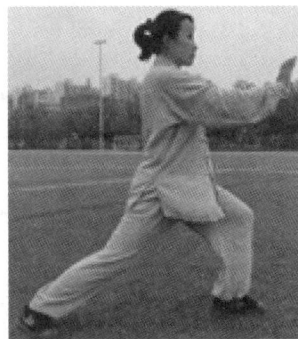

图 15-111　左搂膝拗步 1　　　　图 15-112　左搂膝拗步 2　　　　图 15-113　左搂膝拗步 3

2. 手挥琵琶

手挥琵琶：跟步展臂，后坐引手，虚步合手(见图 15-114、图 15-115)。

(1) 跟步展臂：右脚向前跟进半步落于左脚后；右臂稍向前伸展。

(2) 后坐引手，虚步合手：上体后坐，重心转移至右腿，左脚略提起稍前移，脚跟着地，脚尖翘起，变成左虚步；两臂屈肘合抱，左手由左下向上挑举，高与鼻尖平，掌心向右，右手收回与左肘相对，掌心向左；眼视左手食指。

学习要点：两手摆掌时有上挑并向里合之意；合臂时腰下沉，两臂前伸，腋下虚空。

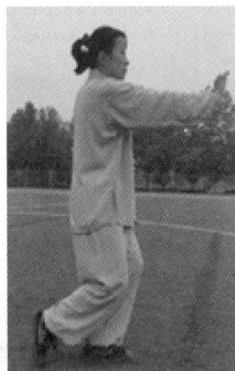

图 15-114　手挥琵琶 1　　　　　　图 15-115　手挥琵琶 2

3. 左右倒卷肱

(1) 右倒卷肱：稍右转体，撤手托球，退步卷肱，虚步推掌(见图 15-116～图 15-118)。

① 稍右转体，撤手托球：上体稍右转，右手翻转向上，右手随转体由下向后上方画弧上举至肩上耳侧，臂微屈，左手翻掌向上，并停于体前；眼的视线随右手移动，再看向前方左手。

② 退步卷肱，虚步推掌：上体继续左转，左腿提起向后退一步，脚掌先着地，然后全脚踏实，重心后移，成右虚步；右手由耳侧推至体前，手心向前，左手手心向上，向后、向下画弧，收至左腰侧，手心向上；眼视右手。

图 15-116 右倒卷肱 1   图 15-117 右倒卷肱 2   图 15-118 右倒卷肱 3

(2) 左倒卷肱：稍左转体，撤手托球，退步卷肱，虚步推掌(见图 15-119、图 15-120)。

① 稍左转体，撤手托球：与右倒卷肱①相同，方向左右相反。

② 退步卷肱，虚步推掌：与右倒卷肱②相同，方向左右相反。

图 15-119 左倒卷肱 1   图 15-120 左倒卷肱 2

(3) 右倒卷肱：与前右倒卷肱相同(见图 15-116～图 15-118)。

(4) 左倒卷肱：与前左倒卷肱相同(见图 15-119、图 15-120)。

学习要点：转身时用腰带手后撤，走斜弧形路线；提膝屈肘和左掌翻手都要同步完成；推掌走弧形且坐腕、展掌、舒指。

(三) 第三组

1. 左揽雀尾

左揽雀尾：转体撤手，收脚抱球，转体上步，弓步掤臂，摆臂后捋，转体搭手，弓下前挤，转腕分手，后坐引手，弓步前按(见图 15-121～图 15-128)。

(1) 转体撤手，收脚抱球：上体继续右转，右手向侧后上方画弧，左手在体前下落，逐渐翻掌向上画弧，两手呈右抱球状；左脚收成丁步。

(2) 转体上步，弓步掤臂：上体左转，左脚向左前方迈出，右腿蹬直，成左弓步；两手前后分开，左臂半屈成弓形向体前掤架，高与肩平，手心向后，右手向下画弧按于右胯旁，五指向前，手心向下；眼视左手。

(3) 摆臂后捋，转体搭手：上体稍向左转，左手向左前方伸出，同时右手翻掌向上，经腹前向上、向前伸至左臂下方，掌心向上；然后上体右转，两手同时向下经腹前向右后方画弧后将，右手举于身体侧后方，掌心向外，左臂平屈于胸前，掌心向内；同时中心后移至右腿；眼视右手。

(4) 弓下前挤：上体稍向左转，右臂曲肘折回，右手附于左手腕里侧(相距约 1 厘米)，上体继续左转，右手推送左前臂向体前挤出，左手心向后，右手心向前，两臂撑圆；同时身体重心前移成左弓步；眼视左手腕部。

(5) 转腕分手，后坐引手：左手翻转，手心向下，右手经左腕上方向前、向右伸出，手心转向下，高与左手齐，两手左右分开，与肩同宽；然后右腿屈膝，上体后坐，身体重心移至右腿上，左脚尖翘起；同时两臂屈收后引，收至腹前，手心均向斜下方；眼向前平视。

(6) 弓步前按：上式不停，重心前移成左弓步；同时两手沿弧线向前、向上按出，掌心向前，推至体前；眼向前平视。

图 15-121　左揽雀尾 1　　图 15-122　左揽雀尾 2　　图 15-123　左揽雀尾 3　　图 15-124　左揽雀尾 4

图 15-125　左揽雀尾 5　　图 15-126　左揽雀尾 6　　图 15-127　左揽雀尾 7　　图 15-128　左揽雀尾 8

学习要点：将时要转腰带手，不可直臂、折腕；挤时松腰、弓腿一致；按时两手沿弧线向上、向前推按。

2. 右揽雀尾

右揽雀尾：后坐扣脚，收脚抱球，转体上步，弓步掤臂，摆臂后将，转体搭手，弓步前挤，转腕分手，后坐引手，弓步前按(见图 15-129～图 15-136)。

(1) 后坐扣脚，收脚抱球：上体后坐并向右转，身体重心移至右腿，左脚尖内扣；右手向右平行画弧至右侧，然后由下经腹前向左上画弧至右肋前，手心向上；左臂平屈胸前，左手掌向下与右手成抱球状；同时身体重心移到左腿上，右脚收到左脚内侧，脚尖点地，成丁步；眼视左手。

(2) 转体上步，弓步掤臂：同左揽雀尾(2)，只是左右方向相反。

(3) 摆臂后将，转体搭手：同左揽雀尾(3)，只是左右方向相反。

(4) 弓下前挤：同左揽雀尾(4)，只是左右方向相反。

(5) 转腕分手，同左揽雀尾(5)，只是左右方向相反。

(6) 弓步前按：同左揽雀尾(6)，只是左右方向相反。

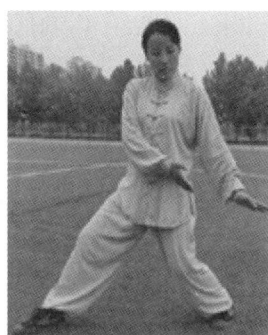

图 15-129 右揽雀尾 1　图 15-130 右揽雀尾 2　图 15-131 右揽雀尾 3　图 15-132 右揽雀尾 4

图 15-133 右揽雀尾 5　　图 15-134 右揽雀尾 6　　图 15-135 右揽雀尾 7　　图 15-136 右揽雀尾 8

学习要点：由左势向右势转化时，左脚尽量里扣；右手随身体右转平行向右画弧时，右手不可随着向右摆动；重心移动变化时，上体保持正直，随腰转动。

(四) 第四组

1. 单鞭

单鞭：转体运臂，右脚内扣，上体右转，勾手收脚，转体上步，弓步推掌(见图 15-137～图 15-139)。

图 15-137 单鞭 1　　　　图 15-138 单鞭 2　　　　图 15-139 单鞭 3

(1) 转体运臂，右脚内扣：上体左转，左腿屈膝，身体重心逐渐转移至左腿，右脚尖内扣；左手向左画弧，至左臂平举，掌心向外，右手经腹前向左画弧至左肘前，掌心转为向上；眼视左手。

(2) 上体右转，勾手收脚：身体重心移至右腿，上体右转，右腿屈膝，左脚收于右脚内侧，脚尖点地，收成丁步；右手向右上画弧，至身体右前方变成钩手，腕高与肩平，左手向下、向右经腹前画弧至右肩前，掌心转向内；眼视左手。

(3) 转体上步，弓步推掌：上体左转，左脚向左前方迈出，右脚跟后蹬，成左弓步；身体重心在向左腿移动的同时，左手经面前翻掌向前推出，手指与眼平，臂微屈；眼视左手。

学习要点：重心移动平稳，两腿要虚实分明；做钩手时右臂不要过直；推掌时随上体转动，弓腿，翻掌前推。

2. 云手

云手：后坐扣脚，转体松钩，并步云手，开步云手，并步云手，开步云手，并步云手(见图 15-140～图 15-145)。

图 15-140　云手 1　　　　　图 15-141　云手 2　　　　　图 15-142　云手 3

图 15-143　云手 4　　　　　图 15-144　云手 5　　　　　图 15-145　云手 6

(1) 后坐扣脚，转体松钩：身体重心移至右腿，上体右转，左脚尖内扣；左手向下经腹前、向右上画弧至右肩前，掌心向内，右钩手松开变掌，掌心向前；眼视左手。

(2) 并步云手：上体左转，身体重心左移，右脚向左脚收拢，两腿屈膝半蹲，两脚平行向前成小开立步；左手经头前向左画弧运转，掌心渐渐向外翻转，右手向下经腹前、向左上画弧运转至左肩前，掌心渐渐转向内；视线随左手运转。

(3) 开步云手：上体右转，重心右转，左脚向左横开一步，脚尖向前；右手经头前向右画弧运转，掌心逐渐由内转向外，左手向下经腹前向右上画弧，停于右肩前，掌心渐渐翻转向内；视线随右手运转。

(4) 并步云手：同(2)并步云手。

(5) 开步云手：同(3)开步云手。

(6) 并步云手：同(2)并步云手。

学习要点：以腰为轴，转腰带手交叉画圆；上下肢要协调一致，不可脱节；身体要平移，不可起伏。

3. 单鞭

单鞭：转体勾手，转体上步，弓步推掌(见图 15-146、图 15-147)。

(1) 转体勾手：上体右转，重心右移，左脚跟提起，脚尖点地；右手向右画弧，至右前方掌心翻转变钩手；左手向下经腹前、向右上画弧至右肩前，掌心转向内；眼视左手。

(2) 转体上步，弓步推掌：上体左转，左脚向左前方迈出，右脚跟后蹬，成左弓步；身体重心在向左腿移动的同时，左手经面前翻掌向前推出，手指与眼平，臂微屈；眼视左手。

图 15-146　单鞭 1　　　　　　　　图 15-147　单鞭 2

学习要点：重心移动平稳，两腿要虚实分明；做钩手时右臂不要过直；推掌时随上体转动，弓腿，翻掌前推。

(五) 第五组

1. 高探马

高探马：跟步托球，后坐卷肱，虚步推掌(见图 15-148～图 15-150)。

图 15-148　高探马 1　　　　图 15-149　高探马 2　　　　图 15-150　高探马 3

(1) 跟步托球：右脚向前收拢半步；右钩手松开变掌，两手翻转向上，肘关节微屈。

(2) 后坐卷肱，虚步推掌：上体稍右转，重心移至右腿，左脚稍向前移，脚尖点地，成左虚步；上体左转，右手经头侧向前推出，掌心向前，手指高与眼平；左臂屈收至腹前，掌心向上；眼视右手。

学习要点：跟步时上体正直，不可起伏；推手与成虚步要同时进行。

2. 右蹬脚

右蹬脚：穿手上步，分手弓腿，收脚合抱，蹬脚分手(见图 15-151～图 15-154)。

(1) 穿手上步：上体稍左转，左脚提收向左前方迈出，脚跟着地；右手稍向后收，左手经右手手背上方向前穿出，两手交叉，左掌心斜向上，右掌心斜向下。

(2) 分手弓腿：重心前移，右腿自然蹬直，成左弓步；上体稍右转，两手向两侧画弧分开，掌心皆向外；眼视右手。

(3) 收脚合抱：右脚向左脚靠拢，脚尖点地，成丁步；两手向腹前画弧相交合抱，举至胸前，右手在外，两掌心皆转向内。

(4) 蹬脚分手：两手手心向外撑开，两臂展于身体两侧，肘部微屈，腕与肩平；左腿支撑，右腿屈膝提起，脚跟慢慢向右前方蹬出，脚尖上勾，膝关节伸直，右腿与右臂上下相对，方向为右前方约 30°；眼视右手。

图 15-151　右蹬脚 1　　　图 15-152　右蹬脚 2　　　图 15-153　右蹬脚 3　　　图 15-154　右蹬脚 4

学习要点：两手交叉距离胸部 20 厘米，身体左转 45°；蹬脚递腰，两手高不过头；分手撑掌与蹬脚同时完成。

3. 双峰贯耳

双峰贯耳：屈膝并手，上步落手，弓步贯拳(见图 15-155、图 15-156)。

图 15-155　双峰贯耳 1　　　　　图 15-156　双峰贯耳 2

(1) 屈膝并手：右腿回收，屈膝平举，左手由后向上、向前下画弧，与右手并行落于右膝两侧上方，掌心皆翻转向上。

(2) 上步落手，弓步贯拳：右脚下落向右前方，身体重心前移，成右弓步；两手握拳经两腰侧向上、向前画弧摆至头前，两臂半屈成钳形，两拳相对，同头宽，拳眼斜向下；眼视右拳。

学习要点：弓步的方向与右蹬脚的方向一致；弓步贯拳时肘关节下垂，上体正直。

4. 转身左蹬脚

转身左蹬脚：后坐扣脚，转体分手，收脚合抱，蹬脚分手(见图 15-157～图 15-159)。

(1) 后坐扣脚，转体分手：重心后移至左腿，左腿屈膝后坐，上体左转，右脚尖内扣；两拳松开变掌，双手向左右画弧，两手平举于身体两侧，掌心向外；眼视左手。

(2) 收脚合抱：重心右移至右腿，右腿屈膝后坐，左脚收至右脚内侧，脚尖点地，成丁步；两手向下画弧交叉合抱，举至胸前，左手在外，两手心皆向内。

(3) 蹬脚分手：两手手心向外撑开，两臂展于身体两侧，肘部微屈，腕与肩平；右腿支撑，左腿屈膝提起，脚跟慢慢向左前方蹬出，脚尖上勾，膝关节伸直，左腿与左臂上下相对，方向为左前方约 30°；眼视左手。

学习要点：转身时，充分坐腿扣脚，上体保持正直，不可低头弯腰；左蹬脚与右蹬脚的方向要对称。

图 15-157　转身左蹬脚 1　　　图 15-158　转身左蹬脚 2　　　图 15-159　转身左蹬脚 3

(六) 第六组

1. 左下势独立

左下势独立：收脚勾手，屈蹲撤步，仆步穿掌，弓腿起身，独立挑掌(见图 15-160～图 15-163)。

图 15-160　左下势独立 1　　　图 15-161　左下势独立 2

图 15-162　左下势独立 3　　　　　图 15-163　左下势独立 4

(1) 收脚勾手：左腿收回平屈；上体右转，右臂稍内合，右掌变钩手，左手向上、向右画弧落至右肩前，掌心向右；眼视右手。

(2) 屈蹲撤步，仆步穿掌：上体左转，右腿屈膝下蹲，左腿由里向左侧伸出，成左仆步；左手经右肋向左下顺，沿左腿内侧向左穿出，掌心向前，指尖向左；眼视左手。

(3) 弓腿起身：身体重心移向左腿，右腿蹬直，成左弓步；左手前穿并向上挑起，掌心向右，右钩手下落，钩尖向后，置于身后。

(4) 独立挑掌：上体左转，重心前移，右腿屈膝平举，成左独立步；左手下落按于左胯旁，掌心向下；右钩手变掌，由后下方顺右腿外出画弧向前摆出，向体前挑起，立于右腿上方，掌心向左，高与眼平，右臂半屈成弧。

学习要点：仆步穿掌时上体不可前倾；由仆步转换独立步时，一定要充分做好两脚的外撇和内扣；独立挑掌时前手肘与膝相对。

2. 右下势独立

右下势独立：落脚勾手，碾脚转体，屈蹲撤步，仆步穿掌，弓腿起身，独立挑掌(见图 15-164～图 15-168)。

(1) 落脚勾手，碾脚转体：右脚落于左脚右前方，脚前掌着地，上体左转，左脚以脚掌为轴随之扭转；左手变钩手向上提举于身体左侧，高与肩平，右手画弧摆至左肩前，掌心向左；眼视左手。

图 15-164　右下势独立 1　　　　　图 15-165　右下势独立 2

图 15-166 右下势独立 3   图 15-167 右下势独立 4   图 15-168 右下势独立 5

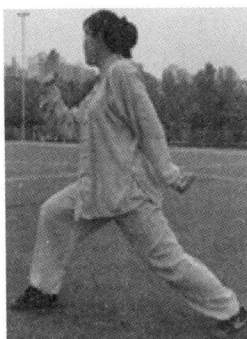

(2) 屈蹲撤步，仆步穿掌：同左下势独立(2)，只是左右相反。

(3) 弓腿起身：同左下势独立(3)，只是左右相反。

(4) 独立挑掌：同左下势独立(4)，只是左右相反。

学习要点：右脚前掌应落在左脚右前方 20 厘米处；仆步穿掌时，应先把右脚提起后再伸出。

(七) 第七组

1. 左右穿梭

(1) 右穿梭：落脚抱球，转体上步，弓步架推(见图 15-169、图 15-170)。

① 落脚抱球：左脚向左前方落步，脚尖外撇，上体左转；重心移至左腿，右脚收于左脚内侧，脚尖点地，收成丁步；双手呈左抱球状(左上右下)。

② 转体上步，弓步架推：上体右转，右脚向右前方迈出，成右弓步；右手由脸前向上方画弧，翻转上举，架于右额前上方，左手先向后下方画弧，再经肋前推至体前，高与鼻平，掌心向前；眼视左手。

图 15-169 右穿梭 1   图 15-170 右穿梭 2

(2) 左穿梭：后坐撇脚，收脚抱球，转体上步，弓步架推(见图 15-171、图 15-172)。

① 后坐撇脚，收脚抱球：重心稍向后移，右脚尖外撇，随即重心再移至右腿，左脚跟进，收于右脚内侧，脚尖点地，收成丁步；上体右转，两手呈右抱球状(右上左下)。

② 转体上步，弓步架推：同右穿梭②，只是左右方向相反。

学习要点：做弓步架推时，手脚方向一致，两掌要有滚动上架与前推。

图 15-171　左穿梭 1　　　　图 15-172　左穿梭 2

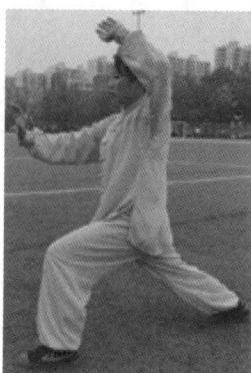

2. 海底针

海底针：跟步提手，虚步插掌(见图 15-173、图 15-174)。

(1) 跟步提手：右脚向前收拢半步，随之重心后移至右腿，右腿屈坐；上体右转，右手下落经体前向后、向上屈臂提抽至肩上耳侧，掌心向左，指尖向前，左手向右画弧下落至腹前，掌心向下，指尖斜向右。

(2) 虚步插掌：上体左转向前俯身，左脚稍前移，脚尖点地，成左虚步；右手由耳旁向前下方斜插，掌心向左，指尖斜向下，左手经膝前画弧搂过，按至左大腿侧，掌心向下，指尖向前；眼视右手。

图 15-173　海底针 1　　　　图 15-174　海底针 2

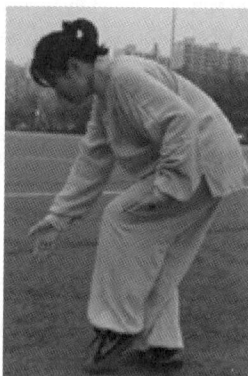

学习要点：右手随转体在体侧画一立圆提于右耳侧；插掌时不可因前俯而弯腰驼背；上、下肢动作必须协调同步。

3. 闪通臂

闪通臂：提手提脚，弓步推掌(见图 15-175、图 15-176)。

(1) 提手提脚：上体右转，恢复正直；左手提至胸前，右手屈臂上举，指尖贴近右腕内侧；左脚收至右脚内侧。

(2) 弓步推掌：左脚向前上步，成左弓步；左手推至体前，高与鼻尖平，右手由体前上举，撑于头侧上方，掌心翻转斜向上，两手分展；眼视左手。

学习要点：两手先上提后分开；右手上撑向后引拉；前手、前腿上下相对。

图 15-175 闪通臂 1　　　　图 15-176 闪通臂 2

(八) 第八组

1. 转身搬拦捶

转身搬拦捶：后坐扣脚，坐腿握拳，摆步搬拳，转体收拳，上步拦掌，弓步打拳(见图 15-177～图 15-181)。

(1) 后坐扣脚：重心后移至右腿，右腿屈坐，左脚尖内扣；身体右转，右手摆至身体右侧，左手摆至头左侧，掌心均向外；眼视右手。

(2) 坐腿握拳：重心移至左腿，左腿屈坐，右腿自然伸直；右手握拳向下、向左经腹前画弧至左肋前，拳心向下，左手举于左额前；眼向前平视。

(3) 摆步搬拳：右脚提收至左脚内侧(不要停顿或脚尖点地)，再向前迈出，脚跟着地，脚尖外撇；右拳经胸前翻转向前搬压，拳心向上，高与胸平，肘部微屈，左手经右前臂外侧下落，按于左胯旁，掌心向下，指尖向前；眼视右拳。

(4) 转体收拳：上体右转，重心前移至右腿，右拳向右画弧至体侧，拳心向下，左臂外旋，向体前画弧，掌心斜向上。

(5) 上步拦掌：左脚向前上步，脚跟着地；左掌经左侧画弧拦至体前，掌心向右，右拳翻转向右画弧，收至腰间，拳心向上；眼视左掌。

(6) 弓步打拳：上体左转，重心前移至左腿，成左弓步；同时右拳向前打出，肘微屈，拳眼向上，高与胸平，左手微收，掌指附于右前臂内侧，掌心向右。

图 15-177 转身搬拦捶 1　　　图 15-178 转身搬拦捶 2　　　图 15-179 转身搬拦捶 3

图 15-180　转身搬拦捶 4　　　　图 15-181　转身搬拦捶 5

学习要点：身体右转时，左脚尽力内扣；垫步时勿抬脚过高，迈出时脚尖外撇。

2. 如封似闭

如封似闭：穿手翻掌，后坐引手，弓步前按(见图 15-182～图 15-184)。

(1) 穿手翻掌：左手翻转向上，从右前臂下向前穿出；同时右拳变掌，也翻转向上，两手交叉举于体前。

(2) 后坐引手：重心后移至右腿，左脚尖翘起，两臂屈收后引，两手分开收至胸前，与胸同宽，掌心斜相对；眼视前方。

(3) 弓步前按：重心前移至左腿，成左弓步；两掌在胸前翻掌，向下经腹前，再向上、向前画弧线推出，高与肩平，宽与肩同，手心向前；眼视前方。

图 15-182　如封似闭 1　　　图 15-183　如封似闭 2　　　图 15-184　如封似闭 3

学习要点：后坐收掌时避免上体后仰；弓步按掌时两掌由下向上、向前推按。

3. 十字手

十字手：后坐扣脚，弓步分手，交叉搭手，收脚合抱(见图 15-185～图 15-188)。

(1) 后坐扣脚：上体右转，重心右移至右腿，右腿屈坐，左脚尖内扣；右手向右摆至头前，两手心皆向外；眼视右手。

(2) 弓步分手：上体继续右转，右脚尖外撇侧弓，右手继续画弧至身体右侧，两臂侧平举，手心皆向外；眼视右手。

(3) 交叉搭手：上体左转，重心左移至左腿，左腿屈膝侧弓，右脚尖内扣；两手画弧下落，经腹前交叉上举成斜十字形，右手在外，手心皆向内。

(4) 收脚合抱：上体转正，右脚提起收拢半步，两腿慢慢直立；两手交叉合抱于胸前，腕高与肩平；眼视前方。

图 15-185　十字手 1　　　图 15-186　十字手 2　　　图 15-187　十字手 3　图 15-188　十字手 4

学习要点：转体扣脚与弓步分手要连贯衔接；两手画弧下落时不可弯腰低头。

4. 收势

收势：翻掌分手，垂臂落手，并步还原(见图 15-189～图 15-191)。

(1) 翻掌分手，垂臂落手：两臂内旋，两手翻转向下分开，两臂慢慢下落停于身体两侧；眼视前方。

(2) 并步还原：左脚轻轻收回，恢复成预备姿势。

图 15-189　收势 1　　　图 15-190　收势 2　　　图 15-191　收势 3

学习要点：翻掌分手时，左手在上，腕关节不要屈折挽花；垂臂落手与起身一致。

参 考 文 献

[1] 蔡仲林，周之华. 武术[M]. 北京：高等教育出版社，2000.

[2] 周伟良. 中国武术史[M]. 北京：高等教育出版社，1997.

[3] 方金辉，等. 中国武术辞典[M]. 合肥：安徽人民出版社，1987.

[4] 康戈武. 中国武术实用大全[M]. 北京：今日中国出版社，1990.

[5] 沈寿. 太极拳研究[M]. 福州：福建人民出版社，1984.

[6] 邓数勋，等. 运动生理学[M]. 北京：高等教育出版社，1999.

第十六章　跆　拳　道

第一节　跆拳道运动概述

一、跆拳道的产生和发展

跆拳道是起源于古代朝鲜的民间武艺，古称跆跟、花郎道。公元 688 年，新罗王国统一了朝鲜，经济繁荣，百业兴旺，建立了一种"花郎制度"。到真兴王时，便创立了"花郎道"。花郎道是花郎制度的组织形式，即将年轻人组织到一起进行武艺锻炼。其宗旨是"事君以忠，事亲以孝，事友以信，临阵无退，杀身有择"，以此磨炼人的意志，锻炼人的体魄。1955 年朝鲜的自卫术正式被称为"跆拳道"。

跆拳道，是一项运用拳和脚的技术进行搏击格斗的朝鲜民族传统体育项目，具有较高的防身自卫和强健体魄的作用。跆拳道的跆(TAE)，意思是脚的踩、踢、跳、蹴；拳(KWON)，是指用拳、掌、肘的进攻或防御；道(DO)，则是一种技艺方法、精神，更表现为一种道理、道德、道义和礼仪。

二、跆拳道使用的攻击部位

(一) 手

手的使用包括拳、掌、指三部分。

1. 拳

拳在跆拳道中使用最广泛。拳的作用是攻击对方面部、胸部、腹部和防守。拳的握法：四指并拢，回屈握紧，将拇指内屈贴紧食指和中指的第二关节处，拳面要平。

(1) 拳面：握紧的拳的峰面，见图 16-1。

(2) 拳背：握紧拳的背部中指和食指的掌指关节突出部分，见图 16-2。

(3) 锤拳：拳握紧后，小手指以下、腕关节以上的小鱼际外侧，见图 16-3。用锤拳从上向下直接锤击最有效。

(4) 平拳：手指第二指关节弯曲，四指尖贴紧手掌，拇指扣于虎口处，见图 16-4。实战时可用平拳冲击对方的上唇、眼睛和颈部，动作短促有力。

(5) 指节拳：拳握紧后将食指第二指关节特别突出形成中指节拳，见图 16-5。实战中用指节拳攻击对方上唇、眼睛、太阳穴、两肋、腹腔神经丛效果极佳。

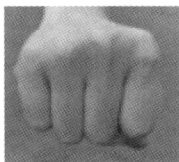　　

　　图 16-1　拳面　　　　　图 16-2　拳背　　　　　图 16-3　锤拳

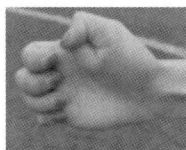　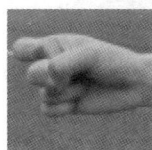

　　图 16-4　平拳　　　　　图 16-5　指节拳

2. 掌

(1) 掌手：亦叫空手刀，四指并拢伸直，拇指屈曲贴食指，小指的外侧沿形成手刀，拇指的内侧形成背刀，见图 16-6。手刀和背刀在实战中用于砍击或截击。

(2) 掌根：亦称熊掌，将四指并拢，从第二指关节处全部屈曲扣紧，拇指扣紧虎口处，见图 16-7。实战时用掌根击打对方的头面部、下颌和锁骨。

(3) 底掌：亦称弧形掌，四指并拢，指关节微屈，拇指外展微屈，掌成弧形，见图 16-8。可用掌根底部攻击，也可用拇指和食指之间掐击颈部。

　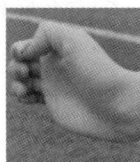　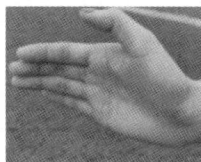

　　图 16-6　掌手　　　　　图 16-7　掌根　　　　　图 16-8　底掌

3. 指

(1) 贯手：手形和手刀相似，中指和食指微屈，基本保持四指尖平齐，大拇指向掌内贴紧，见图 16-9。实战时贯手用来戳击对方的主要器官。

(2) 二指贯手：伸展食指和中指呈 V 形，拇指压紧无名指第二指关节处，小指内扣，见图 16-10。二指贯手主要用来插击对方的眼睛。

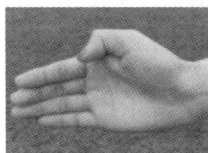　

　　图 16-9　贯手　　　　　　　图 16-10　二指贯手

(二) 臂

臂的使用包括腕部和肘部。

(1) 腕部：是指关节的四周部位，见图 16-11。通常用腕部的内、外、上、下四个部位进行格挡防守。

(2) 肘部：是指大、小臂之间的骨连接部分，见图 16-12。由于肘关节距身体中心近，运动灵活，属较大肌群工作关节，因而肘的进攻威力极大，亦可用于格挡防守。

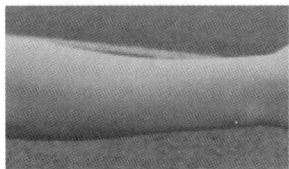

图 16-11　腕部

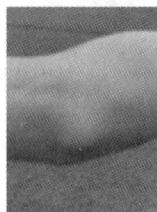

图 16-12　肘部

(三) 腿

腿主要使用的部位是关节。

膝部是指股背和胫、腓骨之间的骨连接部分，见图 16-13。由于膝关节是人体最典型的骨关节，其组成骨骼大而粗壮，股肌和胫肌直接作用于膝关节，因而膝部动作既灵活又有力量，杀伤力巨大。膝部既可进攻，又可防守。

图 16-13　膝部

(四) 足

足是指脚的踝关节及以下各部位。

(1) 脚前掌：指脚底前部的骨和肌肉部分，见图 16-14，脚前掌进攻时主要用于前踢、旋踢和抡踢。

(2) 脚后掌：指脚底后部的跟骨下缘和肌肉部分，见图 16-15。脚后掌在进攻时主要用于转踢和蹬踢。

(3) 正脚背：指脚的正面，踝关节以下至第一趾关节以上部位，见图 16-16。正脚背进攻时常用于横踢、摆踢、跳踢和飞踢。其作用距离远，力量大。

(4) 足刀：指脚底和脚背相连接的脚外侧边缘部位，见图 16-17。足刀主要用于侧踹或侧铲。

(5) 脚后跟：指脚后部踝关节以下的部位，见图 16-18。脚后跟进攻时主要用于后蹬、劈脚和转身后摆动作。

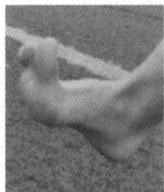

图 16-14　脚前掌

图 16-15　脚后掌

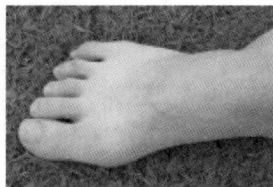

图 16-16　正脚背

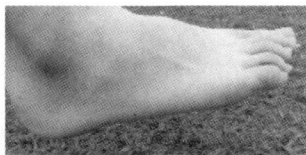

图 16-17 足刀   图 16-18 脚后跟

第二节 跆拳道的基本动作

一、跆拳道品势中的步形

(一) 准备势

两脚左右开立,与肩同宽,身体自然直立,两脚尖略外展,两手握拳置于腹前(见图 16-19)。

(二) 并步

双腿直立,双脚内侧完全并拢(见图 16-20)。

(三) 开立步

两脚左右开立,与肩同宽,身体自然直立,两腿微屈膝,两脚尖正对前方,两手握拳置于体侧(见图 16-21)。

图 16-19 准备势   图 16-20 并步   图 16-21 开立步

(四) 马步

两脚左右开立,略宽于肩,两脚尖略内扣或平行向前,挺胸直背,两腿屈膝半蹲,以双膝尖与双脚尖对准平齐为标准,重心在两脚之间(见图 16-22)。

(五) 弓步

前后脚分立,前脚脚尖指向正前方,后脚向外约 20° 左右;脚的前后宽度为三脚掌距离,脚的左右宽度为一拳距离。前腿屈膝,膝尖与脚尖平齐,后腿自然伸直(见图 16-23)。

(六) 三七步

前后脚分立,前后脚之间距离为一个半脚掌的宽度,后脚尖外展 90°,后腿(重心脚)下蹲与马步相同,前腿膝关节略屈,重心大部分在后脚上(见图 16-24)。

图 16-22　马步　　　　　图 16-23　弓步　　　　　图 16-24　三七步

(七) 前行步

前行步如走路姿势,前脚脚尖指向正前方,两脚之间距离小于弓步,上体略前倾,前腿膝关节略屈,重心大部分落在前脚上(见图 16-25)。

(八) 虎步

左右脚距离为一立掌宽度,前后脚宽度最大为一立掌,前脚跟抬起,前脚掌完全贴地,重心落在后脚,后腿曲度与马步相同(见图 16-26)。

(九) 交叉步

一脚向另一脚的前侧(前交叉步)或后侧(后交叉步)落步,脚尖着地,两腿屈膝交叉(见图 16-27)。

(十) 单脚立

支撑腿微屈,另一腿提起,脚自然勾直贴于支撑腿膝关节处(见图 16-28)。

图 16-25　前行步　　　图 16-26　虎步　　　图 16-27　交叉步　　　图 16-28　单脚立

二、准备姿势和步法

(一) 准备姿势(格斗势)

准备姿势也称实战姿势或预备姿势,是竞赛跆拳道比赛中双方开始时的基本站立姿势。准备姿势应便于进攻、防守反击以及移动步法(见图 16-29、图 16-30)。

图 16-29 准备姿势 1   图 16-30 准备姿势 2

1. 动作过程

(1) 两脚开立与肩同宽,两臂垂于体侧。

(2) 左脚或右脚向另一脚的前方迈出,两脚相距一步距离前后站立,使身体侧对对方,同时两手半握拳,沉肩,两臂屈肘自然垂放(左脚在前是右架准备姿势,简称左架;右脚在前是左架准备姿势,简称右架)。

(3) 重心落在两脚之间,膝部略弯曲,眼睛平视对方面部,下颌微收。

2. 要领

(1) 两臂所放位置不是固定的,也可以一臂下垂或两臂下垂。

(2) 两脚之间的距离和重心的高低可根据具体情况进行调整,原则上是在移动时能最快调整好身体重心。

(3) 若重心下降,大小腿之间的夹角几乎等于 90°,则为低位姿势。

3. 准备姿势的理论基础

在跆拳道比赛中,运动员身体侧对对手,在前面的称为前脚,在后面的脚则称为后脚;同样地,在前面的腿称为前腿,在后面的腿则称为后腿。一般来说,运动员做出准备姿势,或是准备进攻,或是准备防守反击,此时要求运动员心理和身体都要放松,重心的高低取决于自己是否能以最快速度向各个方向移动。如果双方运动员都是左架站立或都是右架站立,则称双方站位为闭式站位;如果一方是左架,另一方是右架,则称双方站位为开式站位。

(二) 准备姿势的基本步法

准备姿势的基本步法是指在准备姿势站立后,向不同方向移动的方法。

在跆拳道技术体系中,步法是重要的一环,尤其在运动员刚开始接触跆拳道这项运动时,要用较多的时间来进行专门的步法练习。由于竞赛跆拳道规则的限制,在比赛中运动员主要用腿攻击和防守反击,因此运动员的步法是否灵活,在一定程度上决定了他的进攻和防守或反击是否能够达到目的,这也使得步法训练在跆拳道训练中占据着重要地位。

1. 上步

(1) 动作过程:左架准备姿势站立,左脚向前上一步,成为右架准备姿势;反之亦然。

(2) 要领:上步时通过向左拧腰转髋完成,两臂在体侧自然上下移动,重心不要上下起伏过大。

(3) 实战使用：上步时，常用于逼迫对方后撤，或引诱对方进攻，而当对手使用上步时，自己可立即使用进攻技术进攻对方。

2. 后撤步

(1) 动作过程：右架站立，左脚向后撤一步，成为左架准备姿势；反之亦然。

(2) 要领：后撤步时重心保持平稳移动，通过向左拧腰转髋完成，两臂在体侧自然上下移动。

(3) 实战使用：后撤步时，常用在对方使用前旋踢时，当对方准备继续进攻时，可用前腿的侧踢、鞭踢或下压阻击对方。

3. 前跃步(前进步)

(1) 动作过程：右架站立，两脚同时向前跃进一步，保持右架准备姿势，反之亦然。

(2) 要领：向前跃步时，重心不宜起伏过大，尽量使重心平稳移动，两脚稍离地即可。

(3) 实战使用：前跃步常用在快速接近对方以使用旋踢或下压等进攻动作时；当对方使用前跃步时，可用前腿的劈腿、后踢或后旋踢迎击对方，但有时对方使用前跃步是为了引诱自己反击后调整重心时再进攻得分，此时自己可随之后撤一步而不被对方所利用。

4. 后跃步(后撤步)

(1) 动作过程：右架站立，两脚同时向后回撤一步，保持右架准备姿势；反之亦然。

(2) 要领：向后回撤时，重心不宜起伏过大，尽量使重心平稳移动，两脚稍离地即可。

(3) 实战使用：后跃步常用在对方进攻、自己需要快速与对方拉开距离时，此时由于自己有一个向后撤的惯性，再用进攻的动作就有难度，一般使用迎击动作如后踢或后旋踢等。因此当对方使用后跃步时，自己要防止对方的阻击动作；如果自己使用组合动作，则在对方使用后跃步时，自己一般使用侧踢、推踢或外摆下压等动作。

5. 原地换步

(1) 动作过程：右架站立，两脚原地前后交换，由右架换成左架；反之亦然。

(2) 要领：重心不宜起伏过大，尽量使重心平稳移动，两脚稍离地即可。

(3) 实战使用：原地换步常用在对方与自己是闭式站位、自己为了与对方形成开式站位以便击打对方胸部时，或是为了不让对方的优势腿发挥威力，使对方感到别扭，当对方原地换步时，可利用此时机抢攻得分。

6. 侧移步

(1) 动作过程：第一种步法是以前脚为轴，后脚向左(右)侧方向移动，用以改变与对手的站位方向；第二种步法是右架站立，右脚先向右(或向左)侧移动一步，随之左脚也迅速向右(或向左)侧移动一步。

(2) 要领：一般是将身体重心移向前脚，以利于后脚进攻。

(3) 实战使用：主动进攻时，对方反应速度快，则使用向一侧移动侧移步，诱使对方来不及调整身体重心而不能很好地反击；或是当对方进攻时，自己不向后撤，而使用侧移步与对方贴近，进而使用进攻动作。

7. 垫步

(1) 动作过程：右架站立，左脚向右脚内侧上步，同时右腿迅速抬起以便进攻和防守。

(2) 实战要领：使用垫步，主要是在主动进攻时用前腿攻击对方。

三、跆拳道手的基本技术

拳进攻是跆拳道比赛中较为常用的动作之一，但往往很难得分，不是运动员得分的主要技术，它主要用来防守和配合腿的进攻。运动员右架站立，左手则为前手拳，右手拳则为后手拳。

(一) 后手拳的动作过程

(1) 右架站立，右脚向后蹬地，腰部与上体快速有力地向后左前方转动，借以增加出拳的速度和力量。

(2) 在右脚蹬地的同时，右臂快速前伸，肘关节抬起，前臂内旋，拳心向下方转动使拳面、前臂、肘关节与肩成一条直线并处在一个水平面上，同时身体重心移至左腿上，用拳击打对方胸腹部。

(3) 在击打中目标后，有一个制动的过程，然后手臂迅速放松，并借左腿的支撑力量将手臂收回，恢复成左架准备姿势。

(二) 要领

(1) 用拳击打上对方护具的一刹那，腕关节要紧张，将拳握紧，同时憋气，以加大出拳的力量。

(2) 拳进攻主要在双方距离较近时使用，击打时要准备立即起腿进攻或反击。

(3) 也可以用前手拳击打，一般是为了在距离较近时，出拳击打后使两个人之间的距离拉大，并乘机使用腿攻技术(使用下压腿、旋踢等)。

(三) 易犯错误

(1) 拳击打时腕关节放松了。

(2) 出拳时，没有用力蹬腿和快速转腰，使得出拳无力。

四、跆拳道腿的基本技术

(一) 前踢

前踢是学习旋踢的基础，在品势中常被使用(见图 16-31～图 16-33)。

1. 动作过程

(1) 右架站立，重心移至左腿。

(2) 提起右大腿，同时髋部略向左转，膝盖朝前，脚面稍绷直，双手握拳自然垂放在身体两侧。

图 16-31　前踢 1　　　　　　图 16-32　前踢 2　　　　　　图 16-33　前踢 3

(3) 继续将髋关节前送，右大腿向前抬提，当大腿抬至水平或稍高时，向前弹出小腿，用脚面击打目标。

(4) 直接向右转髋，使右小腿折叠并快速收回至原位，然后后撤右腿，还原为右架准备姿势。

2. 要领

(1) 提起右腿时，两条大腿内侧之间的距离应尽量小，即右腿尽量直线出腿。

(2) 为保持重心，躯干可稍向后倾，尽量将髋部向前送出。若是高前踢，髋部则要尽量向上向前送。

(3) 击打时脚面绷直。

(4) 小腿弹出后，在弹直的一刹那，要有一个制动的过程，使脚产生鞭打的效果。

(5) 脚尖朝向前上方。

(6) 用前腿主要攻击面部、下颌。

3. 易犯错误

(1) 髋部没有向前送。

(2) 击打时脚面没有绷直。

(3) 提膝时没有直线出腿。

(4) 支撑腿没有积极配合髋部的转动。

(5) 小腿弹出后，在弹直的一刹那，没有快打快收的折叠小腿的过程。

4. 练习步骤和方法

(1) 采用分解教法，练习提后腿，同时向前送髋。

(2) 练习弹出小腿。

(3) 完整练习前踢动作并能熟练使用。

(4) 左右架交替练习。

(5) 空动作练会后，使用脚靶配合练习。

(6) 两个人一组，交替进行前踢的练习。

(7) 逐渐提高前踢的高度和远度。

(二) 旋踢

旋踢是跆拳道比赛中最为常用的动作之一，也是运动员得分的主要技术(见图 16-34～图 16-39)。

图 16-34　旋踢 1

图 16-35　旋踢 2

图 16-36　旋踢 3

图 16-37　旋踢 4

图 16-38　旋踢 5

图 16-39　旋踢 6

1. 动作过程

(1) 右架站立，重心移至左腿。

(2) 提起右大腿，同时髋部略向左转，膝盖朝前，大小腿折叠，脚面绷直。

(3) 继续将右大腿向前提高，左脚向外侧转动，右腿快速鞭打踢出小腿，膝盖朝向左侧。

(4) 击打后，右脚自然落下成左架，然后后撤右脚，还原成右架准备姿势。

2. 要领

(1) 旋踢与前踢类似，区别在于旋踢腿的膝盖方向在击打的一刹那，是瞬时转髋朝向对方的腹部，而前踢腿的膝盖朝向前上方。

(2) 提起右腿时，两条大腿内侧之间的距离应尽量小，即右腿尽量直线出击。

(3) 为保护重心，躯干稍向左后倾以配合快速转髋。

(4) 击打时脚面稍绷直，但踝关节要放松。

(5) 小腿弹出后，在弹直的一刹那，要有一个制动的过程，使脚面产生鞭打的效果。

(6) 提膝应尽量随着转髋同时进行，不能完全转髋后再提膝。

(7) 左脚应积极配合髋部的运动，运动时可稍有一点踮起。

(8) 用旋踢主要进攻对方的胸部、面部及肋部。

3. 易犯错误

(1) 右腿上提时没有直线向前上方提膝。

(2) 躯干没有稍后倾，上体前压，使腿的长度没有被充分利用。

(3) 大小腿折叠回收不够，击打力度不够。

(4) 击打时脚面没有绷直。

(5) 小腿弹出后，在弹直的一刹那，没有制动的过程。

(6) 先转髋，再提膝，造成膝盖过早偏向右侧。

(7) 左脚没有积极配合髋部的转动，左脚太"死"，或是在身体向前移动时，支撑腿没有配合向前移动，在后面"拖"着。

4. 练习步骤和方法

(1) 先练前踢，待熟练后再开始练旋踢。

(2) 提后腿(提膝)，同时转髋。

(3) 弹出小腿。

(4) 熟练后可练习旋踢击打头部(高旋踢)。

(5) 左右交替练习，使两条腿都能熟练旋踢。

(6) 使用脚靶配合练习。

(7) 高旋踢击打脚靶。

(8) 两个人一组，交替进行旋踢护具的练习。

(9) 结合步法移动(前进、后撤、侧向移动)进行旋踢的练习。

(三) 后踢

后踢是跆拳道比赛中最为常用的动作之一，也是运动员反击对方进攻的主要技术(见图16-40~图16-44)。

1. 动作过程

(1) 右架站立，重心移至左腿。

(2) 以左腿尖为轴，左腿跟外旋180°，身体向后方转动，同时提起右大腿，使大小腿几乎折叠，脚尖勾起，头部稍向右后方转动。

(3) 右腿向后平伸后蹬，在蹬直前膝盖稍外翻(向右侧)。

(4) 用脚跟部位击打对方腹部和胸部。

(5) 击打后，右脚自然落下成左架，然后后撤右脚，还原成右架准备姿势。

　　　　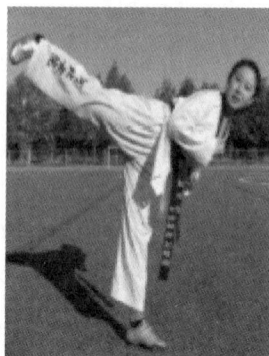

图 16-40　后踢 1　　　　　图 16-41　后踢 2　　　　　图 16-42　后踢 3

图 16-43　后踢 4　　　　　　　　　图 16-44　后踢 5

2. 要领

(1) 身体向后方转动时，同时要快速提起右膝。

(2) 身体转到背朝对方时要制动，同时右脚后蹬，此时身体不要再有转动，膝盖的方向应与左腿膝盖的方向一致。

(3) 在提起右腿时，两条大腿内侧之间的距离应尽量小，即右腿"擦"着左腿起腿。

(4) 身体转动时，头部配合同向转动。

(5) 为保持重心，躯干在向下弯曲的同时可稍挺胸。

(6) 动作熟练后，转身与后蹬应是同时进行的。

(7) 最后再练习后踢击头(高后踢)。

(8) 左腿应积极配合髋部的转动，调整好身体重心。

(9) 由于对方进攻常常是侧向，因此后踢的方向应在正前方稍偏向右侧。

(10) 用后踢主要进攻对方的胸部、头部和两肋部。

3. 易犯错误

(1) 身体转到背朝对方时没有制动，身体继续转动，腿不是直线向后踢出。

(2) 在提起右腿时，右腿没有"擦"着左腿起腿。

(3) 身体转动时，头部配合同向转动，但肩和上体跟着转动。

(4) 转身与后蹬没有同时进行，动作不连贯。

(5) 左脚没有积极配合髋部的转动。

4. 练习步骤

(1) 开始练习时手扶支撑物，体会后蹬的感觉。

(2) 练习转身的同时提膝。

(3) 平伸后蹬。

(4) 进行完整的后踢动作练习，采用固定靶练习。

(5) 熟练后可练习后踢击打头部(高后踢)。

(6) 左架、右架可以同时练习。

(7) 用沙袋进行后踢练习。

(8) 同伴手持脚靶，进行反应靶练习。

(9) 同伴穿护具，进行反应护具的练习。

(四) 下劈

下劈也称为下压和劈腿，是跆拳道比赛中常用的动作之一，也是进攻和反击对方进攻的主要技术(见图 16-45～图 16-48)。

图 16-45　下劈 1　　　　图 16-46　下劈 2　　　　图 16-47　下劈 3　　　　图 16-48　下劈 4

1. 动作过程

(1) 右架站立，重心先移至左腿。

(2) 提起右腿，同时略转髋向左并向上送髋，使右腿膝盖与胸部尽量贴近，身体重心尽量向上。

(3) 右腿高举过头，右腿伸直贴紧上体，上体保持正直或稍前俯，重心向上。

(4) 右脚脚面稍绷直，右腿快速下劈(如刀劈木块一样)，用脚掌或脚后跟下砸对方的头部，身体重心前移至右腿上，身体要稍后仰来控制重心。

(5) 击打后，右脚自然落下成左架，然后后撤右脚，还原成右架准备姿势。

2. 要领

(1) 下劈与中国武术的正踢腿相似，区别在于下劈稍有一点转髋，并且踢腿向上时，要向上积极送髋，大小腿之间也可有一定的弯曲度。

(2) 在下劈时，身体重心向前移。

(3) 上提右腿时，右脚脚面不需要绷直，应自然放松，而下劈腿时要稍绷直。

(4) 可直接用前腿(左腿)使用下劈，右腿进行跟步(即随着身体重心向前移动而向前移动)。

(5) 左脚应积极配合身体向前移动，调整好身体重心。

(6) 在练习时，也多采用如武术中的外摆腿和里合腿的劈腿方法，只是在下落时是向前方劈下，分别称为外摆劈腿(由内向外摆)和内摆劈腿(有外向内摆)。

(7) 在实际比赛中，自己使用下劈腿，对方往往会头部向后移动来躲避，此时有经验的运动员常常会在下劈距离对方面部很近时，有一个向前的蹬踏动作，就好像腿长了一截似的，使对方躲闪不及而被击中面部，这要求使用者有较好的柔韧性，并能控制腿的力量。

(8) 用下劈腿主要攻击对方面部。

3. 易犯错误

(1) 起腿高度不够。

(2) 支撑腿没有积极配合身体向上和向前移动，"拖"在了后面。

(3) 下劈时，为控制好身体重心而使重心向前压过多。

(4) 上体过于后仰，使得下劈力量不足。

4. 练习步骤

(1) 开始练习时可扶物先练提腿提膝和上举腿。

(2) 练习下劈腿的动作。

(3) 完整练习下劈腿动作。

(4) 练习外摆腿和内合腿的下劈动作。

(5) 左架、右架可以同时练习。

(6) 用脚靶进行下劈的固定靶和反应靶的练习。

(五) 后旋踢(简称后旋)

后旋是跆拳道比赛中常用的动作之一，也是运动员反击对方进攻的主要技术(见图 16-49～图 16-52)。

图 16-49 后旋踢 1　　图 16-50 后旋踢 2　　图 16-51 后旋踢 3　　图 16-52 后旋踢 4

1. 动作过程

(1) 右架站立，以左脚尖为轴，左脚跟外旋，重心移至左腿。

(2) 身体向后方转动，同时提起右大腿向斜后方 40°左右蹬伸，头部向右后方转动。

(3) 身体继续旋转，右腿借旋转的力，向后画一个半圆形的水平弧线，快速屈膝用脚掌击打对方头部。

(4) 击打后，身体重心依然在左腿上，右脚自然落下，还原成右架准备姿势。

2. 要领

(1) 右腿并不是抡圆了去画弧，在开始时有一个向斜后方蹬伸的动作。

(2) 身体向右后方转动时，同时要快速提起右腿。

(3) 身体转动时，头部配合同向转动。

(4) 小腿在开始时要自然放松，在接触对方头部前瞬时绷直脚面，用脚掌画水平弧线鞭打。

(5) 动作熟练时，转身与后蹬及摆动应是同时进行的。

(6) 左腿应积极配合髋部的转动，在完成整个动作之前，重心一直落在左脚掌前半部分。

(7) 用后旋主要攻击对方的面部。

3. 易犯错误

(1) 右腿抡圆了去画弧，在开始时没有一个向斜后方蹬伸的动作。

(2) 身体向右后方转动时，提起右腿的速度过慢。

(3) 身体转动时，头部没有配合同向转动。

(4) 小腿在开始时没有放松而完全绷紧。

(5) 左腿没有积极配合髋部的转动，左脚太"死"。

(6) 右脚鞭打对方头部后，身体没有继续旋转，右腿直接向斜下方落地，不能用脚掌画水平弧线鞭打，造成过早翻转身体而使重心过于偏后。

4. 练习步骤

(1) 支撑脚前脚掌着地转动，转身的同时向后蹬伸腿。

(2) 右腿向后摆动。

(3) 先练习身体原地转动360°，右脚开始摆动时不要求高度，熟练后再逐渐升高摆动高度。

(4) 进行完整的后旋踢动作练习。

(5) 熟练后可练习左架的后旋踢。

(6) 用脚靶进行后旋踢固定靶和反应靶的练习。

(六) 侧踢

侧踢主要用来阻挡对方进攻，不是主要得分动作(见图 16-53～图 16-56)。

图 16-53　侧踢 1　　　图 16-54　侧踢 2　　　图 16-55　侧踢 3　　　图 16-56　侧踢 4

1. 动作过程

(1) 右架准备姿势站立，将重心移至左腿，同时以左脚前掌为轴脚跟内旋。

(2) 直线提起右大腿，弯曲小腿的同时向左转髋，身体右侧侧对对方。

(3) 膝盖方向朝内，勾脚面，展髋，以直线平蹬出右腿，用脚掌外侧攻击对方。

(4) 右腿自然落下，平撤回原位。

2. 要领

(1) 侧踢同中国散打中的侧踹。

(2) 也可用前腿(左腿)直接侧踢对方。

(3) 左脚一定要积极配合向前移动。

(4) 用侧踢主要攻击对方两肋部、胸腹部。

3. 易犯错误

(1) 击打对方时，髋部没有展开，致使击打力度不够。

(2) 大小腿折叠不够，或是蹬出的速度不快。

4. 练习步骤

(1) 练习提腿转髋。

(2) 练习平蹬腿。

(3) 完整练习侧踢。

(4) 练习前腿的侧踢。

(5) 练习侧踢击头。

(6) 用护具或沙袋进行侧踢的练习。

(七) 双旋踢(简称双旋)

双旋踢是跆拳道比赛中较为常用的动作之一，也是运动员得分的主要技术(见图 16-57～图 16-60)。

图 16-57　双旋踢 1　　　图 16-58　双旋踢 2　　　图 16-59　双旋踢 3　　　图 16-60　双旋踢 4

1. 动作过程

(1) 右架站立，重心移至左腿。

(2) 提起右大腿使用旋踢，然后在右脚未落下时，立即提左腿使用旋踢，也就是连续使用两个旋踢。

(3) 击打后，两脚自然落下，还原成右架准备姿势。

2. 要领

(1) 一般来说，在中远距离时是使用双旋踢的较好时机，双旋踢中的第一个旋踢常常是为了找到合适的距离或破坏对方的进攻，以利于第二个旋踢。

(2) 击打第一个旋踢时身体可稍后仰，以利于第二个旋踢。

(3) 两腿交换之后，髋部要快速扭转。

(4) 小腿弹出后，在弹直的一刹那要有一个制动的过程，使脚产生鞭打的效果。

(5) 双旋踢主要攻击对方的胸腹部、两肋部和面部。

3．易犯错误

(1) 第一旋踢完全没有做出来，只是前踢了一下。

(2) 两腿交换之间髋部扭转过慢。

(3) 身体过于后仰。

4．练习步骤

(1) 熟悉左架旋踢和右架旋踢。

(2) 利用交叉脚靶完成双旋踢动作的学习。

(3) 利用护具练习双旋踢，配合者原地快速换位。熟练双旋踢后可练习三飞踢(连续三飞踢，前两个旋踢用于赶距离，主要还是第三个旋踢击打得分)。

(4) 熟练双旋踢后还可练习第二旋踢击打头部(高旋踢)。

(八) 鞭踢(勾踢)

鞭踢是用前腿击打，是在跆拳道比赛中不常用的动作(见图16-61～图16-64)。

图 16-61　鞭踢 1　　　图 16-62　鞭踢 2　　　　　图 16-63　鞭踢 3　　　图 16-64　鞭踢 4

1．动作过程

(1) 右架站立，重心移至左腿，以左脚掌为轴脚跟内旋。

(2) 身体向左方转动，同时提起右大腿向前，头部向左方转动。

(3) 右腿膝盖朝内扣，右小腿由外向内有一定弧度的摆动并伸小腿，身体随之侧倾。

(4) 突然屈膝，用脚掌向右横着鞭打对方面部。

(5) 击打后，右脚自然落下，还原成右架准备姿势。

2．要领

(1) 为增加击打力度，右腿应先由外向内有一定弧度的摆动，再突然向右方鞭打。

(2) 击打时，小腿和足尽量横着鞭打。

(3) 身体转动时，头部配合同向转动。

(4) 在开始时小腿要自然放松，在接触对方头部前再瞬间绷紧脚面，用脚掌击打。

(5) 左脚应积极配合髋部的转动，调整好身体重心。

3．易犯错误

(1) 右腿直着伸出，没有一定的摆动。

(2) 在开始时小腿过于紧张而没有自然放松，小腿和脚掌没有横着鞭打。

(3) 身体转动时，头部没有配合同向转动。

4. 练习步骤

(1) 开始练习时可手扶支撑物，体会向前蹬腿的感觉。

(2) 练后用小腿鞭打。

(3) 进行完整的鞭踢动作练习。

(4) 左架、右架可以同时练习。

(5) 两人用脚靶配合练习，先固定靶练习，后反应靶练习。

(九) 前旋踢

前旋踢是跆拳道比赛中较为常用的动作之一，也是运动员得分的主要技术(见图16-65～图16-68)。

图 16-65　前旋踢 1　　图 16-66　前旋踢 2　　图 16-67　前旋踢 3　　图 16-68　前旋踢 4

1. 动作过程

(1) 左架站立，左腿向前垫步，将身体重心移至左腿。

(2) 提起右腿，向前送髋，大小腿稍折叠。

(3) 绷紧脚面，右膝向内，快速弹出小腿。

(4) 右腿自然下落，两脚同时后撤一步，还原成左架准备姿势。

2. 要领

(1) 前旋踢与旋踢相似，由于用前腿击打，距离对方很近，动作较隐蔽，因此很难使对方察觉，但缺点是攻击力度小。

(2) 后脚一定要积极配合向前移动。

(3) 左脚的小腿要快速弹出，尽量增加鞭打力量。

(4) 在击打的一刹那，膝盖朝向对方的腹部。

(5) 小腿弹出后，在弹直的一刹那要有一个制动的过程，使脚产生鞭打的效果。

(6) 用前旋踢主要攻击对方的胸腹部、面部和两肋部。

3. 易犯错误

(1) 小腿直接伸直接触对方，使击打力度不足。

(2) 垫步的动作幅度过大，动作隐蔽性不强。

(3) 髋部没有前送，腿的长度没有被充分利用。

4. 练习步骤

(1) 侧平举起右腿，大小腿折叠，只练弹出小腿。

(2) 练习垫步。

(3) 完整练习前旋踢。

(4) 右架动作熟悉后练习左架动作。

(5) 熟悉后练习前旋踢击头。

(6) 练习前旋踢击腹后右腿不落地而直接使用前旋踢攻击对方面部。

(7) 用脚靶进行固定靶和反应靶练习。

(8) 同伴穿护具进行反应护具的练习。

(十) 转体旋踢(旋风踢)

转体旋踢也称旋风踢，是跆拳道比赛中常用的动作之一(见图 16-69～图 16-72)。

图 16-69　转体旋踢 1　　　图 16-70　转体旋踢 2　　　图 16-71　转体旋踢 3　　　图 16-72　转体旋踢 4

1. 动作过程

(1) 左架站立，以左前脚掌为轴脚后跟外旋，重心移至左腿。

(2) 身体右后转约 360°，右腿也随着向右后转动。

(3) 身体稍后仰，右腿下落的同时左脚蹬地使用左腿旋踢技术。

(4) 击打后，两脚自然落下成左架。

2. 要领

(1) 旋风踢主要在中远距离时使用。

(2) 提起右腿向后转动时，右腿围绕着左腿转动。两条大腿内侧之间的距离不应过大。

(3) 为保持重心，躯干应稍向后倾。

(4) 击打时左脚脚面稍绷直，但踝关节要放松。

(5) 左小腿弹出后，在弹直的一刹那要有一个制动过程，使脚产生击打的效果。

(6) 左脚应积极配合身体的转动，以左脚前掌为轴转动。

(7) 用旋踢主要攻击对方胸腹部、面部及两肋部。

3. 易犯错误

(1) 躯干没有稍后倾，上体前压，使腿的长度没有被充分利用。

(2) 左腿大小腿折叠不够，击打力度不够，小腿弹出后，在弹直的一刹那没有一个制动的过程。

(3) 左脚击打时脚面没有绷直。

(4) 左腿没有积极配合身体的转动，左腿太"死"。

4. 练习步骤

(1) 先练旋踢，待熟练后再开始练旋风踢。

(2) 练习原地转身，右腿要主动配合转动。

(3) 完整练习旋风踢。

(4) 熟练左架旋风踢后再练习右架旋风踢。

(5) 左右架交替练习，两个动作之间要向前上一步，使左右旋风踢能够连接起来。

(6) 使用脚靶配合练习旋风踢。

(7) 结合步法移动(前进、后撤、侧向移动)进行旋风踢的练习。

(8) 用沙袋进行旋风踢的练习。

第三节　跆拳道的基本规则

一、跆拳道的场地

跆拳道的比赛场地是长 12 米、宽 12 米的水平的、无障碍物的正方形场地。场地的地面应为有弹性的垫子。场地中央长 8 米、宽 8 米的区域为比赛区，其余部分为警戒区。警戒区和比赛区表面需用两种不同颜色划分，如整个场地为同色，则需用 5 厘米的白线划分。划分比赛区和警戒区的线称为警戒线，比赛场地最外边的线称为边界线(见图 16-73)。

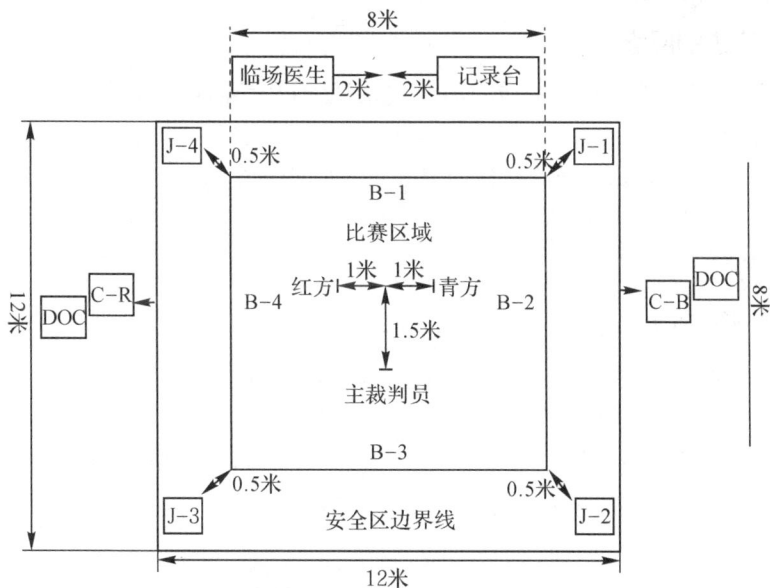

图 16-73　跆拳道场地

二、跆拳道的服装

跆拳道的服装称作道服,其款式、颜色都是特定的。系扎道服用的腰带颜色各异,以其颜色可以区分运动员的段位级别。

三、跆拳道的护具

运动员比赛时必须佩戴护具,包括护胸、头盔、护裆、护臂、护腿、护齿、手套等。其中,护裆、护臂、护腿应戴在道服内。

四、跆拳道的比赛方式

跆拳道的每场比赛分为 3 局,每局比赛时间为 2 分钟,局间休息 1 分钟。比分为 3 局比赛得分的总和。3 局比赛结束后比分相等,加赛 1 局,时间为 2 分钟,由"突然死亡"或"优势判定"确定胜负。

五、跆拳道比赛中允许使用的技术、允许攻击的部位

(一) 允许使用的技术

(1) 拳的技术:握紧拳头并使用正拳进行正面攻击的技术。
(2) 脚的技术:使用踝关节以下脚的部位进行攻击的技术。

这里需要注意,指、掌、肘、膝等技术只适合于平时练习或品势表演中使用,在比赛中禁止使用;抓、接、抱、推等动作在比赛中也是禁止使用的,如出现,将被判罚警告一次,警告两次将被扣 1 分。

(二) 允许攻击的部位

(1) 躯干:允许使用拳和脚的技术攻击包括髋骨以上至锁骨以下以及两肋部,但背部没有护具保护的部位禁止攻击。
(2) 头部:指头部除后脑外的部分,只允许用脚的技术攻击。

六、跆拳道比赛中如何得分

(一) 如何判定得分

使用允许的技术,准确有力地击中有效得分部位时得分。
(1) 人工计分时,由裁判员对击打力度进行判定。
(2) 使用电子感应护具时,由电子感应护具中的电子感应器测量击打力度,根据体重级别、性别差异设定不同的力度标准。

(二) 分值

(1) 击中躯干记 1 分。
(2) 采用旋转踢技术击中躯干记 2 分。

(3) 击中头部记 3 分。

(4) 采用旋转踢技术击中头部记 4 分。

(5) 一方运动员被判两次"警告"或一次"扣分",另一方运动员得 1 分。

参 考 文 献

[1] 饶英. 跆拳道理论与实践研究[M]. 北京:人民日报出版社,2017.

[2] 林大参,李玉清,吴建忠. 大学跆拳道[M]. 上海:上海大学出版社,2015.

[3] 袁建国. 大学体育与健康教育教程[M]. 西安:西安交通大学出版社,2014.

[4] 赵光圣,刘宏伟. 跆拳道运动教程[M]. 北京:高等教育出版社,2015.

附录　大学生体质健康测试与评价

第一节　学生体质健康标准概述

一、我国学生体质健康状况

1984 年至今，教育部、国家体育总局、卫生部、国家民族事务委员会、科学技术部共同组织了多次全国范围内多民族大规模的学生体质与健康调研。结果表明，我国学生部分体能指标连续多年呈下降趋势，学生肺活量水平、体能素质持续下降，速度和力量素质连续 10 年下降，耐力素质连续 20 年下降，而超重和肥胖学生的比例继续上升，视力不良检出率仍然居高不下。

二、我国学生体质测评制度

建国七十多年来，国家始终重视广大学生的身体健康，在不同时期先后制定了"劳卫制"《国家体育锻炼标准》《大学生体育合格标准》《中学生体育合格标准实施办法》《小学生体育合格标准实施办法》《学生体质健康标准(试行方案)》《国家学生体质健康标准》等一系列规章制度。这些规章制度对增强学生体质、促进学校体育工作具有积极作用。

2002 年 7 月，教育部、国家体育总局联合下发了《学生体质健康标准(试行方案)》，作为《国家体育锻炼标准》在学校的具体实施。该标准根据学生的生长发育规律，按年级将其分为十组(小学一、二年级，小学三、四年级，小学五、六年级，初一，初二，初三，高一，高二，高三，大学)，从身体形态、身体机能、实体素质等方面综合评定学生的体质健康状况。

第二节　大学生体质健康测评标准

一、《国家学生体质健康标准》说明

(1) 为贯彻落实健康第一的指导思想，切实加强学校体育工作，促进学生积极参加体育锻炼，养成良好的锻炼习惯，提高体质健康水平，特制定本标准。

(2) 本标准是《国家体育锻炼标准》的有机组成部分，是《国家体育锻炼标准》在学校的具体实施，是国家对学生体质健康方面的基本要求，适用于全日制小学、初中、普通高中、中等职业学校和普通高等学校的在校学生。

(3) 本标准从身体形态、身体机能、身体素质和运动能力等方面综合评定学生的体质健康水平，是促进学生体质健康发展、激励学生积极进行身体锻炼的教育手段，是学生体质健康的个体评价标准。

(4) 本标准将测试对象划分为以下组别：小学一、二年级为一组，三、四年级为一组，五、六年级为一组，初、高中每年级各为一组，大学为一组。

小学一、二年级组和三、四年级组测试项目分为三类，身高、体重为必测项目，其他二类测试项目各选测一项。小学五、六年级组，初、高中各组，大学组测试项目均为五类，身高、体重、肺活量为必测项目，其他三类测试项目各选测一项。

选测项目每年由地(市)级教育行政部门、高等学校在测试前两个月确定并公布。选测项目原则上每年不得重复。

(5) 学校每学年对学生进行一次本标准的测试，本标准的测试方法按《国家学生体质健康标准解读》(人民教育出版社出版)中的有关要求进行。

(6) 本标准各评价指标的得分之和为本标准的最后得分，满分为 100 分。根据最后得分评定等级：90 分及以上为优秀，75～89 分为良好，60～74 分为及格，59 分及以下为不及格。学生体质健康标准成绩每学年评定一次，按评定等级记入国家学生体质健康标准登记卡。学生毕业时体质健康标准的成绩和等级，按毕业当年得分和其他学年平均得分各占50%之和进行评定。因病或残疾免予执行本标准的学生，填写"免予执行〈国家学生体质健康标准〉申请表"。

(7) 本标准由教育部负责解释。

二、《国家学生体质健康标准》实施办法

(1)《国家学生体质健康标准》(以下简称《标准》)的实施工作在教育部、国家体育总局的领导下，由各级教育行政部门管理，体育行政部门指导，学校组织实施。

(2)《标准》的组织实施工作在校长领导下，由学校体育教研部门、教务部门、校医院(医务室)、学工部门、辅导员(班主任)协同配合共同组织实施。《标准》的测试应与学生的健康体检有机结合，避免重复测试。学生的《标准》测试成绩按评定等级记入国家学生体质健康标准登记卡，小学列入学生成长记录或学生素质报告书，初中以上列入学生档案(含电子档案)，作为学生毕业、升学的重要依据。对达到及格以上成绩的学生颁发证章。《标准》的实施工作记入教师的教学工作量。

(3) 学生《标准》测试成绩达到良好及以上者，方可参加三好学生、奖学金评选；成绩达到优秀者，方可获体育奖学分。《标准》成绩不及格者，在本学年度准予补测一次，补测仍不及格，则学年《标准》成绩为不及格。学生毕业时的成绩和等级，按毕业当年学年总分的 50%与其他学年总分平均得分的 50%之和进行评定。普通高中、中等职业学校和普通高等学校学生毕业时，《标准》测试的成绩达不到 50 分者按肄业处理。

(4) 因病或残疾学生，可向学校提交免予执行《标准》的申请，经医疗单位证明，体育教学部门核准后，可免予执行《标准》，并填写"免予执行〈国家学生体质健康标准〉申请表"，存入学生档案。对确实丧失运动能力、免予执行《标准》的残疾学生，

仍可参加三好学生、奖学金、奖学分评选，毕业时《标准》成绩可记为满分，但不评定等级。

(5) 各地、各学校在实施《标准》时要树立"安全第一"的指导思想，健全各项安全保障制度，落实安全责任制，加强对场地、器材、设备的安全检查。要认真做好学生的体检工作，对生病学生实行缓测或免测。

(6) 全国各级各类学校每年均直接将本校各年级《标准》测试数据，通过中国学生体质健康网(网址中文域名为中国学生体质健康网，英文域名为 www.csh.edu.cn)，报送至教育部"国家学生体质健康标准数据管理系统"，上报数据的时间为每年 9 月 1 日至 12 月 31 日，上报测试数据的工具软件，由学校在中国学生体质健康网上免费下载使用。

(7) 高职、高专类学校参照有关要求执行。

(8) 教育部每年公布各省、自治区、直辖市实施《标准》的基本情况；每学年对教育部直属高校本科新生《标准》测试结果，按生源所在地进行统计，并以省、自治区、直辖市为单位进行公布。

(9) 各地教育、体育行政部门对本地各级各类学校实施《标准》的情况，要认真检查监督。要将《标准》的实施情况纳入各级政府教育督导内容和评估指标体系，并作为对各级各类学校进行评优、表彰的基本依据。对弄虚作假、徇私舞弊者，给予通报批评，情节严重者，给予行政处分。

(10) 为保证《标准》测试数据的科学性、准确性，各地、各学校招标、选用的《标准》测试器材必须是经国家认证认可监督管理委员会批准的相关认证机构认证合格的产品。

(11) 根据《关于 2019 年落实〈学生体质健康监测评价办法〉等三个办法有关工作的函》的要求，为贯彻落实习近平总书记关于青少年近视问题的重要指示精神，增加了相关视力指标的采集上报工作。后续工作根据文件内容进行相应的测试工作和流程安排。

(12) 本办法由教育部负责解释。

三、《国家学生体质健康标准》评价指标

《国家学生体质健康标准》大学生评价指标如附表 1 所示。

附表 1　《国家学生体质健康标准》大学生评价指标

测试对象	单项指标	权重
初中、高中、大学各年级	50 米跑	20
	坐位体前屈	10
	立定跳远	10
	引体向上(男)/1 分钟仰卧起坐(女)	10
	1000 米跑(男)/800 米跑(女)	20

四、《国家学生体质健康标准》成绩评定

各评价指标的得分之和为最后得分，满分为 100 分。根据最后得分评定等级：90 分及

以上为优秀，75～89 分为良好，60～74 分为及格，59 分及以下为不及格。

(一) 单项指标评分表

单项指标评分表如附表 2～8 所示。

附表 2　身高/体重指数(BMI)单项评分表

等级	单项得分	男生评分标准	女生评分标准
正常	100	17.9～23.9	17.2～23.9
低体重	80	≤17.8	≤17.1
超重		24.0～27.9	24.0～27.9
肥胖	60	≥28.0	≥28.0

注：体重指数$(BMI)=\dfrac{\text{体重(kg)}}{\text{身高}^2(\text{m}^2)}$。

附表 3　肺活量单项评分标准(单位：毫升)

等级	单项得分	男生评分标准		女生评分标准	
		大一 / 大二	大三 / 大四	大一 / 大二	大三 / 大四
优秀	100	5040	5140	3400	3450
	95	4920	5020	3350	3400
	90	4800	4900	3300	3350
良好	85	4550	4650	3150	3200
	80	4300	4400	3000	3050
及格	78	4180	4280	2900	2950
	76	4060	4160	2800	2850
	74	3940	4040	2700	2750
	72	3820	3920	2600	2650
	70	3700	3800	2500	2550
	68	3580	3680	2400	2450
	66	3460	4560	2300	2350
	64	3340	3440	2200	2250
	62	3220	3320	2100	2150
	60	3100	3200	2000	2050
不及格	50	2940	3030	1960	2010
	40	2780	2860	1920	1970
	30	2620	2690	1880	1930
	20	2460	2520	1840	1890
	10	2300	2350	1800	1850

附表4　50米跑单项评分标准(单位：秒)

等级	单项得分	男生评分标准		女生评分标准	
		大一 / 大二	大三 / 大四	大一 / 大二	大三 / 大四
优秀	100	6.7	6.6	7.5	7.4
	95	6.8	6.7	7.6	7.5
	90	6.9	6.8	7.7	7.6
良好	85	7.0	6.9	8.0	7.7
	80	7.1	7.0	8.3	8.2
及格	78	7.3	7.2	8.5	8.4
	76	7.5	7.4	8.7	8.6
	74	7.7	7.6	8.9	8.8
	72	7.9	7.8	9.1	9.0
	70	8.1	8.0	9.3	9.2
	68	8.3	8.2	9.5	9.4
	66	8.5	8.4	9.7	9.6
	64	8.7	8.6	9.9	9.8
	62	8.9	8.8	10.1	10.0
	60	9.1	9.0	10.3	10.2
不及格	50	9.3	9.2	10.5	10.4
	40	9.5	9.4	10.7	10.6
	30	9.7	9.6	10.9	10.8
	20	9.9	9.8	11.1	11.0
	10	10.1	10.0	11.3	11.2

附表5　坐位体前屈单项评分标准(单位：厘米)

等级	单项得分	男生评分标准		女生评分标准	
		大一 / 大二	大三 / 大四	大一 / 大二	大三 / 大四
优秀	100	24.9	25.1	25.8	26.3
	95	23.1	23.3	24.0	24.4
	90	21.3	21.5	22.2	22.4
良好	85	19.5	19.9	20.6	21.0
	80	17.7	18.2	19.0	19.5

续表

等级	单项得分	男生评分标准		女生评分标准	
		大一 / 大二	大三 / 大四	大一 / 大二	大三 / 大四
及格	78	16.3	16.8	17.7	18.2
	76	14.9	15.4	16.4	16.9
	74	13.5	14.0	15.1	15.6
	72	12.1	12.6	13.8	14.3
	70	10.7	11.2	12.5	13.0
	68	9.3	9.8	11.2	11.7
	66	7.9	8.5	9.9	10.4
	64	6.5	7.0	8.6	9.1
	62	5.1	5.6	7.3	7.8
	60	3.7	4.2	6.0	6.5
不及格	50	2.7	3.2	5.2	5.7
	40	1.7	2.2	4.4	4.9
	30	0.7	1.2	3.6	4.1
	20	−0.3	0.2	2.8	3.3
	10	−1.3	−0.8	2.0	2.5

附表6　立定跳远单项评分标准(单位：厘米)

等级	单项得分	男生评分标准		女生评分标准	
		大一 / 大二	大三 / 大四	大一 / 大二	大三 / 大四
优秀	100	273	275	207	208
	95	268	270	201	202
	90	263	265	195	196
良好	85	256	258	188	189
	80	248	250	181	182
及格	78	244	246	178	179
	76	240	242	175	176
	74	236	238	172	173
	72	232	234	169	170
	70	228	230	166	167
	68	224	226	163	164
	66	220	222	160	161

续表

等级	单项得分	男生评分标准		女生评分标准	
		大一／大二	大三／大四	大一／大二	大三／大四
及格	64	216	218	157	158
	62	212	214	154	155
	60	208	210	151	152
不及格	50	203	205	146	147
	40	198	200	141	142
	30	193	195	136	137
	20	188	190	131	132
	10	183	185	126	127

附表 7　男生引体向上、女生一分钟仰卧起坐单项评分标准(单位：次)

等级	单项得分	男生引体向上评分表		女生一分钟仰卧起坐评分表	
		大一／大二	大三／大四	大一／大二	大三／大四
优秀	100	19	20	56	57
	95	18	19	54	55
	90	17	18	52	53
良好	85	16	17	49	50
	80	15	16	46	47
及格	78			44	45
	76	14	15	42	43
	74			40	41
	72	13	14	38	39
	70			36	37
	68	12	13	34	35
	66			32	33
	64	11	12	30	31
	62			28	29
	60	10	11	26	27
不及格	50	9	10	24	25
	40	8	9	22	23
	30	7	8	20	21
	20	6	7	18	19
	10	5	6	16	17

附表 8　耐力跑(男生 1000 米、女生 800 米)单项评分标准(单位：分·秒)

等级	单项得分	男生 1000 米评分标准		女生 800 米评分标准	
		大一／大二	大三／大四	大一／大二	大三／大四
优秀	100	3′17″	3′15″	3′18″	3′16″
	95	3′22″	3′20″	3′24″	3′22″
	90	3′27″	3′25″	3′30″	3′28″
良好	85	3′34″	3′32″	3′37″	3′35″
	80	3′42″	3′40″	3′44″	3′42″
及格	78	3′47″	3′45″	3′49″	3′47″
	76	3′52″	3′50″	3′54″	3′52″
	74	3′57″	3′55″	3′59″	3′57″
	72	4′02″	4′00″	4′04″	4′02″
	70	4′07″	4′05″	4′09″	4′07″
	68	4′12″	4′10″	4′14″	4′12″
	66	4′17″	4′15″	4′19″	4′17″
	64	4′22″	4′20″	4′24″	4′22″
	62	4′27″	4′25″	4′29″	4′27″
	60	4′32″	4′30″	4′34″	4′32″
不及格	50	4′52″	4′50″	4′44″	4′42″
	40	5′12″	5′10″	4′54″	4′52″
	30	5′32″	5′30″	5′04″	5′02″
	20	5′52″	5′50″	5′14″	5′12″
	10	6′12″	6′10″	5′24″	5′22″

(二) 加分指标评分标准

加分指标评分标准如附表 9、10 所示。

附表 9　男生 1000 米、女生 800 米跑评分标准(单位：分·秒)

加分	男生 1000 米跑评分标准		女生 800 米跑评分标准	
	大一／大二	大三／大四	大一／大二	大三／大四
10	−35″	−35″	−50″	−50″
9	−32″	−32″	−45″	−45″
8	−29″	−29″	−40″	−40″
7	−26″	−26″	−35″	−35″
6	−23″	−23″	−30″	−30″
5	−20″	−20″	−25″	−25″

续表

加分	男生 1000 米跑评分标准		女生 800 米跑评分标准	
	大一 / 大二	大三 / 大四	大一 / 大二	大三 / 大四
4	−16″	−16″	−20″	−20″
3	−12″	−12″	−15″	−15″
2	−8″	−8″	−10″	−10″
1	−4″	−4″	−5″	−5″

注：1000 米跑、800 米跑均为低优指标，学生成绩低于单项评分 100 分后，以减少的秒数所对应的分数进行加分。

附表 10　男生引体向上、女生一分钟仰卧起坐评分标准(单位：次)

加分	男生引体向上评分表		女生一分钟仰卧起坐评分表	
	大一 / 大二	大三 / 大四	大一 / 大二	大三 / 大四
10	10	10	13	13
9	9	9	12	12
8	8	8	11	11
7	7	7	10	10
6	6	6	9	9
5	5	5	8	8
4	4	4	7	7
3	3	3	6	6
2	2	2	4	4
1	1	1	2	2

注：引体向上、一分钟仰卧起坐均为高优指标，学生成绩超过单项评分 100 分后，以超过的次数所对应的分数进行加分。

参 考 文 献

[1] 中国学生体质与健康研究组. 2014 年中国学生体质与健康调研报告[M]. 北京：高等教育出版社，2016.

[2] 《体育与健康》编写组. 体育与健康[M]. 苏州：苏州大学出版社，2002.

[3] 《国家学生体质健康标准解读》编委会. 国家学生体质健康标准解读[M]. 北京：人民教育出版社，2007.

[4] http://www.moe.gov.cn/srcsite/A17/moe_943/moe_947/200704/t20070404_80275.html.